Knau

W0469777

Über die Autorin:

Frances Wilks ist Psychotherapeutin. Sie hat bereits zwei Bücher veröffentlicht und in Zeitungen journalistisch über emotionale Lernfähigkeit und die Weiterentwicklung der Persönlichkeit berichtet. Zu diesen Themen hat sie auch an TV-Sendungen mitgewirkt. Außerdem ist sie Dozentin für Psychologie an der Londoner City University.

Frances Wilks

Das intelligente Gefühl

Wie man Herz und Verstand in Einklang bringt

Aus dem Englischen
von Karin Diemerling

Knaur

Die englische Originalausgabe erschien 1998 unter dem Titel
»Intelligent Emotion« bei Random House, London

Besuchen Sie uns im Internet:
www.droemer-knaur.de

Deutsche Erstausgabe Juni 2000
Copyright © 1998 by Frances Wilks
Copyright © 1999 der deutschsprachigen Ausgabe bei
Droemersche Verlagsanstalt Th. Knaur Nachf., München
Alle Rechte vorbehalten. Das Werk darf – auch teilweise –
nur mit Genehmigung des Verlags wiedergegeben werden.
Redaktion: Annette Gillich
Umschlaggestaltung: Agentur Zero, München
Satz: Ventura Publisher im Verlag
Druck und Bindung: Clausen & Bosse, Leck
Printed in Germany
ISBN 3-426-77496-8

5 4 3 2 1

Für meine Nichten Harriet und Alexandra,
in der Hoffnung, daß ihre Generation
das Erblühen einer emotional intelligenten Welt erleben möge.

Doch dazu reichten nicht die eigenen Schwingen,
Wenn nicht ein Blitzstrahl meinen Geist durchdrungen,
Um darin die Erfüllung ihm zu bringen.
Hier ward der Flug der Fantasie bezwungen:
Doch lenkte mir schon Wunsch und Willen gerne,
Gleichmäßig wie ein Rad wird umgeschwungen,
Die Liebe, die auch Sonne schwingt und Sterne

Dante, »Die Göttliche Komödie«, *Das Paradies*

Inhalt

Die Macht der Gefühle

»Der Weg der Ausschweifung
führt zum Palast der Weisheit.«

William Blake

Ein aufschlußreiches Ereignis

Am 31. August 1997, einem der letzten Sommertage des Jahres, starb Diana, Princess of Wales, bei einem Autounfall in einem Pariser Tunnel. Ihr Tod und dessen Umstände hatten eine wahrlich globale Gefühlsflut zur Folge. Während der sechzehn Jahre, die sie im Rampenlicht der Öffentlichkeit stand, war Diana zur wohl berühmtesten Frau der Welt geworden. Eine gewöhnliche Frau mit durchschnittlichen Fähigkeiten hatte sich in eine außergewöhnliche, tragische, archetypische Gestalt verwandelt. Ihr vorzeitiger Tod war der Garant dafür, daß ihr Bild keine Veränderung mehr erfuhr und ihre Schönheit und Jugend von der Zeit unberührt blieben. Wer war sie, und warum erlangte sie eine solche Bedeutung?

Nur sehr wenige Menschen sind ihr persönlich begegnet oder haben sie gar gekannt. Sie war in mehrfacher Hinsicht ein Geschöpf der Medien, dessen glitzerndes Image und bewegte Lebensgeschichte für Unterhaltung und gelegentliche Empörung sorgten. Wir wußten nicht, wer sie wirklich war, und doch sagten viele Leute, daß sie mehr um sie getrauert hätten als um einen nahen Verwandten. In der Woche nach Dianas Tod zeigten viele Menschen ihre Gefühle, was positive und

negative Aspekte hatte. An erster Stelle stand der spontane, unverfälschte Ausdruck von Trauer. Während der Verlust von geliebten Menschen bei uns häufig ambivalente Gefühle auslöst und mit Schuldgefühlen oder Wut belastet ist, konnten wir um Diana reine Trauer empfinden, weil wir sie nicht wirklich kannten. Ungestillter Kummer konnte sich Luft machen, unverarbeitete Trauer durch die Übertragung individueller Gefühle auf Diana ausgelebt werden.
Trauer und Schock, die anfänglich vorherrschten, begannen sich im Laufe der Woche merklich zu verändern und wurden von Wut auf die königliche Familie – wer erinnert sich nicht an die Schlagzeile: »Show Us You Care Ma'am« (»Zeigen Sie Gefühl, Ma'am«)? – und einem umfassenden Gedächtnisschwund überlagert. Die Leute, besonders die Journalisten, vergaßen schlichtweg die negativeren Seiten von Dianas Persönlichkeit. Im Tod wurde sie zu einer Göttin, und eine kollektive Jagd nach einem Sündenbock begann. Zuerst waren die Fotografen schuld, die Paparazzi, die sie verfolgt hatten. Dann war es die Monarchie. Die Blumen, die spontan und zuhauf vor den königlichen Palästen in London niedergelegt wurden, enthielten plötzlich eine sehr ambivalente Botschaft. Neben der Bekundung von Trauer stellten sie eine subversive Form des Massenprotests gegen die reservierte, scheinbar isolierte Haltung des Hauses Windsor dar. Die Queen ließ sich von dieser Bedrohung sichtlich einschüchtern und beugte sich schließlich dem »Willen des Volkes«.
Die »Diana-Woche« hatte damit auch eine bedenkliche Seite. Da so viele Menschen auf einmal lange unterdrückten Gefühlen wie Trauer und Wut freien Lauf ließen, herrschte der Eindruck vor, daß alle mehr oder weniger dasselbe empfanden. Menschen, die diese Gefühle nicht teilten, berichteten später recht bedrückt, daß sie Angst gehabt hätten, ihre Stimme gegen etwas zu erheben, was sie als eine Form von Massenhyste-

Insel Kirsche
Hügelbeet
Pflastern Steinbesorgen
Überstand bauen
Farbe Flur streichen
Boden

Hagebau

Pflaster

Taube Unken

Material Überstand

Spielsand

rie betrachteten. Sie meinten, daß Dianas Beliebtheit übertrieben werde und daß die Art, wie man sie nun zu einer Heiligen stilisiere, etwas Heuchlerisches habe.
In der ersten Zeit nach ihrem Tod herrschte in der Öffentlichkeit tatsächlich ein schlichtes Schwarzweißdenken vor, das alles in Kategorien von Gut oder Böse einteilte. Jene erste Woche stellte ein absolutes Ereignis dar, bei dem diejenigen, die die Gefühle der Massen nicht teilten, sich einer Art von emotionaler Erpressung ausgesetzt sahen.
Dianas Leben enthielt viele märchenhafte Elemente. Zuerst die Heirat mit einem Kronprinzen, dann die Entdeckung einer »Dritten« in der Ehe, der »bösen Hexe« Camilla. Prinzessin Diana war schön und widmete sich guten Werken, obwohl sie an gebrochenem Herzen litt. Nach langer Leidenszeit lernte sie schließlich einen zweiten Prinzen aus einem anderen Königreich kennen, der versprach, sie zu retten. Doch bevor er sein Versprechen einlösen konnte, starben die beiden und leben nun im Land der Ewigen Jugend weiter. Sechsunddreißig ist ein interessantes Alter, um zu sterben. Wir treten in die zweite Lebenshälfte ein, Tod und Alter werden eine näher rückende Realität, und die Phantasiewelt der Märchen muß endgültig zurückgelassen werden. Wäre Diana eine alte Frau geworden, hätte sie sich sowohl innerlich als auch äußerlich verändern müssen. Sie hätte die auf sie projizierten Wunschbilder von Jugend und Schönheit – auch von innerer Schönheit im Sinne von Seele und Charakter – nicht mehr verkörpern können. Projektionen verleihen jedoch so viel Macht, daß es schwer ist, sie zurückzuweisen, und auch Diana wäre dies sicher nicht leichtgefallen.
Ihr Leben zeigt auffällige Parallelen zu dem Marilyn Monroes. Beide waren bei ihrem Tod sechsunddreißig Jahre alt, verletzlich, schön, für Männer und Frauen gleichermaßen attraktiv und trotz ihrer Existenz als weltberühmte Superstars,

die von Millionen Menschen verehrt wurden, emotional stark bedürftig und labil. Beide hatten sie verschiedene Therapien und eine Reihe fehlgeschlagener Beziehungen hinter sich. Beide zogen, mehr oder weniger unfreiwillig, die Projektionen von Millionen von Menschen auf sich und tun es noch. Um ihre plötzlichen, nächtlichen Tode durch Selbstmord und Unfall ranken sich bis heute Gerüchte von Verschwörung und Mord. Beide Tode sind immer noch von Rätseln umgeben, und die vollständige Wahrheit wird möglicherweise nie ans Licht kommen.

Vielleicht liegt das zum Teil daran, daß wir sie nicht sterben lassen wollen. Sie sind Ikonen, Archetypen, Vorbilder und spiegeln Teile von uns selbst wider, die wir nicht sehen oder annehmen können. Ihre Lebensgeschichten werden immer wieder aufgewärmt, weil sie nach wie vor von Bedeutung für uns sind. Wir lieben und hassen sie, weil wir unseren eigenen Glanz und unsere eigene Schwäche nicht sehen können oder wollen. Erst wenn wir das verstehen und akzeptieren, werden wir ihnen endlich zu sterben gestatten. Dianas Tod war auch in bezug auf unser kollektives Bewußtsein ein aufschlußreiches Ereignis, weil er die Macht von Gefühlen wieder einmal sehr deutlich machte. Ihr Tod wird nie vollendet sein, solange wir unsere Projektionen nicht von ihr abziehen. Erst dann wird sie in Frieden ruhen können.

Emotionale Transformation

Wenn je ein öffentliches Ereignis die Notwendigkeit emotionaler Intelligenz und Kompetenz hervorhob, dann dieses. Die Woche nach Dianas Tod erlaubte, ja ermutigte Gefühlsausbrüche, aber sie machte auch deutlich, wie wichtig es ist zu verstehen, was hinter diesen Gefühlen steckt. Emotionale Kompetenz erfordert das Zusammenwirken von Gefühl und Verstand, und die Förderung dieser Kompetenz gehört zu den wichtigsten und aufregendsten Aufgaben, die sich uns heute stellen. Genauso wie wir lesen und rechnen lernen, können wir auch eine Bildung erwerben, die unser Gefühlsleben betrifft. Dazu ist Ehrlichkeit nötig – wir müssen lernen, unsere Emotionen zu benennen und in vollem Maße zu empfinden, statt sie zu unterdrücken; wir müssen darüber nachdenken, was sie uns sagen, und herausfinden, was sie ausgelöst hat. Auf diese Weise können wir die an der Oberfläche existierenden Gefühle durchdringen und ihre verborgene Bedeutung aufspüren, denn oft dient ein bestimmtes Gefühl nur als Maske für ein anderes. Ein vor Wut tobender Mann zum Beispiel verleugnet möglicherweise eine bestimmte Furcht, die er schon seit seiner Kindheit mit sich herumträgt und unterdrückt. Wenn er diese Furcht aufdecken und mit ihr arbeiten würde, könnte ihm das die Chance eröffnen, die Energie seiner Wut in positive Leidenschaftlichkeit zu verwandeln.

Wenn wir uns einem Gefühl stellen, sind wir ihm nicht mehr hilflos ausgeliefert. Es wird zu einem Besucher, der kommt und geht. Indem wir lernen, unsere Gefühle zu »lesen« und die daraus entstehende Selbsterkenntnis zu nutzen, verwandeln sie sich von Beherrschern zu Freunden. Es öffnet sich ein Freiraum, der uns gestattet, ein größeres Spektrum an Emotionen zu empfinden und unserem Leben Sinn und Bedeutung zu geben. Unsere Gefühle sind sehr intelligent, und es liegt an uns, das Wirken dieser Intelligenz zu verstehen und sinnvoll zu nutzen. Emotionen machen das Leben erst lebenswert, doch falsch verstanden verursachen sie Chaos und Leid. Und da Gefühle von einem Menschen auf einen anderen »überspringen« können, ist emotionale Kompetenz unverzichtbar für die Entwicklung einer humanen Gesellschaft unter immer globaleren Bedingungen.

Emotionale Bildung hat sowohl im privaten als auch im öffentlichen Bereich beträchtlichen Nutzen. Wir reagieren in brenzligen Situationen nicht mehr unbewußt und reflexartig, sondern können uns ein wenig mehr Zeit nehmen und uns eine angemessene Reaktion zurechtlegen. Vorkommnisse, die uns sonst ganz einfach wütend oder traurig gestimmt hätten, können besser eingeschätzt werden, ohne daß es zu einer impulsiven negativen Reaktion kommen muß. Auch Arbeitgeber haben bereits erkannt, daß emotional intelligente Menschen einen Gewinn für den Betrieb darstellen, weil sie sich selbst und andere effektiver einsetzen und motivieren können und bessere Teamarbeiter sind. Im privaten Bereich ermöglicht emotionale Kompetenz befriedigendere und intensivere persönliche Beziehungen.
Dieses Buch möchte Ihnen helfen,

- die fünfzehn wichtigsten emotionalen Zustände verstehen und unterscheiden zu können,
- mit den Ursachen und Auslösern jeder Emotion umgehen zu lernen,
- über die Emotion hinauszugehen und sich von ihr verändern zu lassen,
- die rationale und intelligente Basis der Emotion zu verstehen,
- Ihr eigener emotionaler Mentor zu werden.

Niemand anders kann Sie glücklich machen. Aber dieses Buch kann eine Form von Glück ermöglichen, die von innen statt von außen kommt. Wir alle haben Phantasien über äußere Glücksfaktoren, die vom Schokoriegel bis zum Lotteriegewinn reichen oder uns die große Liebe, den Traumjob, einen Studienplatz oder ein Leben in Reichtum und Berühmtheit zeigen. Was wir uns auch erträumen, wir glauben fest daran, daß die Erfüllung des Traums uns sehr glücklich machen würde. Oft tut sie das auch, aber ist Ihnen schon einmal aufgefallen, wie kurzlebig dieses Glück ist? Ein Schokoriegel führt zu Schuldgefühlen oder zum nächsten Riegel; wir stellen fest, daß Geld wichtig, aber nicht alles ist; neue Jobs und Beziehungen durchlaufen ihre Flitterwochen-Phase und stellen sich am Ende als harte Arbeit heraus.

Äußere Ereignisse werden uns langfristig nicht zufriedenstellen, während innere Einstellungen uns tiefreichend und unerschütterlich glücklich machen können. Es liegt eine große Freude darin, seine Gefühle zu empfinden, aber nicht von ihnen überwältigt zu werden. Dies ist ein Zustand der Gnade, in dem wir uns zwischen den Wundern und Gefahren dieser Welt bewegen und Liebe, Wut, Depression und alles andere fühlen können, ohne von destruktiven Gedanken gefangengenommen zu werden. Die meisten in diesem Buch beschriebenen Emotionen sind sogenannte negative, wie Schuldgefühle, Wut, Ängstlichkeit, Furcht, Haß. Wie wir sehen werden, macht es uns letztlich unglücklicher, sie zu unterdrükken, als sie zuzulassen. Wir müssen uns ihnen stellen und dürfen ihnen nicht den Status von unantastbaren Göttern verleihen. Auch wenn die negativen Emotionen sich immer noch unangenehm anfühlen werden, wird die Zunahme an emotionaler Kompetenz sie aus Monstern in Freunde verwandeln.

Gefühle ermöglichen es uns, bislang unbekannte oder unbeachtete Seiten unseres Selbst herauszubilden. Erst durch Gefühle verändert sich wirklich etwas in uns, mag die Entwicklung auch von rationaler Analyse ausgelöst oder begleitet werden. Unsere Emotionen anerkennen und schätzen zu lernen und mit ihnen zu arbeiten bedeutet letztlich, uns als vollständige – emotional geheilte – Menschen neu zu erschaffen.

Dieses Buch soll als Führer bei diesem Prozeß dienen. Der erste Teil, »Die richtige Einstellung«, untersucht das Verhältnis von Verstand und Gefühl und zeigt Wege auf, wie wir die beiden Prinzipien gleichwertig behandeln können. Im zweiten Teil, »Im Innern der Emotionen«, wird jede Emotion genauer unter die Lupe genommen. Lesen Sie zunächst den ersten Teil, um einen Überblick zu erhalten, den zweiten sollten Sie dann heranziehen, wenn eine bestimmte Emotion Sie bewegt. Die jeweiligen Kapitel wollen einen Veränderungsprozeß anregen und Sie ermutigen, Ihr eigener Mentor, nicht Ihr eigener Therapeut zu sein. Darum ist dieses Buch auch weniger ein Selbsthilfe- als ein *Selbstentwicklungs*buch. Jede Emotion ist ein Ausgangspunkt für persönliche Weiterentwicklung, doch die vorgeschlagenen Übungen und Aufgaben sind definitiv kein Ersatz für eine Therapie.

Es ist der rechte Zeitpunkt, die Arbeit an unserer emotionalen Kompetenz anzugehen. Daniel Golemans vielgelobter Bestseller »Emotionale Intelligenz« zeigte, *warum* emotionale Kompetenz wichtig ist, und beschrieb, wie sie zu mehr Glück und Harmonie in der Familie, mehr Umsatz im Betrieb, mehr Erfolg im Beruf und der Entwicklung stabilerer gesellschaftlicher Verhältnisse beitragen kann. Dieses Buch versucht nun zu zeigen, *wie* wir emotional kompetenter werden können.

Erster Teil

Die richtige Einstellung

Nur den Bogen schlagen von der Prosa
zur Leidenschaft, dann werden beide
erhöht werden, und die höchsten Höhen,
zu denen menschliche Liebe sich
aufzuschwingen vermag, werden sichtbar.
Nicht länger in Bruchstücken leben!
Nur den Bogen schlagen, und Tier und Mönch,
der Vereinzelung beraubt, von der sie
beide leben, müssen sterben.

E. M. Forster,
»Wiedersehen in Howards End«

Emotionale Kompetenz

Warum ist emotionale Kompetenz wichtig?

Ein Mann kommt morgens wütend ins Büro. Er hat gerade einen heftigen Streit mit seiner Frau gehabt, die drohte, ihn zu verlassen, wenn er sich ihr nicht mehr »emotional öffne«. Diese Drohung hat große Furcht bei ihm ausgelöst, die er sofort wieder unterdrückte, weil er das Gefühl der Verwundbarkeit, das Furcht mit sich bringt, nicht ertragen kann. Er hat das schmerzliche Gefühl der Furcht mit Wut überdeckt und ist zur Arbeit gefahren, bereit, mit jedem, der ihm in die Quere kommt, Streit anzufangen. Einen hitzigen Wortwechsel mit einer anderen Autofahrerin (die sich über seine Beschimpfungen derart aufregte, daß sie Gefahr lief, einen Unfall zu verursachen) und dem Parkplatzwächter hat er bereits hinter sich, als er im Büro eintrifft.

Seine aggressive Stimmung hält an, er hat an seinen Untergebenen ständig etwas auszusetzen und macht sarkastische und überhebliche Bemerkungen, weshalb sie sich nach einer Weile frustriert und unfähig fühlen. In der Folge leidet ihre Arbeit, denn der wütende und ungerechte Chef spornt sie nicht gerade zu Höchstleistungen an. Zur Mittagszeit hat er die Leute so weit, daß sie ihn am liebsten umbringen würden. Als er am Abend nach Hause kommt, setzt ihm seine Frau sein Lieblingsessen vor, denn der Gedanke, ihn zu verlieren, hat ihr plötzlich angst gemacht. Sie fürchtet genau wie er, allein nicht zurechtkommen zu können. Die beiden legen ihre Meinungsverschiedenheiten mit einer Flasche Sekt und anschließendem Sex bei.

Die Unfähigkeit des Mannes, seine Gefühle in den Griff zu bekommen, hat direkte Auswirkungen auf die Menschen seiner Umgebung, die er unglücklich, unproduktiv und möglicherweise sogar gefährlich macht. Das Interessanteste an dem Beispiel sind jedoch die Ursachen seines Verhaltens. Ihn verstörte die Vorstellung, daß seine Frau ihn verlassen könnte, und er war unfähig, mit diesen verstörenden, beunruhigenden Gefühlen umzugehen. Er verhielt sich emotional inkompetent, doch seine Frau nicht minder. Sie verlangte eine emotionale Reaktion von ihm zu einem Zeitpunkt, an dem er eindeutig nicht dazu in der Lage war. Möglicherweise übertrug sie ein eigenes Bedürfnis nach emotionaler Offenheit auf ihn, weil sie mit ihren eigenen Gefühlen nicht im reinen war und zuerst von ihm ein offenes Wort wollte. Unglücklicherweise versuchte sie dann noch, ihrer Forderung durch Erpressung Nachdruck zu verleihen. Doch Erpressung ist natürlich keine emotional kompetente Strategie, denn ehrliche Gefühlsreaktionen können zwar erbeten oder herausgefordert, aber nicht durch Drohung erzwungen werden. Allein der Versuch stellt einen Machtmißbrauch dar. Die Versöhnungsszene des Paares ist eine Farce, da es zu keiner wirklichen Verständigung gekommen ist. Furcht hat die beiden zum Status quo zurückgeführt, ohne daß irgendein Fortschritt erzielt worden wäre.

Eine emotional kompetente Reaktion von seiten des Mannes wäre es gewesen, seiner Partnerin mitzuteilen, daß er ihren Wunsch nach emotionaler Offenheit versteht, im Moment aber nicht in der Lage ist, ihn zu erfüllen. Er signalisiert ihr, daß er ihre Verzweiflung zwar wahrgenommen hat, sich aber nicht dazu erpressen lassen möchte, auf Knopfdruck über seine Gefühle zu reden. Wenn er sich auf dem Weg zur Arbeit ein wenig Zeit für sich selbst nimmt – nachdem er angerufen und Bescheid gesagt hat, daß er eine halbe Stunde später kommt – und über das Geschehene und seine Gefühle nachdenkt, wird er in anderer Stimmung im Büro eintreffen (ohne andere Verkehrsteilnehmer oder den Parkplatzwächter erbost zu haben). Er wird produktiver mit Untergebenen und Kollegen zusammenarbeiten, sie erfolgreicher anleiten und motivieren und bessere Leistungen erhalten.

Wenn er abends nach Hause kommt, hatte seine Frau inzwischen vielleicht ebenfalls Gelegenheit, mehr Klarheit in ihre Gefühle zu bringen. Statt sich gegenseitig mit Vorwürfen zu überhäufen, können sie nun vorsichtig heikle, schmerzliche Themen ansprechen und werden dabei eher auf Verständnis und Unterstützung als auf kalte Ablehnung treffen. Sie können ihren negativen Emotionen, ihren Ängsten, ihrer Wut und ihrer Langeweile ins Gesicht sehen und feststellen, daß sie nicht allein vom Verhalten des Partners ausgelöst werden. Solche Gefühle haben ihre Wurzeln oft in der Kindheit und in unseren persönlichen Lebenseinstellungen. Uns bewußtzumachen, daß wir zum größten Teil für unsere Gefühle selbst verantwortlich sind, nimmt die Last vom Partner.

Vielleicht macht das Paar ja noch ganz spontan eine Flasche Sekt auf und liebt sich, aber das wird dann eine von Herzen kommende Versöhnung als Ergebnis eines ehrlichen Gesprächs sein und kein inszenierter Versöhnungsversuch. Beide haben sich mit ihrer Angst, vom anderen verlassen zu werden, konfrontiert und festgestellt, daß sie zwar keine Trennung wollen, aber notfalls auch allein leben könnten.

Welchen Ausgang des Streits würden Sie vorziehen? Entscheiden Sie sich für die erste Möglichkeit, ist dieses Buch nichts für Sie. Wählen Sie dagegen die zweite oder eine ähnliche, sollten Sie weiterlesen. Sie können sich emotionale Kompetenz aneignen, das heißt, Sie können lernen, Gefühle zu lesen, wie wir Wörter und Sätze lesen. Ein anderer Ausdruck für diese Fähigkeit ist emotionale Intelligenz. Emotionale Kompetenz ist nichts weiter als angewandte emotionale Intelligenz, und beide Begriffe laufen, auch wenn sie nicht synonym sind, in der Praxis auf dasselbe hinaus. Wir können lernen, intelligent mit unseren Emotionen umzugehen und diese Intelligenz auf Alltagssituationen anzuwenden. Es erfordert Wissen und Übung, und es wird Ihnen nicht von heute auf morgen gelingen. Jede neue Fähigkeit wird durch Übung und Geduld erworben, und die Rückschläge auf dem Weg sind ein wichtiger Teil des Lernprozesses.

Was ist emotionale Intelligenz?

Inzwischen hat es sich herumgesprochen, daß Erfolg sowohl im privaten als auch im beruflichen Bereich auf mehr beruht als auf der rein akademischen Intelligenz, die im IQ ausgedrückt wird. Der Begriff der Intelligenz hat eine Erweiterung erfahren und schließt nun auch emotionale Fähigkeiten mit ein, statt nur durch sprachliche, mathematische und logische definiert zu werden. Daniel Goleman führt in seinem Buch »Emotionale Intelligenz« fünf Schlüsselbereiche dieser neuen Intelligenzform an:

- *Die eigenen Emotionen kennen*
  Dieser Bereich umfaßt die Fähigkeit, Gefühle gleich bei ihrem Auftauchen zu erkennen und unangenehme Gefühle nicht beiseite zu schieben. Es ist wichtig, sich sagen zu können: »Ich bin neidisch«, obwohl es nicht angenehm ist, das zuzugeben, weil Neid gewöhnlich nicht in unser Selbstbild paßt. Auch wenn wir eine Emotion nicht sofort genau be-

nennen können, ist es notwendig zu wissen, daß wir aufgewühlt sind, um dies bei Entscheidungen zu berücksichtigen und vorsichtiger zu handeln.

- *Emotionen handhaben*
  Dies bezieht sich auf die Fähigkeit, mit unangenehmen Emotionen umgehen zu können, nachdem wir sie wahrgenommen und akzeptiert haben. Dazu ist es vor allem nötig, eine innere Haltung des Selbstfürsorge zu entwickeln und zu lernen, sich in schwierigen Situationen aufmuntern und beruhigen zu können. Bin ich beispielsweise deprimiert, mache ich mir keine Vorwürfe deswegen, sondern versuche, eine fürsorgliche Haltung einzunehmen. Ich gönne mir vielleicht ein heißes Bad, lese ein spannendes Buch, koche mir ein leckeres Essen, lasse mich massieren oder gebe mich dem Vergnügen hin, meinen nächsten Urlaub zu planen. Alles, was mir das Gefühl gibt, daß ich mir wichtig bin und mich um mich selbst kümmere, hilft.

- *Emotionen in die Tat umsetzen – Selbstmotivation*
  Die Begriffe Emotion und Motivation sind beide von dem lateinischen Verb »movere« (= bewegen) abgeleitet, und es besteht ein enger Zusammenhang zwischen ihnen. Emotionen motivieren uns, aber wenn sie zu stark werden und wir ihnen erlauben, uns zu überwältigen, können sie uns auch schwächen. Um zu erreichen, was ich vom Leben erwarte, muß ich eine gewisse emotionale Selbstkontrolle erlernen. Indem ich akute emotionale Bedürfnisse für eine Weile zurückstelle und darauf vertraue, daß ich mich zu einem späteren Zeitpunkt um sie kümmern werde, kann ich mich selbst leiten und motivieren. Wenn mir das gelingt, versetze ich mich in einen Zustand des »Fließens«, der herausragende Leistungen möglich macht.

- *Empathie*
  Je besser ich meine eigenen Emotionen kenne, desto genauer kann ich auch die Gefühle anderer wahrnehmen. Das bedeutet, daß ich *mit* jemandem *fühlen* kann, statt einfach nur Mitleid oder Bedauern zu empfinden. Empathie unterscheidet sich sehr von Mitleid, denn wenn mein Partner merkt, daß ich mich wirklich in ihn hineinversetzen kann, fühlt er sich nicht herablassend behandelt, sondern verstanden. Ein Mann, der einer Freundin zum Verlust eines geliebten Menschen eine Trauerkarte schickte, strich das Wort »Beileid« in dem vorgedruckten Text durch und ersetzte es durch »Mitgefühl«. Er hatte selbst vor kurzem jemanden verloren und konnte ihre Trauer nachempfinden. Die Freundin sagte später, daß ihr diese kleine Geste viel bedeutete, da das Gefühl, nicht allein mit ihrem Schmerz zu sein, ihn erträglicher machte.
  Zwar scheinen manche Menschen von Natur aus mit mehr Empathie ausgestattet zu sein als andere, aber wir alle können diese Fähigkeit trainieren und verbessern.

- *Umgang mit Beziehungen*
  Alle Beziehungen, die nicht auf streng hierarchischen Machtverhältnissen und festgelegten Rollen beruhen, erfordern emotionale Intelligenz. Die Emotionen anderer Menschen verstehen zu können versetzt uns in die Lage, sie zu motivieren, effektive Führungskräfte zu sein und erfolgreich in Teams zu arbeiten. Wir können geben und nehmen und uns spontan den Erfordernissen der Situation anpassen. Unsere alte emotionale Starrheit und Unnachgiebigkeit, die aus Angst und Sorge entstand, löst sich auf, wodurch wir uns selbst und andere leichter akzeptieren. Auch im Bereich des Familienlebens ist emotionale Kompetenz für ein glückliches Zusammenleben von Eltern und Kin-

dern unerläßlich. Zweierbeziehungen jeder Art profitieren ebenfalls von ihr. Emotionale Intelligenz befähigt uns, in der »Hitze des Gefechts« einen kühlen Kopf zu bewahren und integer und mutig zu handeln.

Ich möchte noch einen sechsten Bereich emotionaler Intelligenz hinzufügen:

- *Emotionen verwandeln*
  Viele gute Gründe sprechen für die Förderung unserer emotionalen Kompetenz, doch es gibt einen, den ich am überzeugendsten finde: Das Verstehen unserer Emotionen kann umwälzende persönliche Veränderungen bewirken. Beim Durchlesen der Kapitel, die sich mit bestimmten Emotionen befassen, werden Sie feststellen, daß jede Emotion ihre Gegenseite hat – manchmal auch mehr als eine. Wenn Sie diese Gegenseite und ihre spezielle Bedeutung für Sie ebenso wie das Gefühl selbst verstehen können, ist das, als würden Sie die beiden Seiten einer Wippe ins Gleichgewicht bringen. Sie werden sich nicht länger »aus dem Lot« gebracht fühlen. Depression in nützliche Wut verwandeln zu können, Verzweiflung in eine hoffnungsvolle Einstellung, Einsamkeit in Verbundenheit mit anderen Lebewesen, verleiht unserem Leben eine völlig neue Qualität. Die Auswirkungen dieser Fähigkeit können enorm sein, denn wir werden feststellen, daß alles im Leben den Schlüssel zu Wandlung und Veränderung in sich trägt.

Selbsterkenntnis und familiäre Muster

Emotionale Intelligenz umfaßt zwei weitere wichtige Bestandteile: Selbsterkenntnis und das Wissen um unsere familiären

Muster. Selbsterkenntnis bedeutet unter anderem, zu verstehen, wie wir emotional funktionieren. Erleben Sie innerhalb weniger Stunden eine ganze Reihe von Emotionen und bewegen sich wie ein Jo-Jo zwischen Verzweiflung und Hoffnung auf und ab? Oder vergraben Sie sich in Depressionen und Schuldgefühlen und bleiben tagelang darin stecken? Neigen Sie dazu, Ihre Gefühle auf andere zu übertragen und deren Leben statt Ihres eigenen in Ordnung zu bringen? Wir alle zeigen hin und wieder solche Verhaltensweisen, aber bei den meisten überwiegt ein bestimmtes emotionales Muster.

Genau wie finanzielles und intellektuelles Kapital können wir auch emotionales Kapital anhäufen und Reserven bilden, von denen wir zehren. Wir können es langfristig anlegen oder unsere emotionalen Kapazitäten voll ausschöpfen und unser Konto überziehen. Manche sind von Natur aus flatterhafter und verschwenderischer als andere. Das wichtigste ist, daß wir eine Ausdrucksweise für unsere Gefühle finden, die uns angemessen ist. Je emotional kompetenter wir werden, desto klüger können wir unser emotionales Kapital einsetzen.

Wie andere Kapitalformen kann auch emotionales Kapital ererbt werden. Emotionale Muster werden häufig von Generation zu Generation weitergegeben. In manchen Familien werden Kinder dazu ermutigt, ihren Gefühlen Ausdruck zu verleihen, in anderen nicht. Oft ist es gestattet, bestimmte Gefühle auszudrücken, bestimmte andere jedoch nicht. Kindern wird zum Beispiel meist erlaubt, Traurigkeit und Niedergeschlagenheit zu zeigen, nicht aber Wut. Von Mädchen und Jungen werden oft unterschiedliche Gefühle und Verhaltensweisen erwartet. Manche Familien tragen eine Last übermäßigen, selbstzerstörerischen Zorns mit sich herum, der sich in wiederholten Selbstmordfällen äußern kann. Andere Familien wiederum sind ko-abhängig, was bedeutet, daß alle stillschweigend eine bestimmte Situation akzeptieren, obwohl

einzelne Mitglieder sie als ausgesprochen bedrückend und schmerzlich empfinden.
Es können natürlich auch positive emotionale Muster weitergegeben werden. In Ruhe über Dinge nachdenken zu können, mit anderen Menschen gut auszukommen oder Vertrauen in die Zukunft zu haben können ererbte Fähigkeiten sein. In dieser Hinsicht gehen wir nicht mit den gleichen Voraussetzungen ins Leben. Doch selbst wenn Ihr emotionales Erbe weniger günstig ausfiel, kann die Arbeit an der Entwicklung Ihrer emotionalen Kompetenz letztlich dazu führen, daß Sie andere mit besseren Voraussetzungen überrunden. Oft entwickeln Menschen, die als Kinder nicht die beste Betreuung erfuhren, eine ausgezeichnete innere Familie, aus der sie noch lange Kraft beziehen, wenn ihre wirklichen Eltern längst gestorben sind. Ein gebrochenes Bein, das richtig behandelt wird, kann so gut heilen, daß es kräftiger ist als zuvor. In gleicher Weise kann aus einer emotionalen Beschädigung eine stärkere, tiefer empfindende Persönlichkeit erwachsen, wenn wir unseren Gefühlen erlauben, uns zu verändern.
Die Geschichte über das streitende Ehepaar am Anfang des Kapitels könnte damit enden, daß sein Bemühen um emotionale Verwandlung oder Transformation zu einer glücklicheren Ehe führt und gleichzeitig beiden hilft, vollständigere und kreativere Individuen zu werden. Da unsere Kultur zu einem großen Teil auf emotionaler Ko-Abhängigkeit aufbaut, ist es sehr schwer, einen Anfang zu machen. Gewöhnlich tun wir das erst, wenn uns die Umstände dazu zwingen. In eine Familie mit schwierigen oder gestörten emotionalen Strukturen hineingeboren zu sein kann sich insofern als Vorteil erweisen, als es uns den Weg zur emotionalen Kompetenz früher beschreiten läßt.

Verstand und Gefühl

Verstand kontra Gefühl – ein überholter Gegensatz?

Dieses Kapitel beschäftigt sich mit dem Verhältnis von Verstand und Gefühl, das für unser seelisches Gleichgewicht entscheidend ist. Dieses Verhältnis ist vor allem vom Kampf um die Vorherrschaft des einen oder anderen Prinzips geprägt. In der westlichen Welt wurden Verstand und Vernunft an die erste Stelle gehoben und unsere Emotionen als »irrational« und zweitrangig abgetan, doch neuere Erkenntnisse weisen darauf hin, wie wichtig es ist, beides ineinandergreifen zu lassen.
Die Fragen und Probleme einer Zeit spiegeln sich in Sciencefiction-Geschichten oft besonders deutlich wider. Vielleicht, weil wir die Dinge klarer erkennen können, wenn wir sie in die Zukunft oder eine andere Welt verlegen. Die Fernsehserie »Raumschiff Enterprise« und ihre Folgeserien, die seit über dreißig Jahren erfolgreich laufen, liefern hierfür ein gutes Beispiel. Die Figur des Mr. Spock in der Originalserie handelte ausschließlich nach logischen Prinzipien und ließ Gefühle bei ihren Überlegungen und Entscheidungen keine Rolle spielen. In der Folgeserie »Star Trek – Das nächste Jahrhundert« wird diese Haltung von einer neuen Figur, dem empfindungsfähigen Androiden Data, karikiert und gebrochen. Data sehnt sich danach, richtige Gefühle zu haben, und will ständig von den menschlichen Besatzungsmitgliedern wissen, wie das ist. Er kann zwar mit ungeheurer Geschwindigkeit und faszinieren-

der Logik Berechnungen anstellen und Befehle ausführen, doch das genügt ihm nicht mehr. Ein Computerchip soll ihn schließlich Gefühle erleben lassen, aber als der Chip das erste Mal eingesetzt wird, benimmt Data sich so unkontrolliert, daß er wieder entfernt werden muß. Viele Folgen später glaubt Data schließlich, sich ausreichend weiterentwickelt zu haben, um die komplexen Vorgänge der Logik und der Leidenschaften miteinander verbinden zu können, und läßt sich den Chip erneut einsetzen. Obwohl der Emotions-Chip Data auch diesmal mit starken und zunächst unangenehmen Gefühlen überflutet, kann er nicht mehr entfernt werden, weil er mit den Schaltkreisen des Androiden verschmolzen ist. Die Integration von Verstand und Gefühl ist für Data nun zu einer überlebenswichtigen Notwendigkeit geworden.

Man kann diese Handlung als kleine Parabel verstehen, die zeigt, wie wichtig es ist, sich weiterzuentwickeln und klug mit seinen Emotionen umgehen zu können. Interessanterweise wird das rationale Prinzip hier als primitiv und mechanisch dargestellt, das emotionale dagegen als komplex und ausgereift. Darin ist natürlich eine ironische Umkehrung des normalerweise vorherrschenden Standpunkts zu sehen, nach dem Emotionen dem Verstand und dem Vernunftdenken untergeordnet werden. Aussagen wie »Du bist zu emotional« oder »Das ist nicht rational« werden meist in tadelnder Absicht gebraucht.

Die dahinterstehende Geisteshaltung herrscht in der westlichen Welt seit dem achtzehnten Jahrhundert vor. Sie hängt mit der Entwicklung der positiven Wissenschaften und dem Glauben zusammen, daß nur mit Logik die Gesetze des Universums verstanden werden können. Gefühle wurden als Störfaktor und lästige Ablenkungen angesehen. Doch diese Haltung überwog nicht immer, auch nicht in den Kulturen, die das Verstandesprinzip hochhielten.

In der griechischen Antike beispielsweise sah man zwei verschiedene innere Prinzipien im Menschen wirken. Ihre Denker stellten eine Dichotomie zwischen Kopf und Herz, Geist und Seele fest, betrachteten jedoch keine der beiden Seiten als die überlegene. Sie priesen zwar den Verstand, die Logik und die empirische Erkenntnis, verehrten aber auch die intuitiven, ästhetischen und imaginativen Formen der Intelligenz. Von den alten Griechen sind uns nicht nur ihre herausragenden Beiträge zu Wissenschaft und Philosophie überliefert, sondern auch Zeugnisse ihrer Leistungen in den Bereichen der bildenden Kunst, des Theaters, der Mythologie. Sie waren zudem der Überzeugung, daß das Studium der Natur – die Grundlage unserer heutigen Wissenschaft – nicht nur den Intellekt, sondern auch die Seele und das Herz befriedige.

Zwei Seelen

Das achtzehnte Jahrhundert gilt als das Zeitalter der Aufklärung, in dem man glaubte, daß die Menschheit sich nur im Licht der Vernunft weiterentwickeln könne. Bis vor kurzem haben unsere westlichen Gesellschaften diese Ansicht mehr oder weniger nachdrücklich vertreten.

Sigmund Freud beispielsweise, der Begründer der Psychoanalyse, setzte die Höherbewertung des Verstandes bei seiner Beschäftigung mit den weniger kontrollierten mentalen und emotionalen Prozessen, die sich im Menschen abspielen, fort. Für Freud durchbrachen unbewußte Begierden und verdrängte Wünsche das geordnete Gefüge der Rationalität. Er glaubte, daß unsere seelischen Prozesse zwei verschiedenen Gesetzen gehorchen, die er als Primärvoränge und Sekundärvorgänge bezeichnete. Die beiden Prozesse unterscheiden sich in ihren Eigenschaften und Ausdrucksformen deutlich voneinander und entsprechen grob dem Es, also dem Unbewußten, und dem Ich, dem Bewußten. Den Primärvorgang beschrieb Freud als irrational und rein auf das Vergnügen ausgerichtet, den Sekundärvorgang dagegen als logisch, geordnet und realitätsgerichtet. Nach Freud müssen die Primärvorgänge bis zur Pubertät den Sekundärvorgängen gewichen sein. Damit unterstützte er die Vorstellung, daß die Emotionen, im weitesten Sinn des Begriffs, sich dem rationalen Denken unterzuordnen haben. Freuds große Leistung war es jedoch, gezeigt zu haben, daß die Macht der »Schattenseite« der Vernunft sehr viel größer ist, als man bislang angenommen hatte.

Carl Gustav Jung vertrat dagegen die Auffassung, daß sowohl das Denken als auch die Gefühle auf einer rationalen Basis beruhen. Gefühle erweisen sich seiner Ansicht nach als vollkommen vernünftig, wenn wir nur ihre Logik verstehen. Jung traf allerdings eine Unterscheidung zwischen Urteilen (Denken und Fühlen) und Wahrnehmen (Empfindung und Intuition). Wahrnehmen definierte er als einen vor-urteilslosen Zugang zur Welt. Sowohl Intuition als auch Empfindung sind naive Fähigkeiten; mit der Intuition wird die unsichtbare Welt erfaßt, mit der Empfindung, sprich den Sinnesorganen, die sichtbare. Nach Jung geben wir gewöhnlich einer dieser vier Funktionen den Vorzug. Um zu vollständigen, reifen Menschen zu werden, müßten wir aber alle Funktionen entwickeln, damit alle vier harmonisch zusammenwirken können. Jung stellt also Gefühl und Denken auf eine Stufe und betont die Notwendigkeit, alle vier Funktionen zu integrieren.

Der Beitrag der Biologie

Die moderne Biologie hat unser Verständnis davon vertieft, wie diese beiden Bewußtseinsformen zusammenarbei-

ten. Noch relativ junge Forschungen haben ergeben, daß die beiden Gehirnhälften des Menschen auf verschiedene Weisen arbeiten. Die linke Seite ermöglicht und kontrolliert die sprachlichen, analytischen, rationalen, begriffsbildenden und linearen Aktivitäten. Die rechte Seite ist für die nonverbalen, imaginativen, räumlichen, intuitiven, wahrnehmenden Funktionen zuständig. Bei der Kontrolle der Körperseiten arbeiten die Hälften sozusagen über Kreuz: Die linke Gehirnhälfte kontrolliert die rechte Körperseite, die bei Rechtshändern, also den meisten Menschen, die dominante ist.
Das Verhältnis von Verstand und Gefühl ist durch die Erforschung zweier spezifischer Gehirnbereiche weiter erhellt worden: Mandelkern und Neokortex. Der Mandelkern, auch emotionales Gehirn genannt, ist primitiver, während der Neokortex, oder rationales Gehirn, unter evolutionären Gesichtspunkten ein ziemlicher Neuling ist, sich nur bei Säugetieren findet und beim Menschen besonders groß und entwickelt ist. Der Mandelkern scheint als eine Art Wächter zu fungieren und ist für unsere impulsiven und manchmal lebensrettenden Handlungen verantwortlich. Wenn wir ärgerlich aufbrausen oder vor einem wütenden Stier davonlaufen, ist der Mandelkern in Aktion. Der Neokortex befähigt uns dagegen, Gefühle über unsere Gefühle zu haben, Beziehungen aufrechtzuerhalten und darüber nachzudenken, was sich emotional zwischen uns und anderen abspielt.
Wenn der Mandelkern ohne den Neokortex in Aktion tritt, können unsere Gefühle außer Kontrolle geraten und schlimmstenfalls zu Extremreaktionen wie Mord führen. Umgekehrt wird das Leben öde und farblos, wenn der Neokortex ohne die vom Mandelkern ausgelöste Leidenschaftlichkeit arbeitet. Darüber hinaus werden wichtige emotionale Erinnerungen im Mandelkern gespeichert, die bei Entscheidungsprozessen von Bedeutung sind. Mit Hilfe emotionaler Erinnerungen

sind wir in der Lage, uns vorzustellen, was als Folge von bestimmten Ereignissen oder Handlungen geschehen könnte. Das angenehme oder schmerzliche Gefühl gibt uns einen Vorgeschmack auf das Ergebnis einer geplanten Aktivität. Daher sind Emotionen tatsächlich, auch wenn es paradox klingt, die Grundlage rationalen Handelns.

Den Bogen schlagen – eine kreative Zusammenführung der beiden Seelen

Die Ergebnisse dieser Forschungen weisen darauf hin, daß Verstand und Gefühl voneinander abhängig sind, und sie unterstreichen die Bedeutung einer Kooperation zwischen beiden Prinzipien. Wie Daniel Goleman es in »Emotionale Intelligenz« ausdrückt: »Das alte Paradigma enthielt das Ideal eines von behindernden Emotionen befreiten Verstandes. Das neue Paradigma drängt uns, Kopf und Herz miteinander in Einklang zu bringen.«

Künstler wußten schon immer, wie wichtig dieser Einklang ist. Bei kreativen Leistungen müssen die Disziplin und die Könnerschaft der linken Gehirnhälfte mit der Leidenschaft und Intuition der rechten Hälfte kombiniert werden. Doch da unsere Kultur die Logik über die Leidenschaft stellt, ist es für Nicht-Künstler schwierig, diese Abhängigkeit zu akzeptieren und das Zusammenspiel zu bewerkstelligen. Wie können wir also die beiden Seelen verbinden? Offensichtlich hat die Lotterie des genetischen Erbes manche von uns schon auf physiologischer Ebene mit besseren Verbindungen ausgestattet als andere. Aber es gibt deutliche Hinweise darauf, daß dieses Zusammenspiel auch erlernt werden kann.

Als erstes gilt es, sich klarzumachen, daß man alles auf zweierlei Art betrachten kann, auf rationale und auf emotionale. Zweitens ist es wichtig, keine der beiden Betrachtungsweisen als überlegen anzusehen. Wenn wir einer den Vorzug geben, wird das unterdrückte Prinzip meist ins Unbewußte verlagert. Wie wir in den Kapiteln zu den einzelnen emotionalen Zuständen noch genauer sehen werden, taucht es jedoch in anderer Form wieder auf und verfolgt uns. Wenn wir das rationale Denken vernachlässigen und niedriger einstufen, geraten unsere Emotionen außer Kontrolle und werden gefährlich und chaotisch. Unsere Denkfähigkeit wird gehemmt und darauf reduziert, unsere Handlungen nachträglich rational zu rechtfertigen. Das ist keine Kunst, denn wenn man etwas unbedingt tun will, wird man immer eine einleuchtende Begründung finden. Wenn wir dagegen unsere Emotionen unterdrücken, wird das Denken flügellahm und farblos. Uns wird es an Motivation und Phantasie sowie an der nötigen Inspiration fehlen, die nächsten logischen Schritte zu unternehmen. Unsere Gefühle gehen in den Untergrund, um später, unter anderen Umständen und oft in verkleideter Form, wieder aufzutauchen und dann viel schwieriger handhabbar zu sein.

Inzwischen haben Sie wahrscheinlich eine Ahnung davon, ob Sie dem rationalen oder dem emotionalen Prinzip den Vorzug geben. Wichtig ist es nun zu lernen, mit der Seite zu arbeiten, die Sie normalerweise vernachlässigen. Wenn Sie zum Beispiel eher rational orientiert sind, versuchen Sie, die kleinen Gefühlsregungen zu spüren, die Sie sonst ignorieren. Versuchen Sie, das Geplapper der Worte in Ihrem Kopf zum Schweigen zu bringen, und seien Sie empfänglich für das, was Ihr Gefühl und Ihr Körper Ihnen sagen. Wenn Sie eher emotional orientiert sind, versuchen Sie, bewußt über das, was gerade passiert, nachzudenken. Über Gefühle nachzudenken zerstört sie nicht, wie manche Menschen befürchten. Im Gegenteil, es zeigt ihre Vielfalt und steigert ihre Intensität.

Wie einmal jemand erstaunt zu mir bemerkte: »Ich stelle gerade fest, daß meine Gefühle vollkommen vernünftig sind und einer erkennbaren Logik folgen – ich muß nur ihre Sprache verstehen und respektieren.«
Eine andere Methode, die Verbindungskanäle zwischen den beiden Seelen zu vermehren, besteht darin, mit den Emotionen selbst zu arbeiten. Sie lassen uns so viel empfinden, daß wir früher oder später einfach anfangen müssen, über sie nachzudenken. Dann können wir allmählich verstehen, daß Fühlen und Denken zwei Systeme sind, die aufeinander einwirken und einander nähren. Emotionen werden sogar auf vielfache Weise, wenn auch nicht ausschließlich, von unseren Gedanken hervorgerufen. Daher legt die Arbeit mit den Emotionen gleichzeitig die tiefsten Schichten unseres Denkens frei und gibt uns die Chance, Meinungen zu revidieren, die nicht mehr gültig oder von Nutzen sind. Unsere Probleme mit den beiden Seelen entstehen, wie E. M. Forster so scharfsichtig erkannt hat, aus der Trennung der Prosa der Gedanken von der Leidenschaft der Gefühle. Beide zusammenzubringen eröffnet uns neue Hoffnungen und Möglichkeiten.

Von Emotionen lernen

Wie können wir von unseren Emotionen lernen?

Gefühle sind hervorragende Lehrer, aber ihre Lehrmethoden unterscheiden sich sehr von der konventionellen Schulpädagogik. Sie lehren vor allem durch die Erfahrung von Freude und Schmerz. Leiden rüttelt uns auf und öffnet uns innerlich für die Möglichkeit, die Dinge aus einem neuen Blickwinkel zu betrachten. Wenn wir emotionale Qualen leiden, wollen wir etwas tun, um den Schmerz zu beenden. Diese Verzweiflung bereitet häufig erst den Weg für Initiativen, für die wir bislang vielleicht zu träge oder zu zaghaft waren. In gleicher Weise ist die Aussicht auf mehr Freude im Leben ein Katalysator für Veränderungen und Durchbrüche. Freude und Schmerz sind somit wichtige Triebkräfte für Veränderungen. Wenn unsere Emotionen erst einmal unsere Aufmerksamkeit gewonnen haben und wir einen Dialog mit ihnen beginnen, können sie uns viel über uns und unser Leben lehren:

- Sie liefern uns Informationen über unsere bewußten und unbewußten Einstellungen zu Vergangenheit, Gegenwart und Zukunft.
- Sie führen uns unsere wesentlichsten Ziele und Werte vor Augen, auch die, die wir vor uns selbst verbergen.
- Sie sagen uns etwas über unseren Lebenszweck – und wie wir letztlich unseren persönlichen Erfolg definieren.

Oft ist uns nicht klar, was wir wirklich denken. Wir lassen manches einfach unserem Bewußtsein entgleiten, weil es nicht in das Bild paßt, das wir von uns und unserem Leben haben möchten. Auf bewußter Ebene mag ich zum Beispiel denken, daß meine beste Freundin ein netter Mensch ist und wir ein tolles Verhältnis haben. Denn ich halte mich selbst für nett, und alle um mich herum sollen ebenfalls nett sein. Unbewußt bin ich aber neidisch auf sie, so daß unserer Freundschaft etwas Falsches anhaftet. Mein Neid auf ihr gutes Aussehen und ihre vielen Talente kann dazu führen, daß ich gehässige Bemerkungen mache oder versuche, sie auf hinterhältige Weise auszustechen. Wenn Außenstehende dies bemerken, werden sie sicher den Schluß ziehen, daß ich neidisch bin.
Schlimmer ist jedoch, daß ich durch die Verleugnung der wahren Situation mir selbst die Chance nehme, meine Selbstachtung zu steigern, indem ich mein Bild von mir selbst korrigiere und meine eigenen Talente fördere. Möglicherweise muß ich ein negatives Urteil aus der Vergangenheit revidieren, das besagte, daß ich »kein hübsches Kind« sei. Das Aufspüren solcher Urteile verleiht mir die Macht, falsche und überholte Meinungen zu verwerfen. Dann kann ich erkennen, daß ich eine attraktive Erwachsene mit einer vielversprechenden Zukunft bin. Emotionen eröffnen uns also die Chance,

- die Vergangenheit zu überprüfen,
- die Gegenwart neu zu beleben,
- die Zukunft neu auszurichten.

Emotionen zeigen uns oft, daß unsere Ziele und Werte andere sind, als wir glaubten. Plötzliche Existenzangst kann unter anderem ein Zeichen dafür sein, daß wir kein authentisches Leben führen. Oft überfällt sie uns mitten in einer erfolgreich und glücklich scheinenden Lebensphase. Ein Beispiel hierfür ist Susan, die endlich zu einer heißersehnten Position aufstieg, aber im Grunde etwas ganz anderes möchte. Beruflicher Erfolg ist kein Teil ihrer eigentlichen Wertvorstellungen. Durch die Beförderung hat ihr bewußter Ehrgeiz einen Gipfelpunkt erreicht, sie hat die Erwartungen ihrer Familie erfüllt und es allen recht gemacht außer sich selbst. Und so verfällt sie auf dem Höhepunkt ihres Erfolgs in unbegreifliche Existenzangst. Sie hat ungeheuer hart gearbeitet, um die oberste Sprosse der Leiter zu erklimmen, und muß nun feststellen, daß die Leiter an der falschen Wand lehnt. Ihr emotionales Unbehagen kann der Anstoß dafür sein, sich zur richtigen Wand hinzubewegen.

Oft stellen wir mit Erstaunen fest, daß Menschen, die viel im Leben erreicht haben, dennoch der Überzeugung sind, nicht erfolgreich zu sein, während andere, die viel weniger vorzuweisen haben, sich als sehr erfolgreich betrachten. Dies liegt daran, daß wir alle ein starkes Bedürfnis haben, uns selbst zu verwirklichen, das heißt, das volle Potential unserer Fähigkeiten zu entwickeln. So kann man ein Neugeborenes mit einer Eichel vergleichen, die in der richtigen Erde und unter den richtigen Wetterbedingungen zu einem Baum heranwachsen wird. Manche Menschen beschneiden sich jedoch zu Gartenhecken oder armseligen Büschen, obwohl sie majestätische Eichen sein sollten. Und so wie jeder Baum sich unterschiedlich ausbildet, hat jeder Mensch einen einzigartigen Lebenszweck. Wir können diesen Zweck weder kaufen noch erben, wir müssen in ihn hineinwachsen. Nur wenn uns das gelingt, werden wir ein dauerhaftes Gefühl des Erfolgs haben. Emotionen, besonders die negativeren, machen uns darauf aufmerksam, wenn wir bei unserer Lebensreise vom Kurs abkommen. Die meisten Flugzeuge sind während neunzig Prozent des Flugs nicht genau auf Kurs, schaffen es aber trotzdem, am richtigen

Ort zu landen. Emotionen sind Kurskorrektoren, die uns helfen, unser Ziel zu erreichen.

Verschiedenes Wissen – Kopf und Herz

Es gibt verschiedene Arten des Wissens – man kann mit dem Kopf und mit dem Herzen wissen. Wir können etwas logisch durchdenken oder es intuitiv erfühlen. Manchmal ziehen wir es vor, eine Situation rational zu analysieren, dann wieder, sie gefühlsmäßig zu erfassen. Manchmal erleben wir die Dinge in geordneter Abfolge, dann wieder scheint alles auf einmal auf uns einzustürzen.

Wie wir im vorherigen Kapitel gesehen haben, können Denken und Fühlen aufeinander einwirken und ein interaktives System bilden. Das ist der optimale Zustand, den zu erlangen zwar harte Arbeit erfordert, aber den unschätzbaren Nutzen bringt, alles aus mehr als einer Perspektive betrachten zu können. Dies verleiht unserer Persönlichkeit eine Stärke und Autorität, die auf keinem anderen Weg gewonnen werden kann. Führungskräfte zum Beispiel, die nicht nur logische Urteile fällen, sondern sich auch von ihrer Intuition leiten lassen, können sehr effektiv arbeiten. Ihre Entscheidungen sind stimmig, und ihre Mitarbeiter respektieren sie, weil sie die Wärme und Realitätsnähe einer Verbindung von Empathie und Analyse spüren.

Männer werden in der Regel als rational, Frauen als emotional betrachtet. Davon wird im nächsten Kapitel noch ausführlich die Rede sein. Es verspricht jedoch sicher mehr Erfolg, Kopf und Herz in jedem Menschen gleichermaßen zu sehen und zu fördern. Emotionen helfen uns dabei, weil bestimmte Muster und schmerzliche Empfindungen so lange wiederkehren, bis wir die Botschaft verstanden haben. Jemand formulierte es einmal so: »Ich habe so viel gefühlt, daß ich anfangen mußte zu denken.«

Bei dem in diesem Buch beschriebenen emotionalen Lernen geht es darum, uns die Ursachen unserer Gefühle auf rationale und intuitive Weise bewußtzumachen. Das ist nichts, was über Nacht gelingt, sondern eine lebenslange Aufgabe. Die Ergebnisse sind jedoch so beglückend und lohnend, daß Sie immer weitermachen wollen, wenn Sie erst einmal damit angefangen haben.

Die folgende Liste ist eine Gegenüberstellung, keine der beiden Wissensformen soll der anderen über- bzw. untergeordnet werden. Bei den meisten von uns überwiegt eine Seite, was aber nur bedeutet, daß wir uns der anderen annähern müssen. Das chinesische Yin-Yang-Symbol verdeutlicht die gegenseitige Abhängigkeit der Seiten: Jede Hälfte ist mit der anderen verschlungen und auf sie angewiesen. Ganzheitlichkeit entsteht aus der Erkenntnis, daß beide Hälften notwendig sind.

Die parallelen Wege des Wissens

Kopf	Herz
vernünftig	emotional
denkend	fühlend
linke Gehirnhälfte	rechte Gehirnhälfte
logisch	intuitiv
objektiv	subjektiv
sukzessiv	simultan
konvergent	divergent
analytisch	relational
aggressiv	nachgiebig
Yang	Yin
apollinisch	dionysisch
maskulin	feminin

Emotionales Lernen

Mit jeder Emotion, die wir erleben, können wir einen Lernprozeß durchlaufen. Emotionen werden durch Ereignisse ausgelöst, die hochdramatisch oder so banal sein können, daß wir sie kaum wahrnehmen. Die Reaktionen können unkontrollierbare Wut, quälender Kummer, bittere Schuldgefühle oder stumpfe Depression sein. Oder auch Liebesgefühle, beginnende Hoffnung, ein flüchtiges Gefühl der Freude. Was immer die emotionale Reaktion ist, sie verschafft uns die Gelegenheit, das Leben aus neuer Sicht zu betrachten und einige unserer Annahmen, Wertvorstellungen und Glaubenssätze zu überprüfen. Nachdem wir das getan haben, können wir das Denken, das zu diesem emotionalen Zustand geführt hat, abwandeln oder ganz verändern. Daraus wiederum ergeben sich neue Einstellungen und Verhaltensweisen. Wenn wir die Lektion lernen, die uns eine Emotion vermitteln kann, wird uns diese so nicht mehr widerfahren. Wenn nicht, wird sich aller Wahrscheinlichkeit nach unsere Reaktion als Negativschleife wiederholen.

Auslöser wird es immer geben, und emotionale Reaktionen sind Teil unseres Lebens. Stufe 3 ist daher von besonderem Interesse, denn an diesem Punkt haben wir die Gelegenheit, unsere emotionalen Reaktionen zu beeinflussen, indem wir unsere Annahmen, Werte und Überzeugungen einer Prüfung unterziehen. Wenn wir nicht zu Stufe 3 gelangen, werden wir das alte Reaktionsmuster ständig wiederholen. Machen wir dagegen unsere Sache gut, können wir Stufe 4 erreichen und zu neuen Einstellungen und Verhaltensweisen gelangen. In dem Zuge, wie sich unser eigenes Verhalten verändert, werden wir auch neue Verhaltensweisen bei anderen hervorrufen. Auf Stufe 5 schließlich fühlen wir uns wie neu geboren, das Leben wird erfüllter und voller Möglichkeiten. Unsere emotionalen Reaktionen verändern sich, und Anlässe und Ereig-

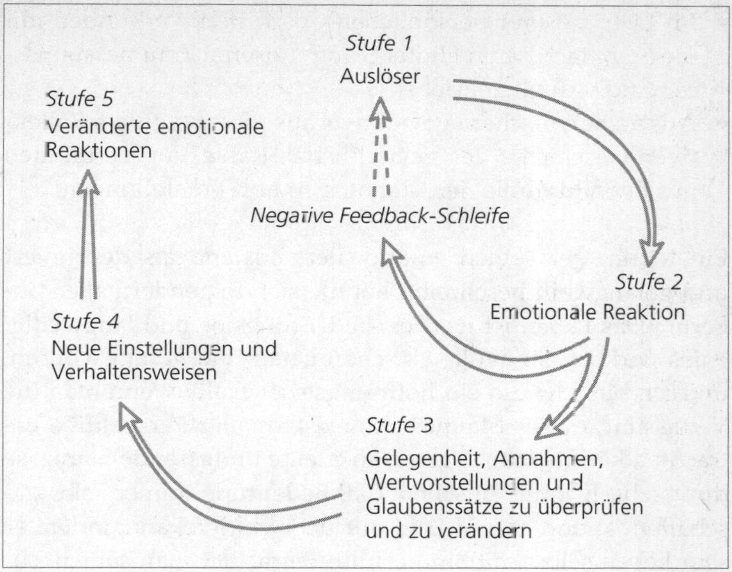

nisse, die uns früher wütend machten oder verzweifeln ließen, rufen nur noch ein selbstironisches Lächeln hervor. Die emotionale Energie, die bisher unsere Kräfte aufzehrte, kann nun auf kreative Weise genutzt werden.

Betrachtungsweisen emotionaler Zustände

Es gibt drei Möglichkeiten, emotionale Zustände zu betrachten und einzuschätzen.

- Auf existentielle Weise: bezogen auf die Frage, was es bedeutet, Mensch zu sein und mit fundamentalen Ungewißheiten und Ängsten zu ringen.

- Im Licht unserer persönlichen Geschichte: verbunden mit unserem familiären Hintergrund, unseren Traumata, unserem individuellen Erleben.
- Aus archetypischer Perspektive: ausgehend von der kollektiven Geschichte der menschlichen Rasse, eng verbunden mit ihren Mythologien, Phantasien und Vorstellungen.

Ein Mann, der seinen emotionalen Zustand als deprimiert und gelangweilt beschreibt, könnte sich folgendermaßen äußern: »Das Leben ist wertlos, bedeutungslos und langweilig. Alles wirklich Sinnvolle ist schon getan und gesagt worden, und ich bin sowieso ein hoffnungsloser Fall.« Wenn man die Verfassung dieses Mannes aus existentieller Perspektive betrachtet, könnte man sagen, daß er eine umfassende Sinnkrise durchlebt. Er muß einsehen, daß Bedeutung immer selbstgeschaffen ist und er sein Leid nur überwinden kann, indem er sein Leben selbst mit Sinn erfüllt. Betrachtet man seinen Zustand im Licht der persönlichen Geschichte, wird man möglicherweise herausfinden, daß er seine Lebensziele von seinen Eltern »ererbt« und sie nie wirklich zu seinen eigenen gemacht hat. Kein Wunder, daß er sie nicht weiterverfolgen will! Aus der archetypischen Perspektive könnte man feststellen, daß dieser Mann sein Elternhaus nie wirklich verlassen hat, auch wenn er räumlich getrennt von den Eltern lebt. Er muß sich vielleicht wie ein archetypischer Held auf eine symbolische Reise begeben und seinen Lebenszweck selbst finden. Wenn er hinausgeht, um seinen eigenen Weg zu finden, wird er mit großer Wahrscheinlichkeit aufregende und bedeutungsvolle Erfahrungen machen.

Warum emotionale Gegenseiten wichtig sind

Emotionen ähneln einer Wippe – wenn eine Seite oben ist, ist die andere unten. Von unseren Emotionen zu lernen bedeutet eine Chance, die Wippe ins Gleichgewicht zu bringen. Die Gegenseite einer Emotion ist normalerweise verborgen, und es gehört zur Entwicklung unserer emotionalen Intelligenz, diese geheime, versteckte Seite aufzudecken.

Emotionale Gegenseiten

Emotion	Emotionale Gegenseite
Aggression	Bedürfnis nach Zärtlichkeit, Nähe
Wut	Bedürfnis nach Macht, Selbstachtung
Ängstlichkeit	Sehnsucht nach Bedeutung, Zweck
Langeweile	Sehnsucht nach Hingabe, Engagement
Depression	Sehnsucht nach Gefühl, unterdrückte Angst und Wut
Neid	Wunsch nach persönlicher Weiterentwicklung, Selbstachtung
Furcht	Unterdrückter Mut, unterdrückte Abenteuerlust
Trauer	Sehnsucht nach Verwandlung und Überwindung des schmerzlichen Verlusts
Schuldgefühle	Bedürfnis, ein falsches Selbstbild abzulegen
Haß	Bedürfnis, eine ungeliebte Seite zu integrieren
Hoffnung	Wunsch, der Verzweiflung zu entkommen
Einsamkeit	Bedürfnis nach Nähe, Verbundenheit
Liebe	Wunsch nach Selbsterkenntnis und Transzendenz
Stolz	Bedürfnis nach wahrer Demut, nicht Demütigung
Ablehnung	Sehnsucht das Leben zu akzeptieren und frei zu werden

Das Aufdecken der Gegenseite läßt uns innerlich wachsen und vollständiger werden. Eine Frau beschrieb es so: »Ich träumte einmal, daß mein Haus viel mehr Zimmer hatte, als ich dachte. Es gab ein Musikzimmer, ein Malatelier und Zimmer, um einfach nur darin zu spielen. Ich betrachtete diese Traumbilder als

Metaphern für meine emotionale Reise. Mir wurde klar, daß ich auf dem richtigen Weg war und daß meine emotionale Intelligenz mir neue Räume eröffnen würde – vielleicht auch im konkreten Sinn, aber ganz bestimmt im psychologischen.«

Die sogenannten negativen Emotionen sind nicht wirklich negativ, denn in ihnen ist etwas Positives versteckt, das dem geheimen Stoff des Alchimisten ähnelt und Blei in Gold, Leid in Freude verwandeln kann. Wenn wir lernen, die Kräfte einer Emotion und ihrer Gegenseite im Gleichgewicht zu halten, sind wir nicht länger einseitig ausgerichtet. Wir werden offener für Mitgefühl und Empathie – nicht nur in bezug auf andere, sondern auch auf die verwundeten Anteile in uns selbst.

Männer denken, Frauen fühlen – das Ende des Mars-und-Venus-Mythos

»Why can't a woman be more like a man?« –
Warum sind Frauen so anders als Männer?

Diese Frage taucht in einem Song des Filmmusicals »My Fair Lady« auf und spricht ein heikles Thema an: Wenn Männer und Frauen so verschieden sind, welches Geschlecht ist dann das überlegene?

Wo immer von Unterschieden die Rede ist, fällt es uns schwer, nicht in Kategorien von besser und schlechter zu denken. Würde man Passanten auf der Straße fragen: »Warum sind Frauen so anders als Männer?«, könnten die Antworten etwa folgendermaßen lauten:

- Weil sie eben anders sind – warum sollten sie wie Männer sein?
- Je mehr sich Frauen wie Männer verhalten, desto mehr fühlen diese sich in ihrer Männlichkeit bedroht – also müssen Frauen feminin sein, damit die Männer friedlich bleiben.
- Sie sind es gar nicht – aber die meisten glauben es, weil sie nicht hinter die anerzogenen geschlechtsspezifischen Eigenschaften schauen.
- Warum sind Männer so anders als Frauen?

- Frauen haben auch männliche Anteile, genauso wie Männer weibliche Anteile haben.
- Was für eine blödsinnige Frage!

Manche von uns versuchen, die Unterschiede zwischen den Geschlechtern zu leugnen, andere, deren Bedeutung herunterzuspielen. Wieder andere betrachten sie ganz unter dem Vorzeichen der Geschlechterpolitik. Sie wehren sich gegen die Dominanz der patriarchalen Kultur, die ihrer Ansicht nach die Unterschiede zwischen Männern und Frauen betont, um Frauen wirkungsvoller unterdrücken zu können.

Dann gibt es noch diejenigen, die geschlechtsspezifische Unterschiede anerkennen, aber die individuellen Unterschiede zwischen Menschen für wichtiger halten. Sie lehnen die stereotype Festlegung von Männern als maskulin und Frauen als feminin ab. In den oben angeführten Antworten spiegeln sich verschiedene Haltungen und alle möglichen Emotionen wider: Liebe, Haß, Wut, Neid, Angst, Stolz und Aggression. Wie wir emotional auf diese Frage reagieren, ist genauso wichtig wie unsere rationalen Gedanken dazu.

Solange wir uns nicht mit dieser Frage auseinandergesetzt und eine versöhnliche Antwort gefunden haben, werden wir die Vertreter des jeweils anderen Geschlechts um die Privilegien und Vorteile beneiden, mit denen wir sie ausgestattet glauben. In der Vergangenheit haben die Frauen die Männer meist um ihre Freiheit und die Männer die Frauen um ihre Gebärfähigkeit beneidet. Die gesellschaftlichen Veränderungen der letzten Jahrzehnte haben unserem Bild vom anderen Geschlecht natürlich neue Aspekte hinzugefügt und es komplexer gemacht, ohne den gegenseitigen Neid aufzulösen.

Obwohl es auf die Frage nach der Existenz und Bedeutung von geschlechtsspezifischen Unterschieden wohl keine endgültige Antwort geben wird, beschäftigt sie uns nach wie vor.

Bedingen die biologischen und anatomischen Unterschiede zwischen Männern und Frauen auch Verschiedenheit auf allen anderen Gebieten? Am schärfsten entbrennt die Diskussion um die geschlechtsspezifische Aufteilung von rationalen und emotionalen Verhaltensweisen. Männer bekommen traditionellerweise die rationale Seite zugewiesen, Frauen die emotionale. Deckt sich diese Aufteilung mit der Wirklichkeit, oder handelt es sich nur um eine allzu bequeme Erklärung für die Spannungen zwischen den Geschlechtern?

Männliche und weibliche Stereotypen

Wenn wir Männer in ein rationales und Frauen in ein emotionales Klischee pressen, versagen wir uns einen großen Teil der Spannung und des Vergnügens, die aus jeder Begegnung zwischen Männern und Frauen erwachsen können. Damit sind nicht nur Liebesbeziehungen, sondern auch Freundschaften, Beziehungen unter Verwandten, Kollegen und Geschäftspartnern gemeint. Um die Dynamik der männlichen und weiblichen Stereotypenbildung ein wenig besser zu verstehen, wollen wir David und Linda belauschen, die jeweils mit einem Freund beziehungsweise einer Freundin über ihre Beziehung sprechen. Bei unserer ersten Begegnung mit den beiden sind sie Mitte Zwanzig und seit einem Jahr zusammen.

Linda ißt mit Anna, einer guten Freundin, zu Abend. Linda sagt: »Ich finde David nach wie vor toll, aber irgendwie hat er überhaupt keinen Zugang zu seinen Gefühlen.« Anna bestätigt sie sofort in ihrer Meinung: »Na ja, er ist ein Mann, was erwartest du? Schließlich sind Männer vom Mars und Frauen von der Venus.« Linda darauf: »Es ist wirklich fast so, als würde man mit jemandem von einem anderen Planeten zusammenleben. Am Anfang lief alles so wunderbar – er hat mir meine Wünsche von den Augen abgelesen, hat sich ständig kleine romantische Überraschungen ausgedacht und mich jeden Tag angerufen. Und dann hat er auf einmal nachgelassen. Ich habe mich schon gefragt, ob er vielleicht nicht mehr verliebt in mich ist, aber eine andere gibt es offenbar nicht. Neulich habe ich ihm eine Szene gemacht, weil er unseren Jahrestag vergessen hatte. Weißt du, was er mir antwortete? ›Kriegst du deine Tage, oder bist du einfach nur emotional?‹ Nur emotional! Was sagt man dazu!« Anna erwidert: »Er ist wahrscheinlich emotional total blockiert und kann nicht damit umgehen, wenn du Gefühle zeigst. Das ist doch typisch – einen wichtigen Jahrestag zu vergessen und dann zu behaupten, daß du dich unnötig aufregst.« Ohne Anna richtig zuzuhören, grübelt Linda laut vor sich hin: »Ich liebe ihn doch, aber wenn ich es ihm sage, reagiert er unwirsch, als würde er am liebsten antworten: ›Stör mich jetzt nicht mit so was, ich hab gerade ganz andere Sorgen.‹«

Ein paar Kilometer weiter unterhält sich David mit seinem besten Freund Roger bei einem Glas Bier. Roger fragt, wie es mit Linda läuft, worauf David sagt: »Also, ich mag Linda wirklich sehr gern, aber es gibt Zeiten, in denen sie total unvernünftig reagiert. Neulich hatte ich bei der Arbeit ein richtig verzwicktes Problem zu lösen, du kennst das ja.« Roger nickt wissend. »Aber Linda mußte auf mir herumhacken«, fährt David fort, »weil ich offenbar irgendeinen wichtigen Jahrestag vergessen hatte. Sie sagte, sie hätte sich schon wochenlang darauf gefreut. Woher sollte ich das denn wissen? Letzten Monat bin ich mit ihr nach Paris gefahren – zählt das etwa nicht? Weißt du, ich konnte es einfach nicht in ihren Kopf bekommen, daß ich ihr auf meine Weise zeige, wieviel mir an ihr liegt.« Roger darauf: »Frauen! Sie sind so unlogisch und manipulativ. Ich verstehe nicht, wie sie das machen. Und dann beschweren sie sich immer, wir würden nicht genug Gefühle zeigen. – Trinken wir noch eins?«

Wir alle haben wahrscheinlich schon ähnliche Gespräche geführt. Die Rolle des Freundes beziehungsweise der Freundin besteht darin, die Erfahrungen mit dem anderen Geschlecht zu bestätigen und in die Klagen einzustimmen. Sowohl Linda als auch David folgen in ihrem Denken und Fühlen einem Muster, das das Verhalten des anderen auf ein Klischee festlegt. Sie sagt, sie sei ihm nicht wichtig, obwohl er ein Beispiel anführen kann, das das Gegenteil beweist. Er sagt, sie sei unlogisch, obwohl sie die Entwicklung ihrer Beziehung klar analysieren kann. Er sagt, sie sei unvernünftig, sie sagt, er habe keinen Zugang zu seinen Gefühlen. Wer hat recht? Je mehr sich die beiden darüber streiten, desto mehr werden sie auf ihren polarisierten Rollenzuschreibungen beharren. In Wahrheit sind Männer und Frauen gleichermaßen sowohl zu rationalem als auch zu emotionalem Denken fähig. Beide Fähigkeiten können sie aber nur dann vollständig ausbilden, wenn sie sie nicht nur bei sich selbst, sondern auch beim anderen Geschlecht anerkennen und zulassen.

Der innere Mann und die innere Frau

Um diesen Klischees zu entgehen, gibt es unter anderem die Möglichkeit, sich »innere Personen« vorzustellen. Ein Mann besitzt nach diesem Modell eine innere Frau, eine Frau einen inneren Mann. Die innere Frau steht für die emotionale Seite eines Mannes, der innere Mann für die Rationalität einer Frau. Diese inneren Personen ähneln ein wenig subatomaren, unsichtbaren Teilchen, denn ihre Existenz kann nur aus ihrer Wirkung auf die Umgebung abgeleitet werden. Manchmal können wir in unserem Verhalten, in unseren Ansichten und Träumen einen Blick auf diese innere Person erhaschen. Der äußere Mann und die äußere Frau sind das Bild, das wir von uns selbst zeichnen. Linda ist stolz darauf, daß sie ihren Gefühlen Ausdruck geben kann, während David sich seines rationalen Denkens rühmt. Doch im Bereich des Unbewußten hat Lindas innerer Mann ein großes Interesse an Vernunft und Rationalität und besitzt Davids innere Frau viel Gefühl.

Die meiste Zeit über erleben wir unseren inneren Mann beziehungsweise unsere innere Frau wie einen Untermieter, den wir nur selten zu Gesicht bekommen. Weil wir diese Person kaum kennen, können oder wollen wir nicht mit ihr kommunizieren und verschwenden meist keinen Gedanken an sie. Doch wenn wir auf einmal feststellen, daß sie das ganze heiße Wasser zum Duschen verbraucht oder das letzte Croissant gegessen oder stundenlange Ferngespräche auf unsere Kosten geführt hat, wird uns ihre Gegenwart auf einmal unangenehm deutlich. Wenn wir die Bedeutung unseres inneren Mannes oder unserer inneren Frau nicht verstehen, werden wir ihre Gegenwart nur als lästig empfinden.

Ob wir diese inneren Personen ablehnen oder verstehen und akzeptieren, sie leben jedenfalls unter unserem Dach und beeinflussen uns auf vielfältige Weise. Ohne weiter darüber nachzudenken, übernehmen wir häufig ihre Ansichten und Gefühle, doch wenn wir nicht mit ihnen kommunizieren, sind sie nicht im vollen Besitz aller Informationen. Und weil sie keine Schule besucht haben, scheinen sie im Vergleich zu unseren anderen Anteilen recht unterentwickelt zu sein.

Wenn ein Mann und eine Frau eine Beziehung miteinander eingehen, ist diese Verbindung also sehr viel komplizierter als ein einfaches Zusammenkommen des äußeren Mannes und der äußeren Frau. Es entsteht ein ganzes Beziehungsgeflecht,

von dem manche Teile bewußt wahrgenommen werden, andere jedoch nicht.
Weitere Komplikationen entstehen, wenn wir unsere innere Frau oder unseren inneren Mann auf den Partner oder die Partnerin projizieren. Wird die innere Person von uns nicht anerkannt, neigen wir dazu, sie mit unserem Partner zu verwechseln. David mag zum Beispiel nicht bewußt sein, daß seine innere Frau sich beklagt, weil er ihre Ansichten ignoriert und sie allgemein nicht genug beachtet. Sie ist möglicherweise eifersüchtig darauf, daß er soviel Zeit mit Linda verbringt, und bewirkt, daß er sich schuldig fühlt. Und Linda wirft ihm genau dasselbe vor! David fühlt sich von allen Seiten angegriffen und sagt Dinge zu Linda, die von der Ablehnung seiner inneren Frau herrühren. Bei Linda verhält es sich ähnlich. Ihr innerer Mann fühlt sich vernachlässigt und liefert eine Reihe rational klingender Gründe für Davids Versagen auf emotionalem Gebiet, die Linda David gegenüber wiederholt. Wenn wir unseren inneren Gegenparts nicht genug Beachtung schenken, können sie mit ihren Einflüsterungen unsere Beziehungen vergiften.

Die vollständige Ehe

C. G. Jung hat sich ausführlich mit diesen inneren männlichen und weiblichen Figuren befaßt. Er nannte den inneren Mann Animus oder Geist, die innere Frau Anima oder Seele. Dieses Modell ist vielfach kritisiert worden, da es immer wieder zu einer Rechtfertigung patriarchaler Dogmen herangezogen wurde. Mit dem Begriff der Anima erklärte man gern irrationales Verhalten bei Männern, während der des Animus dazu mißbraucht wurde, eigenständiges Denken von Frauen als unangemessen männlich-aggressiv zu verunglimpfen. Die

Begriffswahl ist vielleicht etwas unglücklich und überholt, weshalb hier die Bezeichnungen »innerer Mann« und »innere Frau« gewählt wurden.
Jung und seine Nachfolger sind jedoch über die Vorstellung, daß wir eine Gegenfigur mit Merkmalen des anderen Geschlechts in uns tragen, hinausgegangen und haben den Gedanken des potentiellen inneren Paares entwickelt. Wenn wir dieses Paar verstehen und zu ihm in Beziehung treten, bekommen wir Zugang zu den weiblichen und männlichen Energien in den tieferen psychischen Schichten unseres Selbst. Eine Frau, die männliche, penetrative, lineare Energie zur Lösung eines Problems benötigt, kann auf diese Energien zurückgreifen, und ein Mann, der der weiblichen, nährenden, gerundeten Energie in einer Verhandlungssituation bedarf, kann sie ebenfalls wirksam werden lassen. Keiner ist von einem Partner des anderen Geschlechts abhängig und muß ihn um seine Stärken beneiden oder sie bekämpfen. Das ist wahre Gleichheit, die das Geschenk der Harmonie mit sich bringt. Eine vollständige Ehe wird nicht oder nicht nur durch eine Hochzeit in der äußeren Welt geschlossen. Wir müssen auch eine Ehe unserer männlichen und weiblichen Anteile im Innern herbeiführen.
Viele Jahre nach dem geschilderten Streit kann unser Beispielpaar David und Linda die Aufspaltung in rationales und emotionales Verhalten ganz anders beurteilen: Linda, nun Anfang Fünfzig, kann David mehr lieben denn je, weil sie keine emotionalen Reaktionen mehr von ihm fordern muß. Sie hat ein gutes Verhältnis zu ihrem inneren Mann entwickelt, was ihr ein Gefühl der Sicherheit und des inneren »Verheiratetseins« gibt. David behandelt seine emotionale Seite nicht mehr verächtlich oder überträgt sie auf Linda, weil er ihre Bedeutung begriffen hat. Er hat sich mit seiner inneren Frau angefreundet, weil er ohne sie kein vollständiger Mensch ist. Auch er

fühlt sich innerlich verheiratet und kann aus der Verbindung seiner männlichen und weiblichen Seiten Kraft für sein Handeln beziehen.
Beide wissen, daß sie diese Vollständigkeit nur durch viele Jahre harter Arbeit an ihren Emotionen erlangt haben. Wie Linda sagt: »Die Vorteile des mittleren Lebensalters scheinen ein gut gehütetes Geheimnis zu sein. Ich habe nämlich entdeckt, daß das Leben nun sehr viel interessanter ist als in unseren jungen Jahren. Indem ich mich meinen negativen und schmerzlichen Emotionen wie Wut, Angst und Einsamkeit stellte, konnte ich mich von ihnen verändern lassen. Und als ich aufhörte, David verändern zu wollen, veränderte er sich von selbst. Das ist wunderbar!«

Dieses Kapitel hat sich ausschließlich mit heterosexuellen Beziehungen befaßt, was aber nicht bedeutet, daß gleichgeschlechtliche Beziehungen nicht ähnlichen Mustern folgen. Auch in schwulen und lesbischen Partnerschaften müssen die Partner die unterschiedlichen Ansprüche ihrer männlichen und weiblichen Seiten anerkennen. Oft kommt es auch hier zu Rollenaufteilungen, übernimmt der eine Partner beziehungsweise die eine Partnerin die Führung auf einem bestimmten männlich oder weiblich besetzten Gebiet. Wir haben die Zugangswege zum inneren Gegenpart aus dem Blickwinkel von Mann-Frau-Beziehungen betrachtet, weil es einfacher ist, sie in diesem Kontext darzustellen.

Die innere Familie entwickeln

Wer noch in uns wohnt

Wir sind nie allein, selbst wenn wir uns vollkommen isoliert fühlen, denn in uns tummelt sich eine ganze Reihe von Personen oder Gestalten. Im letzten Kapitel haben wir den inneren Mann und die innere Frau kennengelernt, doch das war erst der Beginn der Bekanntschaft mit einer vielgestaltigen inneren Familie. Warum weiß unser Bewußtsein nichts von dieser Famile? Vermutlich, weil wir durch Erziehung und Gesellschaft dazu angehalten werden, uns nur als eine einzige Person zu denken. Das ist bequemer und praktischer, denn immer all unsere inneren Gestalten in Betracht zu ziehen kostet Zeit und kann sehr lästig sein. Sich mit zehn Personen statt einer einzigen zu beraten, wenn man eine Straße überquert oder ein Formular ausfüllt, nimmt die zehnfache Zeit in Anspruch. Um also schnell und effektiv handeln zu können, beschränken wir uns normalerweise darauf, eine einheitliche Persönlichkeit auszudrücken. Die Psychologen haben diese Hauptpersönlichkeit »Ego« genannt, das lateinische Wort für »Ich«. Das Ego kann eine solch dominierende Kraft werden, daß es alle anderen inneren Personen zum Schweigen bringt. Bei manchen Formen von Geisteskrankheit ist allerdings auch das Gegenteil der Fall. Das Ego ist dann nicht stark genug, eine einheitliche Persönlichkeit zu bilden, und die verschiedenen inneren Personen beginnen, auf disharmonische und destruktive Weise zu agieren. Doch bei den meisten von uns

kann das Ego sich als der unbestrittene Herrscher im eigenen Haus fühlen.
Wir können unsere innere Welt mit einem großen, verschachtelten Wohnhaus vergleichen. Ganz oben, in einem schicken, modernen Penthouse, wohnt das Ego und ist blind für das kunterbunte Treiben der Mieter in den Stockwerken darunter. Deren Wohnungen sind ziemlich schäbig und vernachlässigt, sie hausen auf engstem Raum und drängen sich mit der Wäsche, den Kindern und Haustieren um das bißchen Platz. Morgens steht das Ego auf, duscht sich, zieht seinen Geschäftsanzug an und geht zur Arbeit. Manchmal grummelt es vor sich hin, wenn es an den Türen der anderen Hausbewohner vorbeikommt, die es in seinem Hochmut für schmarotzende Sozialhilfeempfänger hält. »Ich ernähre sie mit meiner Arbeit, und sie danken es mir nicht einmal!« sagt es vielleicht in selbstgerechter Empörung. Doch während das Ego auf seine Weise beschäftigt ist, arbeiten die anderen im Haus ebenfalls hart. Auch wenn sie nichts mit dem verbissenen, aufstrebenden Lebensstil des Egos zu tun haben, ist ihre Rolle nicht minder wichtig. Diese Gestalten bestimmen nämlich, wie wir mit den emotionalen Herausforderungen, die sich uns jeden Tag stellen, umgehen.
Als das Ego in aggressiver Stimmung zur Arbeit eilt, begegnet es einem Bettler. Der Bettler ist obdachlos und bittet um ein wenig Kleingeld. »Ich habe kein Kleingeld«, knurrt das Ego böse. »Warum suchst du dir nicht eine anständige Arbeit?« Das Ego setzt seinen Weg wütend fort. Dann tut ihm der Bettler plötzlich leid, und es macht sich Sorgen, daß es ebenfalls auf der Straße landen könnte, wenn es in seiner zielstrebigen, erfolgsorientierten Haltung nachläßt. An seinem Arbeitsplatz nörgelt das Ego an seinen Kollegen und Untergebenen herum. »Können Sie das nicht besser/schneller/mit weniger Fehlern erledigen? Muß ich denn *alles* selber machen?«

Das Ego glaubt an eine Theorie, die es einmal irgendwo gelesen hat, die 85/15-Theorie. Es denkt bei sich: »Fünfundachtzig Prozent der Menschheit sind passiv, abhängig und hoffnungslose Fälle. Die anderen fünfzehn Prozent sind aktiv und kompetent und müssen den Rest mitziehen. Warum soll ich mich von diesem nutzlosen Ballast behindern lassen? Schon der Gedanke daran bringt mich auf die Palme.« Als das Ego nach Hause kommt, muß es feststellen, daß seine Nachbarn eine spontane Party feiern. »Komm und mach mit«, laden sie es herzlich ein, »wir kochen gerade etwas.« Das Ego faucht gereizt: »Das rieche ich. Ich gehe einer anstrengenden Arbeit nach und hatte einen harten Tag, und wehe, wenn dieser Lärm nicht bald aufhört – dann rufe ich die Polizei.« Mit dieser Drohung zieht es sich in sein Refugium zurück. Nach ein paar starken Drinks beginnt es, sich einsam zu fühlen, und sehnt sich nach Gesellschaft, aber sein Stolz verbietet es ihm, hinunterzugehen und sich unter dieses ungewaschene Pack zu mischen. Auf diese Weise wird das Ego immer isolierter und trauriger. Doch wer sind diese unzivilisierten Nachbarn eigentlich? Die Antwort mag dem Ego nicht gefallen, aber sie sind genauso Teil des Hauses, also der Gesamtpersönlichkeit, wie es selbst. Das Ego ist nur die Fassade, die wir der Öffentlichkeit präsentieren. Die anderen, versteckteren Gestalten repräsentieren zum Teil diejenigen Charakterzüge und Eigenschaften, die wir nicht wahrhaben wollen oder nicht akzeptieren können. Je weniger wir eine innere Gestalt akzeptieren, desto ärgerlicher reagieren wir auf sie in der Außenwelt, wie die theoretische Begegnung mit dem Bettler zeigt. Wenn wir dagegen erkannt haben, daß es in uns einen Teil gibt, der verarmt, verkrüppelt, bedürftig und fordernd ist, werden wir uns von dem Bettler der Außenwelt weniger bedroht fühlen. Wir können uns entschließen, ihm Geld zu geben oder nicht, ohne uns bei der Entscheidung von unseren Schuldgefühlen manipulieren zu lassen und uns durch die Begegnung mit einem anderen Menschen eine zusätzliche Last aufzuladen. Fast jede Situation, die schmerzliche Emotionen in uns weckt, verweist auf eine innere Gestalt, die unserer Zuwendung bedarf.

Die Herkunft unserer inneren Gestalten

Woher kommen diese inneren Gestalten? Obwohl sie bei jedem von uns ein wenig anders aussehen, gibt es doch weitgehende Übereinstimmungen. Grundsätzlich entstammen sie zwei Quellen: unseren persönlichen, individuellen Erfahrungen und einem kollektiven, archetypischen Unterbau. Grob gesagt erschaffen wir unsere innere Familie aus einer Verbindung von konkreten Erfahrungen und den Archetypen, denen wir immer wieder begegnen.

Vater und Mutter oder wer sonst in den ersten Lebensjahren für unser Wohlergehen verantwortlich war, hinterlassen einen unauslöschlichen Eindruck. Das gehört zu unserer persönlichen und einzigartigen Geschichte, denn sogar Geschwister erleben ihre gemeinsamen Eltern unterschiedlich. Die emotionalen Erinnerungen, die wir an sie haben – ob sie liebevoll, gewalttätig, dumm, großzügig oder kalt waren –, werden uns ein ganzes Leben lang begleiten. Ihre Widersprüchlichkeiten, Überzeugungen, Hoffnungen und Ängste prägen uns. Ein Mann, der behauptet: »Mütter sind sehr emotional und wollen immer mehr von einem, als man geben kann«, geht dabei von seiner eigenen Mutter aus. Eine Frau, die erwartet, daß Väter gegenüber ihren Kindern nachsichtig sind oder sie sogar verwöhnen, tut dies vielleicht, weil sie immer »Papas Prinzessin« war. Auch unsere Geschwister oder andere nahe Verwandte, mit denen wir aufwuchsen, werden zu Bezugsgrößen für unsere emotionalen Erwartungen.

Im späteren Leben übertragen wir das Vorbild unserer Eltern häufig auf andere Autoritätspersonen, wie Vorgesetzte, Lehrer, Psychotherapeuten oder Priester. Schon mancher politische oder religiöse Führer hat sich dieses Projektionsverhalten zunutze gemacht, indem er sich die Rolle des liebevollen und Geborgenheit vermittelnden oder des strengen und strafenden Vaters aneignete.
Jenseits des rein Persönlichen und Individuellen, sozusagen auf dem Grund unseres Seins, existieren die Archetypen. »Archetypus« bedeutet wörtlich »Urbild« oder »Urform«, und Archetypen sind so etwas wie psychische Grundmuster. Sie sind ererbt, werden aber durch unsere individuellen Erfahrungen abgewandelt. Die Existenz von Archetypen ist nie wissenschaftlich nachgewiesen worden, aber sie dienen in der Psychologie als nützliches Arbeitsmodell. Die Archetypenlehre geht auf Platon zurück und wurde von C. G. Jung weiterentwickelt, als er sich mit den Mythologien verschiedener Völker befaßte. Dabei stellte er fest, daß sich viele Geschichten verblüffend ähneln und oft nur die Namen der Heldinnen und Helden und manche Einzelheiten variieren.
In vielen Kulturen gibt es zum Beispiel einen Schöpfungsmythos, in dem die Welt aus der Verbindung einer männlichen und einer weiblichen Gestalt hervorgeht. In der christlichen Tradition gelten Adam und Eva als die Eltern des Menschengeschlechts. Die alten Ägypter glaubten, daß die Welt aus der Vereinigung der Himmelsgöttin Nut mit dem Erdgott Geb hervorging, während es in anderen Kulturen ein Himmelsvater und eine Erdmutter sind, die durch ihre Verbindung die Schöpfung entstehen lassen. In der griechischen Mythologie erschufen Kronos und Gaia die Welt, bevor sie von den olympischen Göttern gestürzt wurden.
Es gibt also eine Art gemeinsamer Basis von Bildern und Vorstellungen, zu der alle Menschen potentiell Zugang haben.

Mit den Archetypen arbeiten

Archetypen beeinflussen uns in vielfältiger Weise. Sie bilden die Grundlage vieler Geschichten, die wir alle immer wieder gern hören. Sie tauchen in unseren Träumen auf, in der Kunst und in der Werbung. Die Bilder der Werbung sind auf unsere archetypischen Sehnsüchte zugeschnitten und suggerieren, daß wir durch den Kauf eines Produkts diesen oder jenen tiefen Wunsch befriedigen können. Doch wirkliche Sehnsüchte können nur durch Beschäftigung mit dem Archetypus selbst gestillt werden. Das Bild einer perfekten Familie bei einer gemeinsamen Mahlzeit verführt Sie vielleicht dazu zu glauben, daß Ihre eigene Familie gesund, glücklich und liebevoll sein wird, wenn Sie ein bestimmtes Küchenprodukt kaufen. Doch statt sich eine perfekt organisierte Küche und eine vollkommen harmonische Familie zu wünschen und hinzugehen, um dieses Produkt zu kaufen, sollten Sie einen Moment innehalten und die Situation durchdenken. Sie sind von einem archetypisch beeinflußten Drang nach Perfektion ergriffen worden und werten Ihre reale Familie ab. Wenn Sie aber die Vorstellung von der perfekten Familie als urbildliches Ideal erkennen, können Sie daraus die Kraft gewinnen, Ihre eigene, menschliche und fehlerbehaftete Familie wieder zu akzeptieren. Nur durch die bewußte Auseinandersetzung mit dem Archetypus wird es Ihnen gelingen, sich aus seiner Macht zu befreien.

Archetypen können aber auch ein heilendes Korrektiv bei einem Mangel an positiven Erfahrungen darstellen. Zum Beispiel können Menschen, die in der Kindheit von ihrer Mutter vernachlässigt wurden, Kraft und Trost aus dem Bild der »perfekten« Mutter in der Gestalt Marias oder einer anderen Heiligen oder Göttin beziehen. Durch die Versenkung in die absolute Güte kann genug Kraft und Trost gewonnen werden, um den wirklichen Eltern ihre Unzulänglichkeiten zu verzeihen.

Wie jemand einmal zu mir sagte: »Ich weiß, daß meine Mutter engstirnig, lieblos und egoistisch war. Aber seit ich durch meine Träume in Verbindung zu der archetypischen Mutter getreten bin, habe ich eine stärkere, liebevollere Mutter in mir. Mir ist klar, daß die Frau, die sich in meiner Kindheit um mich kümmerte, ihr Bestes tat, auch wenn es nicht ausreichte. An guten Tagen kann ich ihr vergeben. Ich habe jetzt eine innere Mutter, die stark ist und mir Geborgenheit gibt.« Wir können nicht nur das Verhältnis zu unseren Eltern, sondern auch das zu anderen Familienmitgliedern verändern, indem wir mit diesen archetypischen Gestalten in Verbindung treten.

Je tiefer wir in unsere eigene innere Welt eindringen, mit um so größerer Wahrscheinlichkeit treffen wir auf eine kollektive Basis. Bei vielen religiösen Ritualen werden Archetypen verwendet, um die Teilnehmer in einer gemeinsamen Erfahrung zu vereinen, deren Intensität eben darauf beruht, daß sie kollektiv ist. Unser ganzes Leben hindurch werden wir immer wieder ein Wechselspiel zwischen den Archetypen und unserer persönlichen Geschichte erleben. Die Arbeit an unserer emotionalen Kompetenz besteht daher zu einem Teil darin, diese beiden Einflüsse in Harmonie miteinander zu bringen. Emotionales Leid oder Unbehagen führt häufig dazu, daß wir das Verhältnis zwischen den Archetypen und unseren individuellen Erfahrungen neu bewerten. Nicht zuletzt machen Archetypen auch eine größere Empathie zwischen Menschen möglich, da sie eine gemeinsame Erfahrungsbasis bilden.

Das Ego und die Party

Wir haben das einsame Ego oben in seinem Penthouse zurückgelassen, wo es dem fröhlichen Partylärm von unten lauscht. Warum kann es nicht an dem Fest teilnehmen? Der Grund ist, daß es sich seiner inneren Familie schämt, sie ablehnt und sich dadurch selbst isoliert. Die innere Mutter ist eine ungebildete, grobe Frau (die die wirkliche Mutter dieses Egos widerspiegelt). Der Vater ist ein nicht weniger ungehobelter Arbeiter, der den »Yuppie«-Ambitionen des Egos entgegensteht. Dann ist da noch die geschwätzige Tante Mary, die einen ständig mit banalen Themen langweilt. Der abgestumpfte, fast taube Großvater. Der übelriechende, alte Onkel Albert. Die rechthaberische, voreingenommene Cousine Valerie. Der gräßliche Bruder, der irgendeinen öden Job macht und eine langweilige Frau hat. Dazu Horden von lärmenden, nervenden Kindern, die beim geringsten Anlaß zu heulen anfangen. Und die Schwiegereltern, über die man am besten gar kein Wort verliert.

Dann gibt es noch die unmöglichen Freunde der inneren Familie, die offenbar nichts auf sich hält und Hinz und Kunz eingeladen hat. Da ist dieser »Trickster«, eine Art Schelmfigur, die Dinge ständig auftauchen und wieder verschwinden läßt. Sie wirft sämtliche Regeln zivilisierten Verhaltens über den Haufen. Dann diese unglaublich erotische Griechin namens Aphrodite, eine vollkommen schamlose Verführerin. Und was ist mit diesem dunklen Typen namens Pluto, der aus dem Hades kommt und einen düsteren Schatten auf alles in seiner Nähe wirft?

Das Ego ist schockiert und peinlich berührt von diesen Leuten und noch entsetzter, als ihm dämmert, daß sie das gleiche Existenzrecht haben wie es selbst.

Die Emotionen sind es, die dem Ego zeigen, was es vernachlässigt und fallengelassen hat, womit es sich beschäftigen und was es als Teil von sich akzeptieren muß. Unsere Emotionen stellen die Sichtweise des Egos in Frage und fordern es auf, an der Party des vollständigen Selbst teilzunehmen. Wenn unser Ego zu den anderen hinuntergehen und sich sagen kann:

Diese Leute sind ein Teil von mir, ich schäme mich ihrer nicht länger, dann verhält es sich emotional intelligent. Es wird die anderen deshalb nicht unbedingt mögen, es muß sich sogar von ihnen absetzen, aber es wird sie auch nicht länger verleugnen. Dann kann es sogar akzeptieren, daß es Zeiten gibt, in denen die ungehobelte Kraft des Vaters oder die lautstarke Neugier des Kindes ihre Berechtigung haben. Es kann die innere Familie aber auch auffordern, für eine Weile zu schweigen: »Seid jetzt mal alle ruhig, ich werde schon allein damit fertig.« Wenn das Ego dann wieder einmal von heftigen, schmerzlichen Emotionen bedrängt wird, verfügt es durch die inneren Helfer über viel mehr Ressourcen, um mit der emotionalen Krise fertig zu werden. Die Entwicklung unserer emotionalen Intelligenz geht mit der Entwicklung eines festen, aber ungeheuer flexiblen Egos einher.

Werden Sie Ihr eigener emotionaler Mentor

Der emotionale Mentor

Ein Mentor ist ein kluger, aber nicht dominanter Freund und Berater. Meist handelt es sich um eine ältere, erfahrene Person, die fördernd und unterstützend auf eine jüngere einwirkt, die sich in der Entwicklung befindet. Das Alter an Jahren ist allerdings nicht immer ausschlaggebend; ein jüngerer Mensch mit den richtigen Begabung und Reife kann durchaus auch einem älteren beratend zur Seite stehen. Auf dem Gebiet des emotionalen Lernens gibt es keine Altersbegrenzung nach unten oder oben.

In diesem Kapitel geht es vor allem darum, die reiferen Anteile unserer Persönlichkeit von den weniger entwickelten zu unterscheiden. Die klügere oder lehrende Seite nennen wir den Mentor, die empfangende oder lernende den Schützling. Mit Hilfe Ihrer Phantasie können Sie diese beiden Stimmen in Ihrem Kopf und Ihrem Herzen hören und mit ihnen arbeiten. Sie können diese Rollen auch mit einem Freund oder einer Freundin üben.

Diese beiden »Mentor« und »Schützling« genannten Persönlichkeitsseiten spielen eine wichtige Rolle bei der Entwicklung unserer emotionalen Intelligenz. Der Mentor bringt sein Wissen und seine Erfahrung ein, und der Schützling reagiert mit Energie, Einfühlungsvermögen und Lerneifer. Der Mentor kommentiert und bespricht die emotionalen Erfahrungen

des Schützlings und zeigt ihm, daß er ihn damit nicht allein läßt. Um sich selbst erfolgreich zu leiten, müssen Sie den beiden Seiten gestatten, einen Dialog zu führen – dies kann auch sehr viel Spaß machen.
Den folgenden inneren Dialog zwischen Mentor und Schützling hat ein junger Mann nach einer Auseinandersetzung mit seinem Vater niedergeschrieben. Der Vater verhielt sich nach Auffassung des Sohnes wieder einmal äußerst despotisch und starrsinnig, und Meinungsverschiedenheiten der beiden hatten in der Vergangenheit meist dazu geführt, daß der junge Mann die Geduld verlor und einen Wutanfall bekam. Sein emotionales Muster bestand darin, nach einem solchen Streit von Reue und Schuldgefühlen geplagt zu werden, weil er seinem Vater so schlimme Dinge an den Kopf geworfen hatte. Bei dieser Gelegenheit verhielt er sich jedoch anders, und der Mentor geht darauf ein.

Mentor: Mir hat gefallen, wie du eben mit deiner Wut umgegangen bist. Du hast erkannt, warum du auf deinen Vater wütend warst, und statt zu explodieren bist du ruhig geblieben, ohne dabei deine Gefühle zu unterdrücken.

Schützling: Hast du gemerkt, wie er wieder versuchte, Schuldgefühle in mir zu wecken – wie oft bin ich darauf schon hereingefallen! Warum tut er das? Auch diesmal hätte er es fast geschafft, aber ich bin aus dem Zimmer gegangen, ehe es soweit kommen konnte.

Mentor: Ich glaube, das hast du richtig gemacht. Und wie fühlst du dich jetzt?

Schützling: Hm, merkwürdig, daß du das fragst. Ich war zuerst in Hochstimmung, weil ich die Situation so gut gemeistert hatte, aber jetzt fühle ich mich auf einmal niedergeschlagen und einsam. Als hätte ich meinen Vater verloren. Ich fühle mich hilflos und allein, und das macht mir angst.

Mentor: Ich bin bei dir. Ich höre dir zu und versuche, deinen Schmerz mitzufühlen. Kannst du ihn beschreiben?

Schützling: Ich fühle mich, als wäre ich ganz allein auf der Welt. Niemand kümmert sich um mich, ich bin allein und verlassen.

Mentor: Ich bin hier. Ich halte zu dir.

Schützling: Ja, das tust du. Es hilft mir schon, darüber reden zu können.

(Zehn Minuten später)

Schützling: Das schlimmste Einsamkeitsgefühl scheint vorüber zu sein. Mir geht es jetzt besser, weil ich weinen konnte. Aber ich möchte mich nie wieder so fühlen.

Mentor: Du hast das sehr gut gemacht. Du hast deinem Vater die Stirn geboten und ein Muster durchbrochen. Dadurch bist du jetzt kein Kind mehr, du bist erwachsen geworden. Das Erwachsensein gibt uns ein Gefühl der Einsamkeit, bis wir feststellen, daß wir viel mehr Stärken und Möglichkeiten in uns tragen, als wir glaubten. Du mußt keine Angst davor haben, dich wieder einmal so zu fühlen – du hast deine Lage sehr gut gemeistert.

Beachten Sie, wie der Mentor seinen Schützling bei jedem Schritt unterstützt. Er fordert ihn auf, seine Gefühle zu beschreiben, und reagiert empathisch. Bemerkenswert ist auch, wie der Schmerz sich zu verändern beginnt, sobald der junge Mann ihn beschreibt. In keiner Phase zwingt der Mentor ihm seinen Willen auf, er fördert lediglich seine Entwicklung.

Man gewinnt den Eindruck, daß der Mentor in diesem Fall männlich ist und möglicherweise eine Art archetypische Vaterfigur repräsentiert. Der wirkliche Vater ist durch eine schwere Kindheit und negative Familienmuster geprägt, daher übernimmt der innere Mentor die Rolle des weisen Vaters, den der junge Mann nie hatte. Mentoren können natürlich auch weiblich oder geschlechtslos sein. Eventuell brauchen wir je nach Situation einmal die heilsame Wirkung einer männlichen und dann wieder die einer weiblichen Gestalt – das Geschlecht muß nicht festgelegt sein. Eine Frau sagte einmal zu mir: »Wenn ich mich mit meinem inneren Mentor beraten will, warte ich einfach ab, wer auftaucht. Manchmal ist es Jack, manchmal Jill, und meist ist es genau die richtige Stimme für die jeweilige Situation.«

Die Fähigkeiten des Mentors

Wie für jede andere Mentorentätigkeit benötigen Sie auch bestimmte Fähigkeiten und Kenntnisse, um Ihr eigener Mentor sein zu können. Sie sollten

- Ihr emotionales Temperament kennen,
- Zuhörenkönnen und Empathie trainieren,
- verstehen, wie Übertragung funktioniert,
- Ihren »Schatten« akzeptieren,
- den Willen zur emotionalen Transformation besitzen.

Unser emotionales Temperament ist zum Teil angeboren, zum Teil in der frühen Kindheit erworben. Zum Glück handelt es sich aber nicht um ein festgelegtes, unveränderliches Attribut, auch wenn es manchmal den Anschein hat. Menschen, die an ihrer emotionalen Kompetenz arbeiten, stellen meist fest, daß sich ihr emotionales Temperament ganz allmählich verändert. Im folgenden werden einige emotionale Temperamente als Gegensatzpaare dargestellt, zwischen denen ein breites Spektrum an Abstufungen existiert. Gewöhnlich neigen wir zu einem Ende des Spektrums. Wir brauchen jedoch beide Seiten, weil beide uns zu wichtigen Einsichten verhelfen. Hüten Sie sich davor, einseitig zu sein, und gestatten Sie sich, flexibel vom einen Ende des Spektrums zum anderen zu wandern, je nach Situation.
Nachdem Sie sich die Beschreibungen der folgenden Gegensatzpaare durchgelesen haben, sollten Sie sich einen Moment Zeit nehmen und überlegen, wo Sie sich hinsichtlich Ihres emotionalen Temperaments einordnen.

- *Optimistisch kontra pessimistisch*
  Der Optimist glaubt, dies sei die beste aller möglichen Welten, während der Pessimist befürchtet, daß sie es ist. Für den Pessimisten ist das Glas halb leer, während es für den Optimisten halb voll ist. Beide Temperamente haben ihre Vor- und Nachteile. Manchmal brauchen wir viel Optimismus, um eine Aufgabe bewältigen zu können, aber wir benötigen auch die warnende Stimme des Pessimisten, die uns wachrüttelt und mit der Realität konfrontiert, wenn wir uns zuviel zumuten. Während der Optimist in uns unsere Erwartungen und Selbsteinschätzungen hochschraubt, holt der Pessimist sie wieder auf den Boden zurück.

- *Grüblerisch kontra aufbrausend*
  Grübler fressen Rückschläge und Verletzungen in sich hinein. Sie sammeln die Kränkungen und Vergehen anderer, aber auch ihre eigenen Fehler, als Minuspunkte an. Wenn das Maß voll ist oder sie sich provoziert fühlen, halten sie einem voller Zorn alle möglichen Kränkungen vor, die Wochen oder gar Monate zurückliegen. Aufbrausende Menschen dagegen gehen beim geringsten Anlaß in die Luft, sind sprunghaft und reden häufig, ohne vorher nachzudenken. Eine halbe Stunde später haben sie meist alles wieder vergessen. Grübler machen einen emotional blockierten Eindruck, während aufbrausende Menschen ihre übereilten Reaktionen meist genauso schnell wieder bereuen. Wir brauchen in unserem Leben sowohl die Fähigkeit zum Nachdenken und Abwarten wie auch die Fähigkeit, uns Luft zu machen und ohne emotionale Altlasten neu zu beginnen.

- *Gelassen kontra angespannt*
  Gelassene Menschen reagieren in der Regel kaum auf emotionale Reize, während nervöse, angespannte auf denselben Stimulus überreagieren. Sehr gelassene Leute leiden weniger, aber ihnen entgehen auch viele Gefühlsnuancen, die andere empfinden können. Wenn Sie dagegen eher zum nervösen, angespannten Typus gehören, werden Sie wissen, daß Sie zwar sensibler sind als vorwiegend entspannte Menschen, daß diese Sensibilität aber auch ihren Preis hat, was das emotionale Gleichgewicht betrifft. Kreative Menschen sind häufig sehr angespannt, doch je mehr Gelassenheit sie entwickeln können, desto effektiver und erfolgreicher werden sie sein. Lassen Sie sich aber nicht von Äußerlichkeiten täuschen – manchmal verbirgt sich hinter einer stets gelassenen Fassade oder einer Spaßvogelrolle eine sehr angespannte Sensibilität.

- *Introvertiert kontra extrovertiert*
  Für introvertierte Menschen ist ihr Innenleben das Wichtigste, für extrovertierte ihre Wirkung auf andere. Während Introvertierte sagen: »Die Hölle, das sind die anderen«, ist für Extrovertierte das Alleinsein die Hölle. Mit sozialen Fähigkeiten hat dies letztlich jedoch wenig zu tun, denn viele Introvertierte haben ausgezeichnete Fähigkeiten im Umgang mit anderen und können sich bei jeder Art von Zusammenkunft behaupten, während manch Extrovertierter sich in Gesellschaft ungeschickt verhält. Was die Gefühle betrifft, so interessiert sich ein extrovertierter Mensch für die von anderen mindestens genauso wie für seine eigenen, während ein introvertierter sich immer zuerst auf seine eigenen Gefühle bezieht und dem, was sich außerhalb abspielt, weniger Bedeutung beimißt.

Es ist ohne weiteres möglich, in einem Lebensbereich optimistisch zu sein und in einem anderen pessimistisch. Viele Menschen suchen ein Gleichgewicht, indem sie zum Beispiel im Privatleben auf den einen emotionalen Pol ausgerichtet sind, im Berufsleben aber auf den anderen. Oft wechseln wir das Temperament der Situation entsprechend, sind gelassen in entspannten Situationen und werden unter Streß nervös. In der Lebensmitte verändern sich manche Menschen von introvertierten zu extrovertierten Charakteren und umgekehrt. Emotionale Selbstentwicklung bedeutet, grundsätzlich auf keiner Temperamentsseite starr zu verharren, sondern sich auch die Erfahrung der anderen Seite zu gestatten.
Aufgabe des Mentors ist es, uns darauf aufmerksam zu machen, wenn wir zu sehr dem einen Pol entgegenstreben, indem er beispielsweise sagt: »Du bist oft ganz schön aufbrausend. Vielleicht könntest du deiner grüblerischen Seite erlau-

ben, etwas mehr zutage zu treten?« Es ist wichtig, daß der Mentor über die emotionalen Temperamente Bescheid weiß, denn sonst wird er zur Kompensation neigen und vom gegenüberliegenden Pol aus sprechen. Der Mentor könnte in einem solchen Fall versuchen, den Pessimismus seines Schützlings mit einem falschen, übertrieben munteren Optimismus auszugleichen, etwa im Sinne von: »Es wird schon alles gut werden, wart's nur ab«, was den Schützling keinen Schritt weiterbringt. Der Mentor hat die Aufgabe, seinen Schützling aufzufordern, etwas von einem anderen Gesichtspunkt aus zu betrachten. Er darf diesen Gesichtspunkt nicht vertreten.

Zuhörenkönnen und Empathie trainieren

Zuhören können bedeutet auch, daß wir unsere inneren Stimmen hören. Empathie ist die Fähigkeit, auf das, was wirklich gesagt wird, einfühlsam zu reagieren. Der Mentor muß zuerst einmal störende Gedanken beseitigen, bevor er richtig zuhören und seine Hilfe anbieten kann. Eine gute Methode, dies zu trainieren, ist, zehn Minuten lang alles aufzuschreiben, was einem durch den Kopf geht. Schreiben Sie einfach drauflos, ohne auf Rechtschreibung, Zeichensetzung, Logik oder Grammatik zu achten. Schreiben Sie, ohne sich zu zensieren oder zu beurteilen. Stellen Sie einen Wecker, und bewegen Sie Ihre Hand ohne Pause über die Seiten, bis er klingelt. Sie brauchen das Geschriebene nicht durchzulesen. Es ist der Prozeß, auf den es ankommt, nicht das Ergebnis.
Diese Technik wird auch von Schriftstellern und anderen Künstlern angewandt und ist in Julia Camerons ausgezeichnetem Buch »Der Weg des Künstlers« ausführlich beschrieben. Sie nennt das Niedergeschriebene die »Morgenseiten«,

sie stellen eine Art Gehirnreinigung dar, um die kreativen Kanäle für die Tagesarbeit freizumachen. Zur Vorbereitung des inneren Mentors auf seine Aufgabe ist dieses Vorgehen sehr zu empfehlen. Er oder sie ist danach bereit zu hören, was der leidende Teil Ihrer Persönlichkeit sagt und empfindet. Dabei ist es wichtiger, daß der Mentor emotional präsent ist, als daß er etwas besonders Kluges von sich gibt.

Manche Menschen können sich sofort sehr erfolgreich selbst beraten und leiten, aber am Anfang ist es ratsam, auch den Dialog zwischen Mentor und Schützling niederzuschreiben. Das ermöglicht es Ihnen, den inneren Prozeß mit größerer Objektivität zu beobachten. Hin und wieder wird sich dabei vielleicht eine kleine Stimme einmischen und sagen: »Das ist doch lächerlich, ich habe wirklich Besseres zu tun«, oder ähnliches. Solchen Einwänden sollten Sie keine allzu große Beachtung schenken, denn Zweifel und Widerstände gehören zu jedem Entwicklungsprozeß.

Einfühlungsvermögen oder Empathie unterscheidet sich sehr von Mitleid und hat eine viel heilsamere Wirkung auf den Empfänger. Das Objekt von jemandes Mitleid zu sein empfinden wir als entwürdigend und demütigend. Es macht einen Riesenunterschied, ob man sagt: »Ich fühle mit dir«, oder: »Du tust mir leid.« Wenn man *mit* jemandem fühlt, bewegt man sich auf gleicher Ebene und stellt sich nicht über den anderen – man erkennt lediglich an, daß es ihm in diesem Moment schlechtgeht.

Wenn Sie sich mit der Mentorseite Ihrer Persönlichkeit zuhören, sollten Sie die Schützlingsseite bitten zu beschreiben, was sie gerade fühlt. Seien Sie ermutigend, aber urteilen Sie nicht, geben Sie dem inneren Dialog Gelegenheit, sich zu entfalten. Mit einiger Übung werden Sie dies sehr schnell lernen.

Hier einige Tips für aktives Zuhören:

- Machen Sie sich Ihre Gefühle bewußt.
- Vermeiden Sie Warum-Fragen, denn diese implizieren ein Urteil.
- Lassen Sie die Person, der Sie zuhören, ihre Gefühle beschreiben.
- Seien Sie einfühlsam, nicht mitleidsvoll.
- Hören Sie sich selbst zu.

Verstehen, wie Übertragung funktioniert

Menschen, die emotional blockiert sind, neigen dazu, anderen Personen in ihrer Umgebung ihre Gefühle aufzuzwingen. Das ist beispielsweise in der Berufswelt sehr verbreitet, wo Leute mit Macht und Einfluß andere dazu bringen, Unsicherheit und Unzulänglichkeit an ihrer Stelle zu empfinden. Aber auch in engen persönlichen Beziehungen kann dieses Verhalten beobachtet werden. Man nennt es emotionale Übertragung oder Projektion. Es ist wichtig, darauf zu achten, wann Sie Gefühle auf andere übertragen, aber fast noch wichtiger, zu merken, wann Gefühle auf Sie übertragen werden.

Eine Frau ist zum Beispiel wütend auf einen Bekannten, der hin und wieder mit ihr ausgeht, aber nichts tut, um die Beziehung voranzutreiben. Sie glaubt, daß sie wegen dieses unklaren Verhältnisses wütend ist, was vielleicht auch stimmt. Doch merkwürdigerweise verfliegt die Wut, sobald der Bekannte nicht mehr in ihrer Nähe ist. Als sie ihre emotionale Kompetenz entwickelt, befaßt sie sich auch mit ihrer eigenen unterdrückten Wut und stellt einen Unterschied zwischen ihrer Wut und der des Mannes fest, die er bei jedem Zusammensein auf sie überträgt. Seine Wut ist anders – wie der unverwechselbare

Geruch eines anderen Menschen. Sie kann sich nun von seinem Gefühl, das er auf sie projiziert hat, lösen und ihm seine Wut bildlich gesprochen zurückgeben.
Das Verhalten des Mannes resultiert daraus, daß er seine Wut unterdrückt. Er möchte die Beziehung zu der Frau vertiefen, aber wird von unsichtbaren psychischen Fesseln daran gehindert, diese gehen wiederum auf das gestörte Verhältnis zu seiner Mutter zurück.
Er ist Wissenschaftler und stellt Logik und Vernunft über alles, weshalb das Nachdenken über Gefühle ihm nicht behagt. Weil er sich seine Gefühle nicht bewußtmacht, überträgt er sie auf andere.
Projektionen können von einer Person an die nächste weitergegeben werden, fast wie ein Krankheitserreger. Sie merken zum Beispiel, daß Sie Ihren Partner oder Ihre Partnerin gerade heftig kritisiert haben. Wenn Sie dann an den vergangenen Tag zurückdenken, fällt Ihnen ein, daß Ihr Chef mit Ihnen das gleiche gemacht hat und Sie mit den Gefühlen, die die Kritik in Ihnen auslöste, nicht zurechtkamen und sie unterdrückten. Dann haben Sie dieses Gefühl an jemand anderen weitergegeben, der es entweder schlucken oder auf den nächsten übertragen wird. Wenn Sie diesen Mechanismus rechtzeitig erkennen, können Sie es vermeiden, einen anderen Menschen unglücklich zu machen, und erhalten vor allem die Chance, Ihrem Kritiker rechtzeitig und offen entgegentreten zu können.
Die Aufgabe des inneren Mentors ist es, solche Projektionen zu erfassen und den Schützling auf sie aufmerksam zu machen. Folgende Punkte können ein Zeichen dafür sein, daß eine Projektion vorliegt:

- Es taucht eine Emotion auf, die sich nicht wie Ihre eigene anfühlt.

- Sie spüren in Gegenwart eines anderen Menschen eine starke Emotion, die jedoch verschwindet, sobald Sie sich aus seinem »Kraftfeld« entfernen.
- Sie haben das Gefühl, daß Ihnen etwas weggenommen wird. Das ist ein sehr subtile Empfindung, und es braucht viel Übung, um sie wahrnehmen und benennen zu können. Sie fühlt sich bekannt an, entzieht sich aber immer wieder, und zwar um so mehr, je energischer Sie nach ihr greifen.

Wichtig beim Umgang mit Projektionen ist es, sie anderen nicht zum Vorwurf zu machen. Das treibt sie nur in die Defensive, sie leugnen alles ab und reagieren möglicherweise feindselig. Außerdem könnten Sie sich irren. Spüren Sie, daß eine Emotion auf Sie projiziert wird, ist das eine wunderbare Gelegenheit, selbst mit dieser Emotion zu arbeiten. Wenn Sie sich in Gesellschaft eines anderen unerträglich traurig oder einsam fühlen, arbeiten Sie mit Ihren eigenen Traurigkeits- und Einsamkeitsgefühlen. Projektionen müssen immer einen Aufhänger finden, niemand kann erfolgreich ein Gefühl auf Sie übertragen, wenn Sie nicht aus irgendeinem Grund dafür empfänglich sind.

Ihren »Schatten« akzeptieren

Zur Entwicklung der emotionalen Intelligenz gehört es, diejenigen Eigenschaften näher in Augenschein zu nehmen, die wir an uns nicht mögen oder die wir für gesellschaftlich nicht akzeptabel halten. Sie werden nach Jung auch als »Schatten« bezeichnet – wir können unseren Schatten nicht sehen, weil wir ins Licht schauen, aber er haftet uns an und folgt uns überallhin. Wir beginnen bereits in jungen Jahren damit, ungeliebte Eigenschaften und Charakterzüge der Schattenseite zu-

zuweisen. Im Laufe der Zeit kommen immer mehr hinzu, so daß der Schatten im mittleren Lebensalter schon recht lang sein kann. Unser Ego und unser Schatten stehen in Opposition zueinander. Das Ego verleugnet den Schatten und projiziert ihn gern auf andere.

Thomas hat zum Beispiel seine Gier in den Schatten verdrängt. Als er noch ein Kind war, tadelte seine Mutter ihn oft und warf ihm vor, ein gieriger kleiner Junge zu sein, so daß er mit dem Eindruck aufwuchs, Gier sei das Schlimmste von der Welt. Er schob seine gierigen Anteile in den Schatten, um sie nicht mehr sehen zu müssen, und übertrug sie unbewußt auf andere. Er heiratete eine Frau, die beim Essen und in bezug auf materiellen Besitz sehr gierig war und die er kritisieren konnte, um sich selbst tugendhaft zu fühlen. Als sie ihn verließ, konnte er seine Gier plötzlich nicht mehr nach außen projizieren. Er erkannte, daß sie ein Teil von ihm ist – sogar ein notwendiger Teil, solange sie nicht überhandnimmt –, und schaffte es schließlich, diese Eigenschaft auch bei anderen gelassener hinzunehmen.

Doch nicht alle Eigenschaften des Schattens sind negativ, manchmal verstecken wir dort auch eindeutig positive Dinge. Viele von uns verbergen ihre Talente, weil sie fürchten, daß andere ihre Brillanz ablehnen könnten. Wenn wir uns durch schmerzliche emotionale Zustände hindurcharbeiten, werden wir oft erleben, wie unterdrückte Eigenschaften ans Licht kommen. Und wenn wir lernen, unsere diversen Unvollkommenheiten zu akzeptieren, müssen wir sowohl positive als auch negative Seiten nicht länger im Schatten verbergen.

Die Projektion des Schattens kann auch über das Persönliche hinausgehen. Familien haben manchmal einen gemeinsamen Schatten, und ganze Nationen können furchtbare kollektive Schatten werfen. Die Projektionen solcher kollektiven Schatten bilden den psychologischen Hintergrund von »ethnischen

Säuberungen« und Genoziden. Die abgelehnten Anteile werden auf Menschen einer anderen Rasse oder ethnischen Gruppe projiziert und mit ihnen vernichtet.

Der innere Mentor muß versuchen, die Einstellungen des Egos nicht als unveränderlich hinzunehmen. Wenn Sie bemerken, daß Sie jemanden oder etwas nachhaltig hassen, lohnt es sich, einen Blick auf Ihre Schattenseite zu riskieren. Wollen Sie dabei als Ihr innerer Mentor auftreten, sollten Sie so sanft und nachsichtig wie möglich mit sich umgehen. Meist ist es Angst, die uns einen Teil unseres Selbst in den Schatten verbannen läßt. Geduld und die Fähigkeit, sich selbst zu verzeihen, können jedoch zu sehr heilsamen Ergebnissen führen. Wie Dostojewski es in den »Brüdern Karamasow« ausdrückt: »Verabscheue weder dich selbst noch andere. Was dir bei dir selbst als Schlechtigkeit erscheint, wird allein dadurch geläutert, daß du es bemerkst.« Indem wir aufhören, uns selbst zu hassen, und statt dessen unsere Fehler und Mängel annehmen, können wir den Teufelskreis der Schattenprojektionen durchbrechen.

Wille zur emotionalen Transformation

Emotionen können uns verändern. Das ist ihre wichtigste Funktion. Auf biologischer Ebene läßt Angst uns vor Gefahr davonlaufen, veranlaßt uns sexuelles Verlangen zur Paarung und ermutigt Liebe uns, enge, zärtliche Bindungen einzugehen. All das ist für das Überleben der Art notwendig. Auf psychologischer Ebene zwingt Stolz uns dazu, unser Selbstbild der Realität anzugleichen, fördert Existenzangst das Bemühen um eine bessere Zukunft und fordert Einsamkeit uns auf, den Kontakt mit der Welt zu suchen. Auf der spirituellen Ebene kann Hoffnung uns dazu veranlassen, eine starre Erwartungshaltung durch eine hoffnungsvolle Lebenseinstellung zu ersetzen, kann richtig verstandene Wut uns reinigen und Depression eine Gnade sein, die dem Leben eine neue Dimension verleiht.

Emotionen werden ebenso von Gedanken und Überzeugungen ausgelöst wie von äußeren Ereignissen. Wir haben die Möglichkeit, auf negative oder auf positive Weise mit ihnen umzugehen. Wenn wir ihnen auf negative Weise begegnen, lösen sie destruktive Gedanken aus. Handhaben wir sie aber positiv, bringen sie konstruktive Gedanken hervor, die nicht nur uns, sondern auch die gesamte Situation, in der wir uns befinden, retten können. Alle Emotionen haben eine positive und eine negative Seite. Daher kann auch das negativste Gefühl in sein positives Gegenteil verwandelt werden.

Als Beispiel soll an dieser Stelle Sara dienen, die ihre Freundin glühend um ihren Job beneidet. Er ist gut bezahlt, interessant und hat hohes Prestige. Im Vergleich dazu erscheint ihre eigene Arbeit langweilig, schlecht entlohnt und minderwertig. Saras Neid vergiftet die Freundschaft und verursacht bei ihr ein Gefühl der Leere und Trostlosigkeit. Durch die Arbeit an ihren Gefühlen könnte sie aber vielleicht erkennen, daß sie ihre beruflichen Chancen nicht genug nutzt. Sie hat zwei Möglichkeiten: Entweder findet sie sich mit ihrer Arbeit ab und konzentriert sich auf andere Dinge, oder sie sucht sich einen neuen Job und macht eventuell eine Weiterbildung. Wenn sie sich für einen dieser beiden Wege entscheidet, macht sie Fortschritte und ist nicht länger in ihrem Neidgefühl gefangen. Indem sie lernt, ihren Neid positiv zu nutzen, verbessert sie auch die Beziehung zu ihrer Freundin.

Aufgabe des inneren Mentors ist es, destruktive Gedanken und negative Emotionen nicht zu verstärken, sondern auf ihre Transformation in einen positiven Zustand hinzuarbeiten. Oft ist es allerdings sehr schwer, sich von einer chronisch deprimierten oder ärgerlichen Stimme nicht mit hinunterziehen zu lassen. Ein Mann geht zum Beispiel nach einem schweren Arbeitstag mit einem Kollegen noch ein Bier trinken und schimpft eine geschlagene Stunde lang über seinen furchtbaren Job, den unmöglichen Chef und die unfähige Sekretärin. Der Kollege versucht zuerst, ihn aufzumuntern und einzuwenden, daß doch alles gar nicht so schlimm sei, aber am Ende hat ihn die Negativität des anderen eingeholt, so daß er ihm nur noch zustimmen kann. Auf dem Nachhauseweg fragt er sich dann, warum er sich auf einmal so niedergeschlagen fühlt.

Destruktive Gedanken verursachen stets destruktive Gefühle, bei anderen wie auch bei uns selbst. Doch als Ihr innerer Mentor können Sie sich zuhören und dann die Emotion benennen, um sie zu verändern. Der Mentor kann sagen: »Ich glaube, du fühlst dich zurückgewiesen, aber ich bin von deinen Gefühlen keineswegs abgestoßen. Im Gegenteil, ich möchte mit dir fühlen und dir helfen.«

In den Kapiteln zu den einzelnen emotionalen Zuständen werden wir sehen, daß jede Emotion transformatives Potential hat. Der innere Mentor sollte sich dieses Potentials immer bewußt sein und den Schützling durch Selbsterkenntnis zu ihm hinführen.

Der innere Mentor in der Praxis

Für die folgende Übung benötigen Sie drei Dinge: Schreibzeug, ein ruhiges Zimmer und etwas Zeit für sich selbst. Am besten ist es, sich einmal pro Woche etwa eine Dreiviertelstunde für das Gespräch mit dem inneren Mentor zu reservieren. Wenn Sie merken, daß es Ihnen Spaß macht, kann es auch länger dauern. Betrachten Sie die Übung nicht als eine lästige

Pflicht, sondern als eine Wohltat für sich selbst und Ihre persönliche Entwicklung.
Es ist wirklich sehr nützlich, den Dialog zwischen Mentor und Schützling aufzuschreiben, auch wenn Sie sich am Anfang etwas komisch dabei vorkommen.

- Es hilft uns, die Stimmen des Mentors und des Schützlings auseinanderzuhalten. Wenn wir die Stimmen nicht durch schriftliches Fixieren trennen, verwirren sie sich leicht, und der Dialog bricht ab.
- Es erlaubt uns, unsere Gedanken und Gefühle mit einer gewissen Objektivität zu sehen. Sie nach außen zu transportieren gibt uns einen konkreten Anstoß und bringt den Prozeß der emotionalen Wandlung in Gang.
- Es zeigt uns, daß wir die Aufgabe unserer emotionalen Entwicklung ernst nehmen. Nur dann kann emotionale Intelligenz Wirklichkeit werden.

Im übrigen sollten Sie Ihr Tun zunächst für sich behalten. Wenn Sie überall herumerzählen, was Sie vorhaben, wird man schnelle Ergebnisse erwarten und behaupten, daß die Übungen nichts taugen, wenn Sie sich nicht innerhalb einer Woche verändert haben. Doch wirkliche Veränderungen brauchen Zeit. Lassen Sie lieber die anderen von allein bemerken, daß mit Ihnen etwas geschehen ist, und erzählen Sie erst dann, wie Sie es geschafft haben. Das ist erstens überzeugender und setzt Sie zweitens nicht unter Druck.
Die Aufgabe, sich selbst ein Mentor zu sein, gleicht ein wenig dem Vorsatz, regelmäßig ins Fitneßstudio zu gehen. Es ist sozusagen emotionales Fitneßtraining und bedarf eines genauso starken Willens. Stift und Papier, ein ruhiges Zimmer und ein wenig freie Zeit sind Ihr emotionales Fitneßstudio. Wenn Sie regelmäßig hingehen, werden Sie gute Ergebnisse erzielen.

Sie können von diesem Buch auch profitieren, wenn Sie es einfach nur lesen, aber Sie werden wesentlich mehr davon haben, wenn Sie aktiv mit ihm arbeiten. Möglicherweise stellen Sie fest, daß Sie hier und da anderer Meinung sind oder andere Erfahrungen gemacht haben. Das wäre nur zu wünschen. Diese Seiten enthalten vor allem meine eigenen Beobachtungen und Erkenntnisse, Erfahrungen und Probleme. Doch wenn Sie mit Ihrem inneren emotionalen Mentor arbeiten, werden Sie merken, daß Sie dabei sind, Ihr ganz persönliches Buch zu schreiben, was an sich schon ein enorm befriedigendes Ergebnis ist.

Zweiter Teil

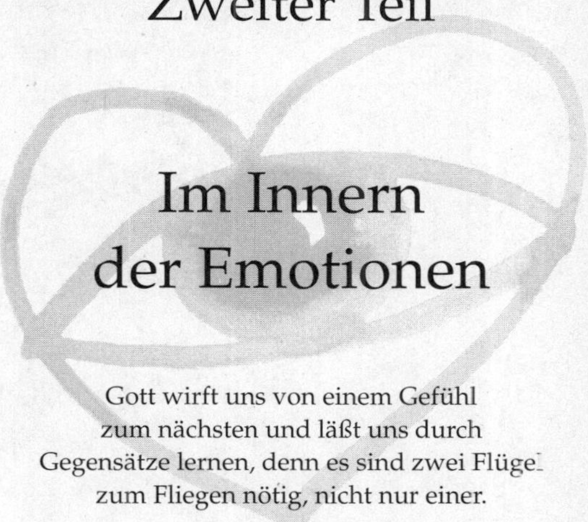

Im Innern der Emotionen

Gott wirft uns von einem Gefühl
zum nächsten und läßt uns durch
Gegensätze lernen, denn es sind zwei Flügel
zum Fliegen nötig, nicht nur einer.

Rumi

Aggression

Die Menschheit muß zur Lösung jeglicher Art
von Konflikten eine Methode entwickeln,
die ohne Rachegelüste, Aggression und Ver-
geltung auskommt. Die Grundlage einer
solchen Methode ist die Liebe.

Martin Luther King

Was ist Aggression?

Eine Raufboldin kommt auf dem Schulhof auf mich zu. Sie ist größer als ich und will meinen Apfel haben. Sie droht mir Prügel an und demütigt mich mit Worten, bis ich ihr den Apfel gebe. Ich bin sechs Jahre alt.

Die spannende Frage ist, was ich danach tue. Ich habe mehrere Möglichkeiten. Ich kann mich gegen die Angreiferin wehren. Ich kann mich an einem anderen Kind, das schwächer ist als ich, schadlos halten. Ich kann beschließen, meine schmerzlichen Gefühle aufzusparen, bis ich groß bin, um meine Aggressionen dann mit wesentlich mehr Macht im Hintergrund an anderen auszulassen. Ich kann auch feststellen, daß Aggressionen sich nicht angenehm anfühlen, und sie auf andere übertragen. Wenn ich sehr viel Glück habe, erhalte ich vielleicht später am Tag die Gelegenheit, mich einer erwachsenen Person anzuvertrauen, die sich die Zeit nimmt, mit mir über die Gefühle von Angst, Ohnmacht und Demütigung zu sprechen, die mit der Aggression einhergehen. Eine Aussprache über diese Gefühle verringert die Wahrscheinlichkeit, daß ich auf Aggressionen in Zukunft selbst aggressiv reagiere – sei es aktiv oder passiv.

Von der Aggressivität der Menschheit als Spezies ist häufig die Rede, aber nur sehr wenige sind bereit, sich mit ihrer persönlichen Aggressivität auseinanderzusetzen. Vielleicht hängt das damit zusammen, daß wir ein gespaltenes Verhältnis zur Aggression haben. Auf der einen Seite beklagen wir sie und ergehen uns in fatalistischen Äußerungen über unsere unverbesserlich aggressive Natur. Die Bilder von Kriegen und Völkermorden, die regelmäßig auf unseren Fensehschirmen auftauchen, schockieren uns und machen uns betroffen. Doch auf der anderen Seite wird aggressives Verhalten in vielen Bereichen belohnt. Unsere modernen Gesellschaften gründen sich zu einem großen Teil auf einen aggressiven Macht- und Erfolgsbegriff. Wir sprechen von *aggressivem* Marketing und der *Eroberung* neuer Märkte, die Konkurrenz muß *vernichtet* und ein Problem *in Angriff genommen* werden, wir entwicklen *aggressive* Behandlungsmethoden für Krankheiten und *verfolgen* ein neues Projekt. Unsere Sprache ist sehr entlarvend.

Da wir ein und dieselbe Emotion zugleich verabscheuen und bewundern, tun wir uns schwer damit, sie bei uns selbst anzuerkennen. Auch sind wir eher pessimistisch, was die Minderung menschlicher Aggressivität in globaler Sicht angeht. Aber nur Menschen, die sich mit ihren eigenen Aggressionen auseinandergesetzt haben, sind fähig, emotional intelligent mit denen von anderen umzugehen. Jeder von uns ist schon einmal Opfer von Aggressionen gewesen, ob auf persönlicher, beruflicher oder nationaler Ebene. Die am Anfang beschriebene Schulhofszene stellt eine relativ harmlose, aber universelle menschliche Erfahrung dar. Wir müssen uns entscheiden, wie wir darauf reagieren wollen.

Aggression und Macht

Aggression ist eng mit Machtstreben verbunden. Wenn wir glauben, daß etwas Erstrebenswertes nur in begrenztem Maße zur Verfügung steht (z. B. Nahrung, Liebe, Geld, Status, Sex), werden wir aggressiv darum kämpfen. Haben wir in der Vergangenheit gar dauerhaft unter einem bestimmten Mangel gelitten, werden wir um so härter darum kämpfen, diesen Mangel zu beheben. Wenn wir uns nach Sicherheit sehnen und glauben, daß sie nur durch Macht zu erlangen ist, werden wir aggressiv nach Macht streben oder – falls wir selbst zu ängstlich dazu sind – uns mit jemand Mächtigem verbünden und uns seine Aggressivität zunutze machen.

Der Begriff »Macht« wird einerseits im Sinne von Gewalt und Stärke verwendet, aber auch im Sinne von Energie und Befähigung. Macht im Sinne von Gewalt erfordert, daß wir uns mit Waffen ausrüsten (die psychologischer, ökonomischer, politischer oder physischer Art sein können) und eine feindselige Haltung einnehmen. Macht im Sinne von Energie benötigen wir dagegen für den erfolgreichen Umgang mit uns selbst und anderen. Sie ist die Grundlage echter Kooperation zwischen Individuen.

Ironischerweise hindert jedoch häufig die Gewalt-Macht die Energie-Macht daran, auf kreative und konstruktive Weise zu fließen und zu wirken. Glauben wir, keinen Zugang zur Energie-Macht zu haben, greifen wir in Situationen, in denen wir uns bedroht fühlen, meist auf die Gewalt-Macht zurück. Sehen wir dagegen, daß Dinge, die wir begehren, in ausreichendem Maße vorhanden sind und wir gute Chancen haben, sie zu erlangen, können wir es uns leisten, weniger aggressiv vorzugehen. Wir können unsere Ziele selbstbewußt verfolgen und unsere Wünsche und Bedürfnisse aggressionsfrei äußern.

Machtanalyse

Nehmen Sie ein Blatt Papier, und unterteilen Sie es in fünf Spalten. Setzen Sie in jede Spalte den Namen einer Person ein, zu der Sie eine enge Beziehung haben. Versuchen Sie, Personen aus verschiedenen Lebensbereichen zu nehmen, z.B. Familie, Arbeit, Studium, Freundschaft, Partnerschaft. Überlegen Sie anschließend Spalte für Spalte, welche Art von Macht (Gewalt oder Energie) in Ihrer Beziehung zu dieser Person vorherrscht. Beginnen Sie mit Ihren Gefühlen (fühle ich mich diesem Menschen gegenüber sicher oder unsicher?), und untersuchen Sie dann Ihr Verhalten und das der anderen Person. Was würden Sie gerne verändern?

Wie fühlt sich Aggression an?

Eine Frau beschrieb es einmal so: »Ich fühle mich, als ob ich sehr wütend wäre, und oft bin ich das auch, aber Aggression ist noch etwas anderes. Ich kann sie am ganzen Körper spüren, wie feine, prickelnde Nadelstiche. Wenn mich zum Beispiel ein anderer Autofahrer überholt oder mir vorsätzlich den Weg abschneidet, habe ich das Bedürfnis, mich an ihm zu rächen. Ich will ihn genauso demütigen, wie er mich gedemütigt hat. Wenn ich mich in das Gefühl hineinsteigere, bin ich bald soweit, daß ich ihn umbringen könnte.«

Aggressivität steht in engem Zusammenhang mit Wut und Angst. Wut ist eine »reinere« Emotion als Aggression. Meist soll dabei eine bestimmte Handlung oder ein Verhaltensmuster der Person, auf die man wütend ist, provoziert werden. Man steht also mit dem Objekt der Wut immer noch in einer persönlichen Beziehung, während im Zustand der Aggressivität der andere nur noch als entpersonalisierter Feind betrachtet wird. George schildert es so: »Wenn ich aggressiv bin, sehe ich May nicht mehr als meine Frau und Freundin an. Sie kommt mir dann wie ein Monster vor und scheint die has-

senswerten Seiten meiner Mutter und aller Frauen, die jemals gemein zu mir waren, in sich zu vereinen.«
Die Person, die die Aggression ausgelöst hat, wird also zu einem gesichtslosen, mächtigen Feind. Wir können beschließen, einigermaßen fair mit ihm umzugehen, oder wir können den totalen Krieg erklären, wenn wir weniger zivilisiert sind oder uns sehr bedroht fühlen. Aggression macht uns blind für das Wohlergehen eines anderen, weil wir uns vorübergehend weigern, ihn oder sie als menschliches Wesen zu betrachten. Wir greifen auf Macht im Sinne von Gewalt und Stärke zurück und empfinden unser Verhalten als vollkommen gerechtfertigt.

Verschiedene Formen von Aggression

Aggression äußert sich auf unterschiedliche Weise. Wie wir sie ausleben, hängt meist von der Gesellschaftsschicht oder der Kultur, die uns geprägt hat, ab. In manchen sozialen Kontexten ist es üblich, Aggression körperlich auszudrücken: Man geht vor die Tür und trägt Streitigkeiten handgreiflich aus. Der Nachteil ist allerdings, daß Handgreiflichkeiten leicht außer Kontrolle geraten können und jemand verletzt oder getötet werden kann. Nicht körperlich ausgelebte Aggression nimmt verdeckte Formen an und wird weniger bereitwillig zugegeben. Der Film »Ridicule« zum Beispiel zeigte eine Form »zivilisierter«, aber hochgradiger Aggression unter Mitgliedern der französischen Aristokratie des achtzehnten Jahrhunderts. Sie sitzen elegant gekleidet und tadellos frisiert in ihren Salons und verlangen von allen Anwesenden Witz und Schlagfertigkeit. Die Belohnung für geistreiche Bemerkungen und schlagfertige Antworten ist ein Aufstieg in der Hackordnung des Zirkels. Wer aber versagt, wird gedemütigt und ausgestoßen. Unter dem Anschein zivilisierter Ästhetik verhalten sich diese

Aristokraten extrem feindselig, und die Opfer fühlen sich erniedrigt und vernichtet.
Andere Formen verdeckter Aggression sind Spott und Schabernack. Sich über jemanden lustig zu machen muß nicht zwangsläufig demütigend sein, aber wenn es das ist, ist Aggression im Spiel. Diese Art von Aggression grenzt an Feigheit, denn der Aggressor kann sich immer hinter der Position »War doch nicht so gemeint – hast du denn keinen Sinn für Humor?« verbergen, wenn er offen zur Rede gestellt wird.
Eine weitere Form von Aggression kommt zwischen Menschen vor, die sich sexuell zueinander hingezogen fühlen. Sexuelle Begierde und Verliebtheit sind starke emotionale Kräfte. Wenn wir jemanden unbedingt erobern wollen und glauben, daß unser Glück (wenn nicht gar unser Leben) von diesem Menschen abhängt, fühlen wir uns sehr verwundbar. Das Gefühl der Verwundbarkeit jedoch ist einer der Hauptauslöser von Aggression. Wenn ein Mann *hinter* einer Frau *her ist* oder ihr *nachjagt*, kann dies eine ritualisierte Form der Aggression sein. Der Mann sieht sich selbst als Jäger, die Frau als Beute, wobei die Frau gewöhnlich auch ihren Anteil an dem Spiel hat. Der alte Spruch »Ein Mann jagt einer Frau so lange nach, bis sie ihn einfängt« hat sicher einen wahren Kern. Solange das Spiel ohne Zwang und Verbissenheit und mit gegenseitigem Respekt gespielt wird, kann es großen Spaß machen. Es besteht jedoch die Gefahr, daß die Vorstellung von der Frau als Beute sich verselbständigt, d. h. wörtlich genommen wird. Einen sehr verwundbaren und unsicheren Mann kann sie zur Vergewaltigung verleiten – eine der extremsten Formen von Aggression.
Eine andere, sehr verbreitete Form ist die passive Aggression. Sie erinnern sich vielleicht im Zusammenhang mit dem Schulhofbeispiel daran, daß eine der Reaktionsmöglichkeiten auf Aggression darin bestand, das Gefühl bei sich selbst nicht

zuzulassen, weil es zu beängstigend ist. Die einzig mögliche Art, damit umzugehen, ist dann, andere Menschen stellvertretend aggressiv zu machen. Sie sollten es als Warnzeichen ansehen, wenn andere Ihnen wiederholt zu verstehen geben, daß sie sich getroffen oder verletzt fühlen. Hin und wieder bekommt das natürlich jeder einmal zu hören, es gehört zur Dynamik des Lebens. Aber wenn es regelmäßig geschieht, kann es daran liegen, daß Sie sich passiv-aggressiv verhalten.

Passiv-aggressive Menschen wissen genau, womit sie jemanden treffen können, kennen seine Schwachpunkte. Wenn jemand dick und unglücklich damit ist, werden sie Bemerkungen über sein Gewicht machen, oder sie kommen immer wieder darauf zu sprechen, daß der andere nicht viel Geld verdient oder durchs Abitur gefallen ist – je nachdem, was ihrem Gegenüber die meisten Probleme bereitet. Die Sticheleien führen irgendwann dazu, daß das Opfer wütend und aggressiv wird. Der Provokateur ist seine Aggression los und hat einen anderen zum Aggressor gemacht. Der Vorteil für die passiv-aggressive Person besteht darin, daß sie sich jetzt als das unschuldige Opfer betrachten kann und nicht unter den eigenen aggressiven Gefühlen zu leiden braucht. Der Nachteil ist natürlich, daß sie es mit der provozierten verbalen oder physischen Aggression des anderen aufnehmen muß.

Es gehört viel Einsicht dazu zu erkennen, daß man aggressiv ist und nicht einfach nur wütend. Werden Wutgefühle über einen längeren Zeitraum unterdrückt, können sie sich allerdings ebenfalls in Aggression verwandeln. Aber wenn Sie erkannt haben, daß Sie aggressiv sind, sind Sie schon auf dem besten Weg, mit Ihrer Aggression fertig zu werden.

Wenn ein braver Mann provoziert wird – Brians Geschichte

Brian ist Mitte Vierzig und verheiratet. Er ist mit den Jahren ein wenig in die Breite gegangen und hat sich damit abgefunden, daß er in seinem Beruf keine große Karriere machen wird. Er bekleidet eine Position im mittleren Management, wohnt in einem Mittelschichtsvorort und rühmt sich, ein anständiger Mensch zu sein. Sein Zuhause ist konventionell eingerichtet, sein Geschmack unauffällig. Alles an ihm deutet darauf hin, daß er ein achtbares, wenn auch etwas langweiliges Mitglied der Gesellschaft ist.

Wenn man ihn nach seinem Verhältnis zu seiner Frau fragt, sagt er: »Wir sind jetzt seit dreiundzwanzig Jahren verheiratet, und ich bete sie immer noch an. Ich würde alles für sie tun. Schon möglich, daß ich sie ein wenig aufs Podest gehoben habe. Sie ist aber auch wirklich etwas Besonderes. Natürlich haben wir von Zeit zu Zeit unsere Meinungsverschiedenheiten – welches Paar hätte die nicht? Aber es ist wunderbar zu wissen, daß sie bei mir ist und zu mir hält. Ich würde sie nie verlassen. Wir haben uns absolute Treue geschworen, wir sind alles füreinander, wirklich.«

Hin und wieder schlägt Brian seine Frau. Dieser Widerspruch zu seinen Worten wird möglich, weil er sich angewöhnt hat, sie als zwei verschiedene Personen zu sehen. Die meiste Zeit über betrachtet er sie in einem freundlichen, wenn auch etwas sentimentalen Licht. Er glaubt dann, daß sie durch und durch gut und frei von Fehlern ist. Doch wenn sie »schlecht« ist, wie er es ausdrückt, muß er sie schlagen. Wenn sie ihn provoziert, reagiert er mit physischer Aggression. »Ich tue das zu deinem eigenen Besten«, sagt er dann. Hinterher weint er, entschuldigt sich und schwört ihr ewige Liebe.

Brian ist als Kind selbst geschlagen worden. Sein Stiefvater war eifersüchtig auf ihn, es gelang ihm nicht, Brian wie einen Sohn zu lieben. Wenn er betrunken war, kam er ins Kinderzimmer und verprügelte Brian. Er sagte, er tue es, um einen besseren Menschen aus ihm zu machen. Als Kind konnte Brian sich nicht wehren und mußte die Mißhandlungen über sich ergehen lassen. Er war furchtbar wütend darüber, doch weil er seine Wut nicht zeigen durfte, baute er eine Mauer um sie herum. Als Erwachsener tut er seiner Frau nun das gleiche an, was er erlitten hat. Er kann dies nur dadurch vor sich selbst rechtfertigen, daß er sie halb als Engel und halb als Teufel betrachtet. Er glaubt wirklich, daß er sie schlägt, um sie besser zu machen, um »ihr den Teufel auszutreiben«. Fast alle Mißhandler sind in der Vergangenheit selbst Opfer gewesen.

Opfer eines gewalttätigen Ehemanns – Jos Geschichte

Jo ist eine sehr attraktive Frau von Anfang Vierzig mit langen, blonden Haaren und der Figur eines Models. Sie ist seit über zwanzig Jahren verheiratet und lebt in einer netten Vorortsiedlung. Sie hat keinen Beruf und ist finanziell ganz und gar von ihrem Mann abhängig. Hin und wieder schläft sie mit einem der Ehemänner ihrer Freundinnen, wobei sie stets darauf achtet, den jeweiligen Liebhaber Stillschweigen schwören zu lassen.

Zuerst sind die Männer geschmeichelt, dann jedoch enttäuscht, wenn sie merken, daß die Affäre über das einmalige Schäferstündchen nicht hinausgehen wird. Sie sagt ihnen, daß es zu gefährlich sei, und deutet an, daß ihr Mann gewalttätig würde, wenn er dahinterkäme.

Ihr Mann schlägt sie. »Er tut es nur, wenn er ein bißchen was getrunken hat«, sagt sie, ihn halb in Schutz nehmend. »An der Art, wie er nachts die Treppe raufkommt, merke ich schon, wenn es wieder soweit ist. Er ist dabei sehr vorsichtig, wissen Sie, schlägt mich nie an Stellen, wo man es sehen könnte.« Fragt man Jo daraufhin, warum sie ihren Mann nicht verläßt, antwortet sie, daß das nicht so einfach sei. Insistiert man, reagiert sie gereizt. »Es ist nicht so, wie Sie glauben, und ich lasse mir nicht von einem Haufen Sozialarbeiter sagen, was normal ist und was nicht.« Jeder, der ihr zuhört, empfindet unweiger-

lich Wut auf den Ehemann und glaubt, daß Jo das Opfer eines aggressiven, brutalen Tyrannen ist.
Was Jo nicht erzählt (und sie behält viele wichtige Einzelheiten für sich), ist, daß sie es ihren Mann jedesmal wissen läßt, wenn sie mit einem anderen geschlafen hat. Sie muß es noch nicht einmal mit Worten sagen, sie kann durch die Art, wie sie geht oder ihr langes, blondes Haar zurückwirft, andeuten, daß sie gerade ganz tollen Sex hatte. Da ihr Mann über wenig Selbstbewußtsein verfügt, auch in bezug auf seinen Körper, ist es leicht, ihn zu provozieren.
Jo kann mit ihren aggressiven Gefühlen nicht umgehen und überträgt sie auf ihren Mann. Sie reizt ihn so lange, bis er mit Schlägen reagiert. Beide entledigen sich so ihrer Gefühle – bis zur nächsten Runde.
Jo ist eine typische passiv-aggressive Persönlichkeit. Die Wurzeln ihres Verhaltens liegen in ihrer Kindheit, in der sie für jede Art von bestimmtem Auftreten und forderndem Verhalten hart bestraft wurde. Wenn sie etwas sehr gerne haben wollte, wurde es ihr meistens mit der Begründung versagt, daß man sie nicht verziehen wolle. Bei jedem kleinen Zank mit ihrem Bruder wurde sie von ihren Eltern ausgeschimpft und gedemütigt. Auf diese Weise lernte sie, daß Aggression bestraft wird und es gefährlich ist, sie offen zu zeigen. Darauf entwickelte sie eine Methode, die als Erwachsene zu funktionieren scheint – ihren Mann dazu zu bringen, ihre Aggression und Wut für sie zu übernehmen.

Die Wurzeln der Aggression

Jede Form von Aggression beginnt mit einem Gefühl der Verwundbarkeit, das meist von Ohnmacht und einem Verlust an Selbstbewußtsein begleitet wird. Wenn wir diese unangenehmen Gefühle ertragen können, ist es unwahrscheinlich, daß wir zu einer aggressiven Haltung übergehen. Können wir das jedoch nicht, wird eine aggressive Reaktion die Folge sein. Brian wird von seiner Frau provoziert, wenn sie ihn mit seiner Unattraktivität verhöhnt. Er hört daraus, daß er nicht gut genug für sie ist. Sobald er in den psychischen Kreislauf von geringem Selbstwertgefühl und Verletzlichkeit eintritt, führt dies zu Aggressivität und körperlicher Gewalt.

Jo dagegen lebt ihre Aggressionsgefühle aus, indem sie ihren Mann provoziert. Da ihre eigene Aggression ihr angst macht, bringt sie ihn dazu, diese stellvertretend für sie zu empfinden. Im Grunde ist sie es, die die Situation kontrolliert, aber Außenstehende halten sie für das unschuldige Opfer der Gewalttätigkeit ihres Mannes. Das soll natürlich nicht heißen, daß alle Opfer ehelicher Gewalt passiv-aggressive Provokateurinnen sind. Oft liegen die Ursachen der Gewalt ganz woanders, doch wenn sich ein bestimmtes Muster ständig wiederholt, lohnt es sich, einmal genauer hinzusehen.

Aufmerksame Leserinnen und Leser haben inzwischen sicher gemerkt, daß Jo und Brian ein Ehepaar sind. Auf ihre Art ergänzen sie sich perfekt und ziehen beide durch die Befriedigung ihrer unmittelbaren emotionalen Bedürfnisse einen Nutzen aus ihrer Ehe – was aber wohl kaum den Anforderungen an eine echte, beglückende Partnerschaft genügt.

Nehmen wir einmal an, die beiden stellen irgendwann fest, daß sie mit ihrem Verhalten nicht so weitermachen und etwas verändern wollen. Das wäre schon ein großer Schritt. Ihre jeweilige Aufgabe bestünde dann darin, eigene Quellen der Selbstachtung zu entdecken, die nicht vom Urteil anderer abhängig sind.

Wenn wir es schaffen, unsere Aggression zu bewältigen, wartet eine Belohnung auf uns: Dann können wir eine wirkliche Beziehung mit einem anderen Menschen eingehen. Wenn wir

Aggressionen gegenüber jemandem empfinden, können wir ihn nicht so sehen, wie er wirklich ist. Doch wenn wir in ihm einen Mitmenschen mit eigenem Leid und eigenen Problemen erkennen, finden wir vielleicht sogar die Kraft, ihn zu lieben.

Der Aggressions-Zyklus

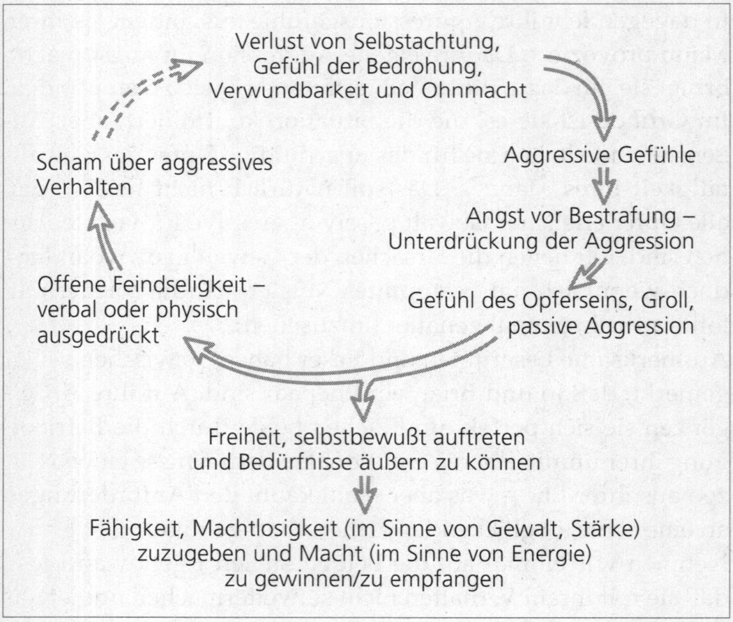

Emotionale Arbeit

– Sehen Sie sich Ihre Machtanalyse noch einmal an. Welche Muster können Sie in Ihren persönlichen Beziehungen erkennen?

- Bei welchen Gelegenheiten werden Sie am ehesten aggressiv? Wann werden Sie am leichtesten zum Opfer?
- Rufen Sie sich einen Zwischenfall in Ihrer Kindheit in Erinnerung, bei dem Sie auf irgendeine Art schikaniert oder verletzt wurden. Spielen Sie die Szene im Geiste nach, und geben sie ihr ein anderes Ende.
- Wo sind Sie empfindlich und verwundbar? (Denken Sie daran, daß das Benennen von Schwächen ihnen den Stachel nimmt.) Fallen Ihnen konkrete Schritte ein, wie Sie Ihre Selbstachtung steigern könnten?
- Haben Sie beim Lesen von Brians und Jos Geschichten an manchen Stellen Wut, Ungeduld, Mitleid oder andere Emotionen verspürt? Können Sie daraus eine Botschaft für sich ableiten?
- Für wen haben Sie mehr Mitgefühl empfunden – für Brian oder für Jo? Warum?
- Wie können Sie den Menschen in Ihrer Umgebung weniger Macht und mehr Liebe zeigen?
- Vielleicht möchten Sie neu über Ihre Beziehung zu Ihren Eltern nachdenken. Wie haben Sie sie erlebt? (Es genügt schon anzuerkennen, daß Ihre Eltern auch nur Menschen und deshalb nicht perfekt waren.)

Kreative Aufgabe

Nehmen Sie sich drei Stunden Zeit, und verbringen Sie sie allein. Vielleicht möchten Sie einen Spaziergang machen, ins Kino gehen oder ein Buch lesen – was Sie tun, ist im Prinzip egal. Es muß nur etwas sein, das Ihnen wirklich Freude macht und das Sie ganz allein tun. Seien Sie nett zu sich selbst, umsorgen Sie sich ein wenig. Grundlage dieser Aufgabe ist die Erkenntnis, daß wir andere nur in dem Maße lieben und umsorgen können, wie wir auch uns selbst lieben und umsorgen.

Aggression transformieren

Als Jo und Brian jeder für sich begannen, an ihren Emotionen zu arbeiten, merkten sie, daß ihr gemeinsames Leben sich verändern mußte. Jo fand heraus, daß ihr Selbstbewußstein sehr stark an ihr Aussehen gekoppelt war. Ohne die Tatsache zu leugnen, daß es sehr angenehm ist, attraktiv zu sein, begann sie, sich auf ihre anderen Qualitäten zu besinnen. Sie beschloß, eine Ausbildung zu machen und sich einen Job zu suchen, um finanziell unabhängiger zu sein. Der Kontakt mit anderen Menschen am Arbeitsplatz bot ihr die Möglichkeit, neue Freundschaften zu schließen, und gab ihr das gute Gefühl, am Gemeinschaftsleben teilzuhaben. Außerdem trainierte sie, selbstbewußter und bestimmter auftreten zu können. (Tips für selbstbewußteres Auftreten finden sich im folgenden Kapitel über die Wut). Als Ergebnis ihres gestärkten Selbstbewußtseins konnte sie ihre Wünsche und Bedürfnisse schließlich auf direkte, nicht-manipulative Weise äußern.

Brians emotionale Arbeit setzte bei seinem negativen Selbstbild an. Wie Jo begriff er nach und nach, daß sein Wert als Mensch nicht auf seinem Aussehen oder seiner sexuellen Potenz beruht. Indem er sich bewußt mit seiner Kindheit auseinandersetzte, konnte er verstehen, daß er Jo schlug, weil er selbst geschlagen worden war. Obwohl er große Wut über diese Mißhandlungen empfand, erkannte er, daß die Ursache vermutlich darin lag, daß auch sein Stiefvater geschlagen worden war. Brian beschloß, das letzte Glied in dieser Kette der Mißhandlungen zu sein. Er erkannte außerdem, daß das konventionelle Leben, das er bislang geführt hatte, zu einengend

war und er es sich leisten konnte, ein paar Risiken einzugehen und mit neuen Möglichkeiten zu experimentieren.
Um sich über seine Gefühle hinsichtlich ihrer Ehe klar zu werden, bat er Jo um ihr Einverständnis für eine dreimonatige Trennung, damit sie beide in Ruhe über alles nachdenken konnten. Der Gedanke ängstigte sie zuerst, aber schließlich fand sie die Idee gut und stimmte zu. Beide stellten fest, daß die liebevollen Gefühle, die sie ursprünglich füreinander gehabt hatten, teilweise wieder auftauchten.
Die Verwandlung von Aggression führt oft zu einer größeren Liebesfähigkeit, denn nur leidenschaftliche Menschen werden aggressiv, und diese Leidenschaft kann wieder zu Liebe werden.
Ob Brian und Jo beschließen, ihre Ehe zu beenden oder zu erneuern, wird die Zukunft zeigen. Beide sind jedenfalls fest entschlossen, den Kreislauf aggressiver Macht zu beenden. Wie Jo bemerkte: »Wenn man Macht als Energie begreift, stellt man fest, daß Energie Liebe ist.«

Wut

So ist das Zornigwerden leicht, das kann jeder …
allein das Richtige zu bestimmen in Hinsicht auf
Person, Ausmaß, Zeit, Zweck und Weise,
das ist nicht jedem gegeben, das ist nicht leicht.

Aristoteles

Was ist Wut?

Wut erfordert nach Aristoteles also ein beträchtliches Maß an Weisheit – wenn sie richtig erfahren wird, kann sie aber auch Weisheit hervorbringen. Der richtige Umgang mit Wut oder Zorn ist ein zentraler Bestandteil der emotionalen Kompetenz. Dazu gehört sowohl Selbstbeherrschung als auch die kreative Suche nach einem angemessenen Ausdruck der Wut.

Wut ist wahrscheinlich die Emotion, die uns am meisten angst macht. Wir wissen, wie zerstörerisch sie sich auf unser Leben auswirken kann, und fürchten den Zorn anderer. Offene Wut kann töten, kann mörderisch sein, doch unterdrückte Wut nicht minder, wenn ihre Zerstörungskraft auch andere Formen annimmt. Dazu gehören Alkoholismus und andere Süchte, Depressionen, Einsamkeit und Verbitterung. Wut ähnelt dem Flaschengeist aus den Geschichten der Scheherazade. Wenn er aus der Flasche entweicht, nimmt er eine riesenhafte Gestalt an und läßt uns zusammenschrumpfen. Wir fühlen uns winzig, und seine überwältigende Kraft ängstigt uns. Er kann töten und ganze Länder in Schutt und Asche legen. Doch wenn wir den Geist richtig behandeln, können wir

uns seine Macht zunutze machen und die Geschichte zu einem glücklichen Ende bringen. In gleicher Weise kann die Wut unser Leben verändern. Sie kann uns mit Reichtümern beschenken, wenn wir unsere Furcht vor ihr überwinden.
Sehen wir uns ein paar typische wutauslösende Situationen einmal genauer an:

- Eine Firma schafft es trotz zahlreicher Entschuldigungen und Versprechungen wieder einmal nicht, eine Sendung zu liefern, auf die Sie seit drei Wochen warten und ohne die ein wichtiges Geschäft nicht zustande kommen wird.
- Ein anderer Autofahrer überholt Sie aggressiv und zwingt Sie zu bremsen, wodurch Sie die grüne Ampelphase verpassen. Sie haben einen wichtigen Termin, sind sowieso schon spät dran und werden durch das selbstsüchtige Verhalten des anderen Fahrers jetzt noch später kommen.
- Ihr Partner/Ihre Partnerin verkündet, daß er/sie genug von Ihnen hat und ausziehen wird, sobald er/sie eine neue Wohnung gefunden hat.
- Ihr Videorecorder, den Sie gutmütigerweise einer deprimierten Freundin geliehen haben, um sie aufzumuntern, wird Ihnen kommentarlos und ohne Entschuldigung kaputt zurückgegeben.

Finden Sie es unter diesen Umständen gerechtfertigt, wütend zu werden, und können Sie Ihre Wut auch zulassen? Inwieweit wird der Zorn von dem tatsächlichen Ereignis ausgelöst und inwieweit von den Dingen, die zuvor geschehen sind?
Wir wollen die Szenarien etwas weiter ausmalen. Im Fall der nicht eingetroffenen Lieferung ist es kein Wunder, wenn Sie in die Luft gehen, aber andererseits haben Sie Ihre Frustration zuvor drei Wochen lang im Zaum gehalten. Sie haben überdies Angst, daß ein wichtiges Geschäft nicht zustande kom-

men und Ihre wirtschaftliche Stabilität bedroht sein könnte. Ihre Wut ist also mit einem großen Teil Furcht vermischt.

Im Fall des unfair überholenden Fahrers sind Sie nicht nur spät dran, sondern stehen auch unter Streß und sind aufgeregt und besorgt wegen des Treffens, zu dem Sie fahren. Die Grünphase zu verpassen ist der Tropfen, der das Faß zum Überlaufen bringt. Sie befürchten, daß das Treffen nicht gut verlaufen wird, sind insgeheim aber auch wütend auf Ihren Chef, weil er Sie in einem kritischen Moment im Stich läßt. All das wollen Sie sich jedoch nicht eingestehen, weshalb Sie Ihre Wut auf einen anderen Verkehrsteilnehmer verlagern.

Wenn Ihr Partner oder Ihre Partnerin Sie verläßt, könnten Sie sagen »Ein Glück, daß ich den/die los bin«, sie können aber auch am Boden zerstört sein, weil Sie sich an all die Male erinnert fühlen, bei denen Sie verlassen oder enttäuscht wurden. Vielleicht lief die Beziehung schon eine ganze Weile nicht mehr so gut. Sie sind wütend über eine Reihe von Dingen, die Ihr Partner getan oder unterlassen hat, doch in dem Moment, als er Ernst macht und gehen will, unterdrücken Sie Ihre Wut und fühlen sich traurig und zurückgewiesen.

Im Fall des kaputten Videorecorders haben Sie schon Stunden damit verbracht, Ihrer deprimierten Freundin gut zuzureden und sie aufzumuntern, und würden sich jetzt gern selbst einen Film ansehen. Aber Sie glauben, daß Sie der schonungsbedürftigen Freundin Ihre Wut nicht zeigen dürfen. Trotzdem ärgern Sie sich, weil sie soviel von Ihrer Zeit in Anspruch nimmt und Sie mit ihrer ständigen Depression belastet. Sie schlucken Ihre Wut hinunter, sagen nichts und zwingen sich zu einem falschen Lächeln.

In all diesen Fällen wird die Wut von einer anderen Emotion ausgelöst: Furcht, Ängstlichkeit, Verlassenheitsgefühle und Groll. Im folgenden werden Methoden untersucht, mit denen wir die Wurzeln der Wut und ihr Energiepotential freilegen können, und Möglichkeiten aufgezeigt, unserer Wut ohne Schaden für uns und andere Ausdruck zu verleihen.

Wie fühlt sich Wut an?

Wut ist ein unangenehmes Gefühl. Eine Reihe von physiologischen Veränderungen ermöglicht uns eine Kampf-oder-Flucht-Reaktion. Dieses Relikt aus unserer evolutionären Vergangenheit versetzt uns in die Lage, einen Feind zu bekämpfen oder möglichst schnell vor ihm davonzulaufen. (Dies wird genauer im Kapitel über die Furcht beschrieben.) Wut und Zorn geben uns das Gefühl, innerlich und äußerlich anzuschwellen. »Du fühlst dich, als ob dein Herz auf einmal zu groß für deinen Körper ist«, beschrieb es jemand. »Es ist, als ob man von einer fremden Macht beherrscht würde«, sagte ein anderer. Die Gesichtsfarbe verändert sich, wird rot, violett, manchmal auch weiß vor Zorn. Andere körperliche Symptome sind:

- Herzklopfen
- Engegefühl in Kehle oder Brust
- Verstopfung und/oder Hunger
- Andere Magen-Darm-Beschwerden wie Durchfall
- Ein kribbelndes Gefühl am Hinterkopf
- Schmerzen in der Brust- bzw. Herzgegend
- Kopfschmerzen
- Schwere Glieder, Erschöpfung

Diese Symptome sind zwar unangenehm, lassen aber nach, wenn die Wut als solche erkannt und nicht unterdrückt wird. Wut ist eine instinktive, primitive Reaktion, bei der uns vor allem der Kontrollverlust ängstigt, der mit ihr einhergehen kann. Die Vernunft scheint völlig ausgeschaltet zu sein, man ist *außer sich, von Sinnen,* hat *den Verstand verloren.*

Zwei Irrlehren über die Wut

Es gibt zwei weitverbreitete Irrlehren in bezug auf Wut. Die eine besagt, daß es gut ist, seiner Wut jederzeit nach Belieben Luft zu machen, die andere, daß man Wut unterdrücken solle und sie gar nicht erst zu empfinden brauche. Solche Überzeugungen werden in Familien oft von Generation zu Generation weitergegeben.

Angenommen, ich bin in einer Familie aufgewachsen, in der ich ermutigt wurde, jeder Art von Gefühlen nachzugeben. Es war in Ordnung, sie zu zeigen und schrankenlos auszuleben. Also schreie ich Personen, auf die ich wütend bin, grundsätzlich einfach an. In der Schule und am Arbeitsplatz wird solches Verhalten normalerweise nicht toleriert, und ich werde große Probleme haben, mein Verhaltensmuster zu ändern. Ich muß lernen, mich anzupassen, doch wenn ich mich nie in emotionaler Kompetenz geübt habe, werde ich es sehr schwer finden, diese übermächtigen Gefühle unter Kontrolle zu bringen. Vielleicht bin ich bald als Streithahn verschrien, oder ich unterdrücke meine Wutgefühle und werde schließlich depressiv.

Zumindest in England wäre es jedoch wahrscheinlicher, daß meine Famile Wut als »not very nice« betrachtete. Man durfte niedergeschlagen oder mürrisch sein, aber keinesfalls wütend. Wut zu zeigen war beschämend, zeugte von Unreife und Unterlegenheit. Wenn in der Familie auf Kontrolle und Beherrschtheit viel Wert gelegt wird, kann es sein, daß ich mich des Kontrollverlusts im Zustand der Wut schäme. In der Folge richte ich meinen Zorn auf mich selbst, wodurch er zur Depression wird.

Noch komplizierter sind die Verhältnisse, wenn innerhalb derselben Familie verschiedene Bewertungen von Wut existieren. Manche Familienmitglieder dürfen wütend sein und werden sogar ermutigt, ihre Wut zu zeigen, während anderen diese Emotion nicht gestattet wird, weil es ihrer Rolle entspricht, stets ruhig und vernünftig zu bleiben. In der Konsequenz müssen diejenigen, denen Wut gestattet ist, die Wut von allen mittragen und ausleben, während die Vernünftigen umgekehrt die depressiven Gefühle der anderen mitempfinden müssen. Schließlich weiß niemand mehr, was er wirklich empfindet und warum.

Blick zurück auf den Zorn

Nehmen Sie sich einen Moment Zeit, um über Ihren Umgang mit Wut nachzudenken. Stellen Sie sich dabei folgende Fragen:

- Halte ich es für richtig, meine Wut zu zeigen?
- Halte ich es für falsch, meine Wut zu zeigen?

Wahrscheinlich wird Ihre Antwort lauten, daß es auf die Umstände ankommt. Legen Sie dann eine Liste mit den Umständen an, unter denen Sie es gerechtfertigt finden, wütend zu sein. Denken Sie dabei auch an Ihre Kindheit: Wann durften Sie Ihre Wut zeigen? War es in Ihrer Familie erlaubt, wütend zu sein? Hat sich Ihre Einstellung zur Wut seitdem verändert?

Der Wut-Zyklus

Unserer Wut liegt gewöhnlich ein anderes Gefühl zugrunde, das Ängstlichkeit, Langeweile, Erschöpfung, Furcht oder Unruhe sein kann. Dieses Gefühl macht uns verwundbar für Ereignisse oder Anlässe, die Wut auslösen. Oft gibt es mehr als einen Auslöser, und unsere Wut eskaliert im Laufe des Tages, da sie immer neue Nahrung erhält. Eins scheint zum anderen zu kommen, bis sich das Angestaute in einem explosionsartigen Ausbruch unkontrollierbaren Zorns entlädt. Dieser Kontrollverlust verstärkt wiederum die zugrundeliegenden Gefühle von Verwundbarkeit, Streß und Angst, und der Kreislauf beginnt von vorn.

Unsere Chance besteht darin, beim wiederholten Durchlaufen des Zyklus vertraute Punkte zu erkennen und uns rechtzeitig für das Aussteigen zu entscheiden.

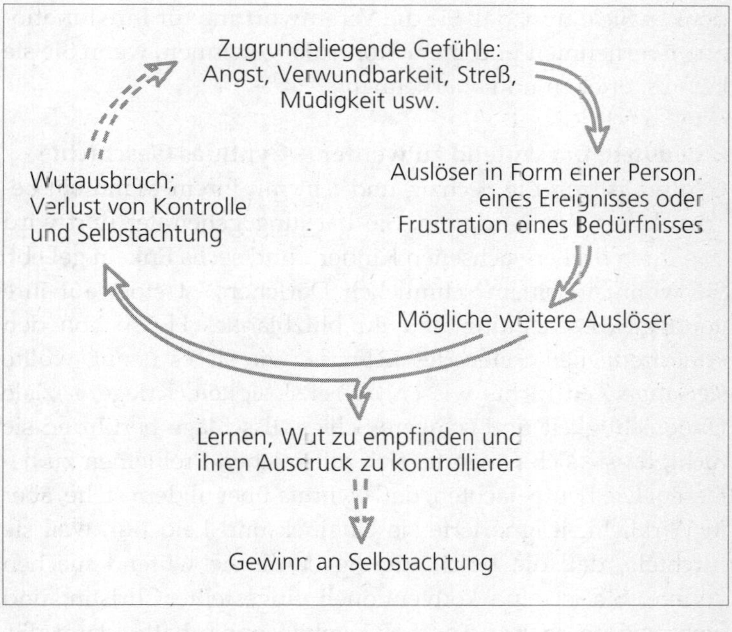

Zwei wichtige Schritte sind nötig, um den Kreislauf der Wut zu unterbrechen. Der erste besteht darin, zu erkennen, welche Gefühle unserer Wut zugrunde liegen, und besonders achtsam und liebevoll mit uns selbst umzugehen. Als zweites müssen wir lernen, unsere Wut zu spüren und auf das richtige Ziel zu richten. Wenn wir uns eingestehen können, daß wir wütend sind, haben wir auch die Kontrolle darüber, wie wir die Wut ausdrücken.

Wut zu empfinden und angemessen ausdrücken zu lernen erfordert Zeit. Am besten beginnen wir damit, unsere familiären Muster zu beleuchten (siehe die Übung »Blick zurück auf den Zorn«) und herauszufinden, wieviel von unserem Umgang mit Wut ererbt ist. Dann können wir entscheiden, was wir daran verändern wollen. Wenn Ihre Wut Ihnen angst macht, denken Sie daran, daß Sie die Verantwortung für Ihre Emotionen übernehmen und mehr Kontrolle gewinnen, wenn Sie sie bewußt erleben und anerkennen.

Zu nett, um wütend zu werden – Cynthias Geschichte

Cynthia ist um die Sechzig und lebt mit ihrem Mann ein beschauliches Rentnerdasein. Sie hat jung geheiratet und wird von ihren drei erwachsenen Kindern und sechs Enkeln geliebt. Sie wohnt in einem schmucken Dörfchen, ist stolz auf ihre gepflegte Erscheinung und ihr blitzblankes Heim. Von den »unerfreulichen Seiten des Lebens«, wie sie es nennt, wollte sie lange Zeit nichts wissen. Arbeitslosigkeit, Kriege, soziale Ungerechtigkeit und schwere Schicksalsschläge berührten sie nicht, da sie sich weigerte, sich mit solchen Problemen zu befassen. Die Leute dachten, daß Cynthia über alldem stehe, aber in Wirklichkeit ignorierte sie Unglück und Leid nur, weil sie fürchtete, daß die Beschäftigung damit sie wütend machen könnte. Sie ist eine konventionell eingestellte Christin, und wenn sie überhaupt eine Lebensphilosophie hatte, dann die, daß wir alles, was uns im Leben passiert, irgendwie verdienen.

All das änderte sich, als man vor einigen Monaten Brustkrebs bei ihr diagnostizierte. Die anschließende Operation und die weitere Behandlung sowie die vielen Probleme im Zusammenhang mit einer lebensbedrohlichen Krankheit stellten ihr Leben völlig auf den Kopf. Zum ersten Mal war Cynthia plötzlich sehr, sehr wütend. Sie war so außer sich, daß ihr Mann und ihre Kinder sie nicht wiedererkannten. Ihr Zorn machte ihnen solche Angst, daß sie sich möglichst von ihr fernhielten.

Cynthias bequeme Weltsicht wurde durch ihre Krankheit zerstört. Wie sie selbst heute sagt: »Das Böse ist in meinen eigenen Körper eingedrungen – es war mir nicht möglich, meine Wut weiter zu verleugnen. Ich mußte mir eingestehen, daß es unerfreuliche Dinge im Leben gibt, die mich sehr wütend machen. Ich kann keinen Grund für meinen Krebs erkennen und fühle mich hilflos und ohnmächtig.«

Als Kind hatte Cynthia sich sehr vor den Zornesausbrüchen ihrer Mutter gefürchtet. Die Mutter war Alkoholikerin und häufig wütend, und Cynthia verbrachte einen großen Teil ihrer Kindheit damit, sie zu besänftigen und die schlimmsten Ausbrüche abzuwenden. Später heiratete sie einen Mann, der sich vor Wut ebenso fürchtete wie sie selbst, und das Paar richtete sein gemeinsames Leben als »wutfreie Zone« ein.

Da Cynthia ihr Leben um die Illusion herum gebaut hatte, daß »alles gut ist«, konnte es durch diese einschneidende Veränderung in seinen Grundfesten erschüttert werden.

Sie muß deshalb nicht nur lernen, mit ihrer Krankheit zurechtzukommen, sondern auch mit ihren neu erwachten Gefühlen.

Ein brodelnder Vulkan – Marks Geschichte

Mark ist siebzehn Jahre alt. Seine Mutter gab ihn als Baby zur Adoption frei, seinen Vater hat er nie gekannt. Mark verbrachte seine Kindheit in Heimen und bei Pflegeeltern und entwickelte dabei eine Reihe von Überlebensstrategien. Eine davon ist, seine Wut als Waffe gegen jede Autoritätsperson einzusetzen.

Er hat bisher nur wenig Geborgenheit und Zuneigung erfahren und hält sich daher selbst nicht für liebenswert. Bitterkeit und Groll mischen sich mit Wut auf die Eltern, die ihn nicht gewollt haben. Doch weil er seine Eltern nie gekannt hat, läßt er seine Wut statt dessen an allen aus, die Elternstelle bei ihm vertreten wollen. Marks Wut hat sich von ihrem eigentlichen Ziel auf seine jeweilige Umgebung verlagert. Seine Freundinnen behandelt er gleichgültig und mit Verachtung und läßt sie fallen, wenn er mit ihnen geschlafen hat oder sie beginnen, emotionale Ansprüche zu stellen.

Außerdem hat er gelernt, seine Wut manipulativ zu gebrauchen, um seinen Willen durchzusetzen. Er schlägt dann alles in Stücke, was ihm in die Hände kommt, brüllt und wirft mit Kraftausdrücken um sich. In solchen Situationen bleibt seinen Pflegeeltern oft nichts anderes übrig, als seinen Forderungen nachzugeben. »Er ist wie ein brodelnder Vulkan, der regelmäßig explodiert«, sagte ein Pflegevater, als er sich geschlagen gab und den zuständigen Sozialarbeiter bat, eine andere Pflegestelle für Mark zu finden.

Mark fällt es ungeheuer schwer, über seine Gefühle zu sprechen. »Was denn für Gefühle«, reagiert er verächtlich auf jeden Gesprächsversuch. »Dieses Zeug ist was für Mädchen. Ich will nichts damit zu tun haben.«

Die Verachtung dient als Maske für seine Angst, denn auch ein Teil von Mark selbst wird von seiner Wut terrorisiert. Er möchte eigentlich nicht so aggressiv und wütend sein, weiß aber nicht, wie er sein Verhalten ändern soll. Wenn er anfängt zu toben, macht sich ein kleiner, schrecklich verängstigter Junge in ihm bemerkbar. Mark braucht Hilfe von jemandem, der gleichzeitig liebevoll und streng zu ihm ist – liebevoll zu der verletzten, schmerzenden Seite und streng mit der manipulativen und zerstörerischen. Er braucht einen reifen, erwachsenen Freund, der ihm unbeirrbar klarmacht: »Schluß jetzt mit dem Theater, du wirst mich mit deinem Verhalten nicht manipulieren, aber ich weiß, was du durchgemacht hast, und fühle mit dir, weil mir etwas an dir liegt.«

Über die Wut hinausgehen

Cynthia und Mark stehen vor der gleichen Aufgabe: Sie müssen herausfinden, was sie so wütend macht, und lernen, ihre Wut klar auszudrücken und auf das richtige Ziel zu lenken. Dabei können einige Techniken für selbstbewußtes Auftreten von Nutzen sein.

Cynthia hat nie gelernt, ihren Wünschen durch Bitten oder gar Forderungen Ausdruck zu verleihen, und sich statt dessen immer mit dem abgefunden, was andere über sie bestimmten. In ihrer Kindheit und Jugend beugte sie sich dem Willen ihrer Mutter und später den konventionellen Vorstellungen von ihrer Rolle als Ehefrau und Mutter. Ihre Krankheit bietet ihr nun die Gelegenheit zu entdecken, wer sie wirklich ist. Als sie das erste Mal über ihr Leben nachzudenken begann, wurde sie wütend auf sich selbst, ihre Familie und auf Gott. Gott hätte mich vor dieser Krankheit schützen müssen, dachte sie, schließlich habe ich immer die Regeln eingehalten und nie eine schwere Sünde begangen. Trotz ihrer Wut auf Gott begriff sie schließlich, daß es keinerlei Abmachung gab, nach der sie von allem Leid verschont bleiben sollte, wenn sie ein gutes Mädchen war. Dann wurde sie wütend auf ihre Familie, die sie immer eingeengt und über ihr Leben bestimmt hatte, wie sie meinte. Ihre Familie fand es schwer, diese plötzliche Wut und Verärgerung zu ertragen, und schob ihr Verhalten auf die Krankheit. Schließlich war Cynthia auch wütend auf sich selbst, weil sie sich so viele Jahre lang in einen Kokon des Leugnens eingesponnen hatte. Es gab so vieles, was sie hätte tun wollen und sich immer versagt hatte, weil sie die Bedürfnisse anderer an die erste Stelle setzte. Jetzt glaubte sie, daß es zu spät und ihr Leben vertan sei. Nachdem sie sich ihre Wut bewußtgemacht und ihr Ausdruck gegeben hatte, verfiel sie in eine tiefe Depression. Das kommt in solchen Fällen häufig vor und ist ein Weg, mit den Gefühlen von Verlust und Trauer über unsere ungelebten Leben fertig zu werden. Die Depression hielt jedoch nicht lange an, und als Cynthia sie überwunden hatte, beschloß sie, jeden Tag wie ein kostbares Geschenk zu leben. Sie lernte, sich selbstbewußt auszudrükken und ihre Wünsche zu formulieren. Sie selbst sagt heute: »Was mich wirklich wütend machte und was ich immer verleugnet habe, war, daß mir nie gestattet wurde – nein, ich verbessere mich und übernehme die Verantwortung – daß ich mir nie gestattet habe, wütend zu sein.«

Marks Wut hielt alle Menschen von ihm fern, und früher hätte er behauptet, daß er genau das beabsichtige. Doch in Wirklichkeit hungerte er nach Aufmerksamkeit und Liebe. Als er sie schließlich bekam, konnte er von dieser sicheren Basis aus einige Probleme angehen, die zu untersuchen bis dahin zu schmerzlich gewesen war. Vielleicht hätte er auch allein mit seiner emotionalen Arbeit beginnen können, aber leichter und schneller ging es, weil ihm ein Therapeut, ein Sozialarbeiter und andere erfahrene Erwachsene zur Seite standen, die ihm halfen und ihn leiteten. Mark erkannte, daß er furchtbar wütend auf seine Mutter war, weil sie ihn verlassen hatte. Einer seiner Betreuer riet ihm, sich vorzustellen, daß seine Mutter auf einem Stuhl ihm gegenüber säße. Mark schleuderte daraufhin dem Stuhl alle angesammelten Vorwürfe und Beschimpfungen entgegen, er fluchte und warf mit Obszönitäten um sich. Als er damit fertig war, konnte er sich zum ersten Mal nach den Beweggründen seiner Mutter fragen. Das eröffnete eine völlig neue Perspektive und zeigte ihm eine Frau,

die ihr Kind zur Adoption freigegeben und sehr unter dieser Entscheidung gelitten hatte. Mark konnte danach die Möglichkeit einräumen, daß seine Mutter ihn verlassen hatte, weil sie der ehrlichen Überzeugung gewesen war, das Beste für ihn zu tun. Er verstand auch, daß er das Muster seines eigenen Verlassenwerdens wiederholte, indem er seine Freundinnen fallenließ, sobald sich zärtliche Gefühle andeuteten.
Mark begann einzusehen, daß er mit seiner Wut anderen seinen Willen aufzwingen wollte. Als er lernte, seine Wünsche als Bitte zu formulieren, war er erstaunt, wie einfach es sein konnte, das Gewünschte zu bekommen. Darüber hinaus erlernte er Techniken, die ihm halfen, seine Wut auf ungefährliche Weise auszudrücken. Dazu gehörten die Übung mit dem leeren Stuhl, auf dem in seiner Vorstellung die jeweilige Person saß, auf die er wütend war, freies Ausdruckszeichnen, sich an einsamen Orten die Seele aus dem Leib brüllen, Kissen auf ein Bett schleudern und Steine gegen eine Wand kicken (nachdem er sich zuvor davon überzeugt hatte, daß niemand verletzt werden konnte).

Selbstsicherheit und Wut

Im Grunde gibt es nur die eine goldene Regel: Drücken Sie Ihre Wut auf eine Weise aus, mit der Sie sich selbst und anderen nicht schaden können.
Es gibt mittlerweile zahlreiche Bücher und Kurse, mit deren Hilfe man lernen kann, selbstbewußt aufzutreten und Gefühle auf ehrliche, positive und verantwortliche Art auszudrücken. Hier die wichtigsten Techniken und Richtlinien:

- Sprechen Sie immer aus eigener Erfahrung. Verwenden Sie persönliche Formulierungen wie »Ich glaube, daß ...«, »Ich denke, daß …«, »Ich bin wütend«, »Ich fühle mich gerade so und so«.

- Drücken Sie Ihre Wut so bald wie möglich aus – sammeln Sie sie nicht an, bis Groll daraus wird.
- Sagen Sie genau, was Sie möchten. Andere Menschen sind keine Gedankenleser. Sagen Sie: »Ich hätte gerne X«, oder: »Ich würde gerne Y tun – wäre das möglich?«
- Seien Sie bereit zu verhandeln – andere haben ebenfalls ihre Bedürfnisse und Pläne.
- Wälzen Sie die Schuld nicht auf andere ab, und verwenden Sie keine anklagenden Formulierungen wie »Du hast das und das getan« oder: »Du hast versäumt, das und das zu tun«.
- Finden Sie die richtige Zielscheibe für Ihre Wut – aber gehen Sie nicht immer gleich auf sie los. Lassen Sie Ihre Wut vor allem nicht indirekt oder an den falschen Personen aus.
- Finden Sie eine ungefährliche Methode, Ihre Wut auszudrücken. Sie können einen leeren Stuhl anschreien, auf ein Kissen einschlagen, einen langen Spaziergang machen oder eine Runde Squash gegen einen ebenbürtigen Gegner spielen.
- Übernehmen Sie die Verantwortung für Ihr eigenes Leben und Glück.

Wenn Sie diese Richtlinien befolgen, werden Sie feststellen, daß Ihre Wut »reiner« wird und weniger von anderen Emotionen wie Rachegelüsten, Gewalttrieb, Groll und Angst durchmischt ist. Sie werden außerdem bemerken, daß Sie besser mit der Wut von anderen umgehen können, da diese Techniken nach beiden Seiten wirken.

Emotionale Arbeit

- Sehen Sie sich die Übung »Blick zurück auf den Zorn« noch einmal an. Was tun Sie mit ungerechtfertigter Wut? Verwandeln Sie sie in Depression, Groll oder eine andere Emotion?
- Welche Einstellung haben Sie zu Ihrer Wut?
- Wann gestatten Sie sich, Wut auszudrücken, und wie drücken Sie sie aus?
- Was möchten Sie an Ihrer Art, Wut auszudrücken, verändern?
- Was löst die Wut anderer Menschen für Gefühle bei Ihnen aus? Macht sie Ihnen angst? Reagieren Sie verärgert?
- Sind Sie bereit, die Verantwortung für Ihre Wut zu übernehmen? Falls nicht, wer sollte sie Ihrer Meinung nach übernehmen?

Kreative Aufgabe

Nehmen Sie ein großes Blatt Papier, und befestigen Sie es gut auf einem Zeichenbrett. Suchen Sie sich zwei Wachsmalkreiden aus. Nehmen Sie eine Kreide in jede Hand, und schließen Sie fest die Augen. Fahren Sie dann mit den Kreiden über das Papier, bis Ihre Hände von allein aufhören wollen. Öffnen Sie dann die Augen, und sehen Sie sich die Karte Ihrer Wut an. Sie können sie ein paar Tage lang über Ihrem Bett oder Ihrem Schreibtisch aufhängen, um sich selbst daran zu erinnern, daß Ihre Wut dort draußen ist und nicht länger im Innern schwelt.

Die zweite Aufgabe ist für den Zeitpunkt vorgesehen, wenn Ihr Wutanfall vorüber ist. Wut ist wie ein Riese, der uns auf einen hohen Berg hebt. Wir müssen von dem Berg wieder hinunter in die Ebene klettern. Wenn Sie die Möglichkeit haben, sollten Sie einen Spaziergang unter Bäumen oder an einem Flußufer machen. Stellen Sie sich vor, daß Sie Schritt für Schritt von der Höhe hinuntersteigen. Mit jedem Schritt nähern Sie sich wieder Ihrem Normalzustand.

Wut transformieren

Die Tiger des Zorns sind weiser
als die Pferde der Gelehrsamkeit.

William Blake

Wut ist eine der besten Lehrerinnen bei unserem Streben nach emotionaler Intelligenz. Wenn wir klug mit ihr umgehen, zeigt sie uns unsere wahren Wünsche und Bedürfnisse und erschließt uns einen Pfad zur inneren Freiheit. Wut auf ungefährliche, ehrliche und effektive Weise ausdrücken zu können bedeutet, mehr Wahlmöglichkeiten in der jeweiligen Situation zu haben. Je geübter wir im Umgang mit Wut werden, desto seltener fallen wir unseren Wutanfällen zum Opfer, und desto weniger müssen wir uns vor den Wutausbrüchen anderer fürchten.

Verwandelte Wut führt zu Weisheit. Wir erkennen, daß wir nicht eine einzige Person, sondern viele sind, die unter dem Dach der einen Persönlichkeit, des einen Selbst leben. In einer großen Familie oder Wohngemeinschaft ist es recht wahrscheinlich, daß immer mal jemand wütend wird, und dann sind die anderen gefordert, sich um diese Person zu kümmern. Wenn unsere inneren Personen emotional intelligent sind, werden sie sich nicht von der Wut der einen Stimme anstecken lassen und einen kollektiven Tobsuchtsanfall bekommen. Statt dessen werden sie versuchen herauszufinden, was hinter der Wut steckt – zum Beispiel Ohnmacht, Verwundbarkeit, Verlust von Selbstwertgefühl – und sich damit auseinandersetzen.

Wir können noch einen weiteren Gewinn aus der Arbeit an unserer Wut ziehen, und zwar in bezug auf globale Ereignisse, die uns sehr wütend machen. Damit sind beispielsweise Hungerkatastrophen, Kriegsgemetzel oder ökologische Katastrophen gemeint. Nachrichten davon versetzen viele von uns in Wut und hinterlassen gleichzeitig ein Gefühl der Ohnmacht. Doch wenn wir uns eingehend mit unserer persönlichen Wut auseinandersetzen, finden wir möglicherweise auch die Kraft, diesen umfassenderen Problemen ins Gesicht zu sehen.

Ängstlichkeit

Ängstlichkeit ist der Preis für die
Fahrkarte ins Leben; keine Fahrkarte,
keine Reise, keine Reise, kein Leben.

James Hollis

Was ist Ängstlichkeit?

Das Gefühl von Ängstlichkeit tritt ein, wenn etwas, das uns am Herzen liegt, mit Unsicherheit behaftet ist und wir es nicht kontrollieren können. Ängstlichkeit ist eng mit Erfolgsstreben verbunden, denn sie ereilt uns gewöhnlich, wenn wir neue Bereiche betreten, in denen Veränderung und Weiterentwicklung möglich werden. Die Fähigkeit, nervöse Ängstlichkeit empfinden zu können, ohne sich davon lähmen zu lassen, ist oft sogar eine Voraussetzung für Erfolg.

Ängstlichkeit ist irgendwo zwischen Furcht und Aufregung anzusiedeln. Um Erfolg zu haben, müssen wir das Gefühl auf das Ende des Spektrums zubewegen, an dem die Aufregung steht. Dann wird uns unsere Ängstlichkeit die Energie liefern, Bestleistungen zu vollbringen. Doch wenn wir in Furcht verharren, werden wir Ängstlichkeit nur als Behinderung erleben.

Da uns der Ausgang einer Situation, die uns gleichgültig ist oder die wir vollkommen unter Kontrolle haben, niemals ängstlich macht, ist Ängstlichkeit ein Gradmesser für Dinge, die uns wirklich wichtig sind. Wenn Sie sich zum Beispiel gerade heftig verliebt haben, sind Sie bestimmt nervös, solange Sie nicht wissen, was das Objekt Ihrer Liebe für Sie empfindet. Sind Sie es nicht, sind Sie auch nicht verliebt. Ähnlich aufgeregt, aber auch ängstlich und nervös werden Sie sein, wenn Ihnen gerade ein neues, interessantes berufliches Projekt anvertraut wurde, bei dem es zahlreiche Schwierigkeiten und Probleme zu überwinden gilt. Wir werden immer dann ängstlich, wenn eine Situation oder ein Ereignis uns stark fordert und wir nicht wissen, ob wir der Herausforderung gewachsen sind.

Jeder von uns ist hin und wieder ängstlich, aber bei manchen Menschen wird dieses Gefühl zum Dauerzustand. Sie sind ständig besorgt, denn ein Anlaß zur Sorge läßt sich immer finden. Da Ängstlichkeit eine Reaktion auf eine streßbeladene Situation ist, ist es nur natürlich, in Erwartung eines Examens, eines Schwangerschaftstests oder des Steuerbescheids ängstlich und nervös zu sein. Wenn der Stimulus für die Ängstlichkeit nicht mehr vorhanden ist und die Unsicherheit sich aufgelöst hat, verschwindet die Emotion normalerweise. Doch für manche Menschen ist Ängstlichkeit ein ständiger Begleiter. Solche Menschen neigen häufig auch zu Depressionen und gelegentlichen Panikanfällen, außerdem läßt sich ein Zusammenhang mit Perfektionsdrang und starkem Erfolgsbedürfnis erkennen.

Bewältigung und Kontrolle

Wenn wir Ängstlichkeit positiv nutzen wollen, müssen wir zunächst einmal verstehen, auf welche Weise wir sie bewältigen können. Eine Strategie besteht in dem verzweifelten Versuch, möglichst alles im Leben zu kontrollieren, was natürlich keine befriedigende Lösung ist. Unsere persönlichen Überzeugungen und die Stärke unseres Selbstvertrauens spielen ebenfalls eine große Rolle für eine erfolgreiche Bewältigung. Wenn wir glauben, nicht genug Kraft und Fähigkeiten für ein gewünschtes Ergebnis zu besitzen oder ein positives Ergebnis nicht zu verdienen, werden wir zum Angst-Ende des Spektrums tendieren. Unsere Ängstlichkeit wird uns wiederholt ein Bein stellen und uns behindern.

Ein Beispiel dafür ist der Kellner, der verzweifelt einen Tisch mit wichtigen Gästen zufriedenstellen will. Er nimmt sorgfältig ihre Bestellungen entgegen, hat sie jedoch vor Aufregung schon wieder vergessen, als er die Küchentür erreicht. Seine Ängstlichkeit saugt all seine Energien auf und hindert ihn daran, seinen Job gut zu machen. Er ist also gezwungen, zum Tisch zurückzukehren und erneut nach der Bestellung zu fragen – und erneut. Vor lauter Angst, die Gäste zu enttäuschen, führt er genau das herbei, was er am meisten fürchtete – die Demütigung des Versagens. Nur wenn er den Zyklus der Ängstlichkeit durchbricht und sich – so paradox es klingt – gestattet zu versagen, wird er je Erfolg in seinem Beruf haben.

Bewältigungsmechanismen können auch zu Ritualen – und zur Sucht – werden. Mit Ritual ist hier eine Handlung gemeint, die man unter Streß wiederholt, weil sie einmal in einer schwierigen Situation Erleichterung brachte. Manche Raucher sagen zum Beispiel, daß sie rauchen, weil es sie beruhigt. Suchtverhalten hat natürlich noch komplexere Ursachen als Ängstlichkeit. Dennoch ist Einsicht in die Mechanismen unserer Ängstlichkeit auch bei der Behandlung von Suchtverhalten von Nutzen.

Inwieweit wir streßbedingte Ängstlichkeit tolerieren können, hängt von unserem Kontrollbedürfnis beziehungsweise unserer Vertrauensfähigkeit ab. Wenn wir ängstlich sind, denken wir: »Ich weiß nicht, wie diese Situation ausgehen wird, und ich habe keine Kontrolle über sie. Das macht mir angst.« Die Frage ist, ob ich die Ängstlichkeit auf eine konkrete Befürchtung zurückführen kann, gegen die ich dann etwas unternehme, oder ob ich in dem Zustand undefinierbarer, namenloser Ängstlichkeit verharren werde. Ängstlichkeit bezieht sich immer auf die Zukunft, auf das, was passieren *könnte*. Wenn es uns gelingt, die eigentliche Befürchtung aufzuspüren, können wir konkret etwas für den gewünschten Ausgang der Situation tun oder diese entsprechend verändern. Vertrauen tritt an die Stelle von Ängstlichkeit, wenn wir zu der Überzeugung gelangen, daß wir mit allem, was uns im Leben begegnet, fertig werden können. Schließlich kann aus Ängstlichkeit eine beflügelnde Aufgeregtheit werden, wenn wir unser Selbstvertrauen und den Glauben an unsere Fähigkeiten stärken. Ob wir unsere Familie, Freunde oder Kollegen zur Seite haben oder nicht, wir werden immer auf die Hilfe der inneren Familie zählen können, die sich bei der Arbeit an unserer emotionalen Intelligenz entfaltet.

Wie fühlt sich Ängstlichkeit an?

Ängstlichkeit bringt oft ein körperlich einengendes Gefühl mit sich, unsere Brust ist wie eingeschnürt, unsere Kehle trocken. In unserem Bauch tanzen Schmetterlinge, und die Knie sind aus Gummi. Meist vermindert sich die Konzentrationsfähigkeit, und manche Leute entwickeln zwanghafte Handlungen: Sie kauen an den Nägeln, zupfen an den Haaren herum, rauchen oder essen. Unsere Stimme zittert oder wird ganz schwach. »Es fühlt sich ähnlich an wie Angst«, hörte ich einmal, »aber es gibt keinen konkreten Anlaß – nur diese diffuse Furcht.«

Diese körperlichen Symptome sind Überbleibsel des alten

Kampf-oder-Flucht-Mechanismus, der in einer früheren Zeit der Menschheit von großem Nutzen war.
Ängstlichkeit entsteht im Zusammenhang mit Streß, und wir unterscheiden uns sehr hinsichtlich unserer Streßtoleranz. Streß kann von einem leichten Gefühl der Besorgnis über nervöse Unruhe bis zu einer ausgewachsenen Panik reichen. Auch die Auslöser sind sehr unterschiedlich: Was den einen schon unter Streß setzt, läßt den anderen kalt. Wichtig ist es jedoch, uns nicht mit anderen zu vergleichen, sondern mit uns selbst. Wenn Sie lernen, mit Ihrer Ängstlichkeit umzugehen, werden Sie im Laufe der Zeit nämlich feststellen, daß Sie Situationen meistern können, die Sie früher aus dem Gleichgewicht gebracht hätten. Diese emotionale Kompetenz schenkt uns zusätzlich eine höhere Selbstachtung und ein erfüllteres Leben.

Die Wurzeln der Ängstlichkeit

Die Wurzeln der Ängstlichkeit liegen in der Angst vor dem Unbekannten. Unsere Ängste richten sich immer auf die Zukunft, die nur aus Unbekanntem besteht, denn im Grunde wissen wir nicht, ob wir noch unseren nächsten Atemzug erleben werden. Trotz all unserer Pläne, Hoffnungen und Befürchtungen ist und bleibt die Zukunft unbekanntes Terrain. Um mit dieser recht unbehaglichen Lage leben zu können, ergehen wir uns in Phantasien über die Zukunft und bilden uns ein zu wissen, was morgen passieren wird. Gestützt auf Erfahrungswerte liegen wir damit sogar oft richtig, was uns wieder in dem Glauben bestärkt, über die Zukunft Bescheid zu wissen. Dieser Trugschluß verursacht einen Großteil unseres emotionalen Leids, denn er raubt dem Leben viel von seiner Frische und Spontaneität.

Wir haben bereits festgestellt, daß Menschen, die zum Perfektionismus neigen, leichter ängstlich und nervös werden. Das liegt daran, daß sie alle Situationen absolut perfekt bewältigen möchten. Zugleich wissen sie jedoch, daß es auch anders ausgehen kann und es nicht allein in ihrer Macht steht, genau den gewünschten Ausgang herbeizuführen. Das macht sie sehr nervös, wobei sie vor ihrem geistigen Auge alle Szenarios vorbeiziehen lassen, die das Ergebnis beeinflussen könnten, und versuchen, sich auf jede Eventualität vorzubereiten. Im Prinzip ist dies eine sehr vernünftige und sinnvolle Nutzung unserer Phantasie. Problematisch wird es nur, wenn sie der Illusion erliegen, sie könnten dadurch den Ausgang einer Situation vorherbestimmen.

Wie wird Ängstlichkeit ausgelöst?

Auslöser für Ängstlichkeit ist eine Situation, deren Ausgang ungewiß, aber sehr wichtig für uns ist. Ängstlichkeit wird noch gesteigert, wenn wir auf sie reagieren, indem wir versuchen, das Ergebnis zu kontrollieren, statt uns zu entspannen und loszulassen. Geben wir unsere Wunschvorstellung nicht auf, sind wir dazu verdammt, den Kreislauf der Ängstlichkeit zu wiederholen. Denn wenn wir das von uns gewünschte Ergebnis nicht erzielen, sind wir zwar enttäuscht, glauben aber, daß wir durch vermehrte Anstrengung unser Ziel beim nächsten Mal erreichen. Das wird uns in Zukunft noch nervöser und ängstlicher machen. Aber selbst wenn das Ergebnis unserem Wunsch entspricht, eröffnet uns das keinen Ausweg aus dem Zyklus der Ängstlichkeit. Es bestärkt nur unseren Glauben daran, daß wir den Ausgang in der Hand haben, und macht uns für die nächste Runde von Ängstlichkeit bereit – bei der wir alles, was wir gewonnen haben, wieder verlieren könnten.

Der Ängstlichkeits-Zyklus

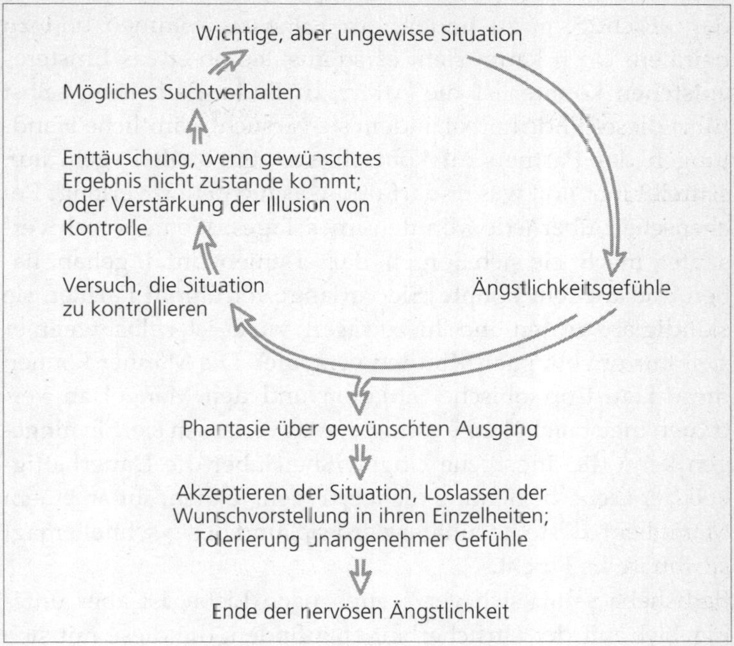

Eine Kontrollsüchtige auf der Suche nach Liebe – Bathshebas Geschichte

Bathsheba ist eine gutaussehende, scheinbar beneidenswerte Frau. Auf den ersten Blick macht sie keinen ängstlichen Eindruck, doch in Wirklichkeit wird sie von Ängstlichkeit beherrscht. Sie hat einen guten Job und ein erfülltes Privatleben. Sie ist sehr gepflegt, besitzt viele schöne Kleider und ein charmantes Wesen. »Die meisten Leute halten mich für glücklich«, sagt sie. »Sie schauen nicht unter die Oberfläche und sehen nicht, was wirklich mit mir los ist. Ich bin ängstlich und einsam, weil ich offenbar nicht den richtigen Partner finden kann.«

Viele Männer umschwärmen sie, und sie läßt sich immer wieder auf leidenschaftliche Affären ein. Sie sehnt sich danach, den »Richtigen« zu finden, zur Ruhe zu kommen und zu heiraten. Doch kaum sieht es so aus, als ob etwas Ernsteres entstehen könnte, ist die Affäre zu Ende. Bathsheba selbst führt dieses Ende herbei, indem sie versucht, sämtliche Handlungen des Partners zu kontrollieren. Sie stellt Regeln auf, schreibt ihm vor, was er darf und was nicht, und verlangt Rechenschaft über jede Minute seines Tages. Wenn er sich verspätet, macht sie sich Sorgen, daß er einen Unfall gehabt haben und tot sein könnte. Sie verlangt von ihrem Partner, sie ständig anzurufen und ihr zu sagen, wo er ist, selbst wenn er sich nur um ein paar Minuten verspätet. Die Männer können diese klaustrophobische Situation und den Mangel an Vertrauen meist nicht lange ertragen und verlassen sie. Sie hingegen kann die ängstliche Ungewißheit über die Dauerhaftigkeit der Liebesbeziehung nicht ertragen. Je mehr ihr an einem Mann liegt, desto unruhiger wird sie, und desto schneller jagt sie ihn in die Flucht.

Bathsheba sehnt sich verzweifelt nach Liebe, ist aber unfähig, sich mit der Unsicherheit abzufinden, die diese mit sich bringt. Ihre Kindheit war schwierig, der Vater verließ die Familie, und ihre Mutter heiratete erneut, als Bathsheba zehn Jahre alt war. Sie zogen ständig zwischen England und der Karibik hin und her, weshalb sie nie ein Gefühl von Vertrauen und Stabilität entwickeln konnte. Mit jeder fehlgeschlagenen Beziehung setzt ein neuer Kreislauf von Ängstlichkeit und Kontrollbedürfnis ein, der wiederum zu verstärkter Ängstlichkeit führt.

Auf der Flucht vor dem Leben – Harrys Geschichte

Harry ist um die Vierzig und ein begehrter Junggeselle. Die Frauen finden ihn attraktiv, und für ein paar Wochen ist er

der perfekte Verehrer – aufmerksam, romantisch und leidenschaftlich. Er hat ständig Verabredungen und ist Mitglied verschiedener Singleclubs und exklusiver Partneragenturen. Da er finanziell gut gestellt ist, kann er sich viele Reisen leisten, auf denen er ebenfalls zahlreichen potentiellen Partnerinnen begegnet. Er sagt, er suche nach der »perfekten« Frau, habe sie aber noch nicht gefunden. In Wahrheit jedoch machen Frauen ihm angst, und Sex macht ihn nervös. Sex bedeutet für ihn, daß er einen Teil seines Körpers der Kontrolle einer Frau überlassen muß. Handelt es sich bei der Frau nur um eine zufällige Bekanntschaft, hat er weniger Probleme damit, aber sobald er sie näher kennenlernt und sich gar in sie verlieben könnte, wird Sex zu einer Bedrohung.
Die Ursachen von Harrys Ängstlichkeit liegen in seiner Kindheit. Seine Mutter war eine sehr beherrschende Frau, die ihn über das Füttern, Windelwechseln und Töpfchentraining stark kontrollierte. Sie berührte ihn häufig (was bei Babys und Kleinkindern ja auch an intimen Stellen nötig ist), respektierte dabei aber seine körperliche Eigenständigkeit nicht, so daß er mit dem Gefühl aufwuchs, keine Verfügungsgewalt über seinen Körper zu haben und jederzeit von jemand anderem berührt und benutzt werden zu können.
Harry kennt sein Verhaltensmuster inzwischen und ist damit nicht glücklich. Zuerst trifft er sich mit einer Frau und umwirbt sie. Es kommt zum Sex. Sobald die Beziehung inniger wird, verläßt er die Frau, die die Welt nicht mehr versteht und sehr verletzt ist. Weiter geht es zur nächsten. Harry würde das Muster gerne verändern. »Ich möchte mehr vom Leben«, sagt er. »Ich möchte, daß jemand für mich da ist. Aber sie muß perfekt sein, sonst fühle ich mich betrogen.« Mit dem Mythos von der perfekten Frau rechtfertigt Harry sein beständiges Fluchtverhalten.

Wie reagieren Sie auf Ängstlichkeit?

Die Beispiele von Bathsheba und Harry zeigen verschiedene Reaktionsmöglichkeiten auf Ängstlichkeit. Wir haben bereits festgestellt, daß Angst und Ängstlichkeit zu den älteren, »primitiveren« Emotionen gehören. Gehen wir in unserer Vorstellung einmal ein paar tausend Jahre zurück. Wir gehören zu einem Stamm, der über die Waffen der Steinzeit verfügt und vom Jagen und Fallenstellen lebt. Eines Tages entdecken wir ein großes Raubtier in einer Baumgruppe vor uns. Wir sind gerade ganz allein und unbewaffnet. In dieser angstauslösenden Situation schießt uns eine Reihe von Verhaltensmöglichkeiten durch den Kopf. Wir könnten ganz starr stehenbleiben und hoffen, daß es uns nicht sieht; wir könnten weglaufen und das Tier dadurch möglicherweise provozieren; wir könnten auch beschließen, daß Angriff die beste Verteidigung ist, auf die Bestie zugehen und versuchen, sie zu verjagen. Jede dieser Möglichkeiten wäre eine sinnvolle Reaktion für unsere Vorfahren gewesen. Abzuwägen blieb, welche unter den speziellen Umständen die erfolgversprechendste war.

Erstaunlicherweise greifen wir heute immer noch auf diese Reaktionsmöglichkeiten zurück. Der Auslöser ist zwar in der Regel kein großes, gefährliches Tier, aber die Reaktionen in Situationen, die Ängstlichkeit oder Angst hervorrufen, sind immer noch dieselben. Der Anblick eines mächtigen Raubtieres machte unseren Vorfahren angst, bis sie sich für die eine oder andere Handlungsweise entschieden hatten und entweder gefressen wurden oder überlebten. Indem sie handelten, entledigten sie sich ihrer Ängstlichkeit und der Wahlmöglichkeiten. Wenn die Gefahrensituation vorüber war, verschwand auch die Angst.

Doch da die Bedrohungen für unser Überleben heute so viel

subtiler und komplexer sind, löst sich unsere Ängstlichkeit nicht mehr so leicht auf wie bei unseren Vorfahren. Wir können nicht mehr zur Höhle zurückkehren und zu unseren Gefährten sagen: »Heute stand ich plötzlich einem riesigen Säbelzahntiger gegenüber. Ich hatte entsetzliche Angst und blieb zwanzig Minuten lang stocksteif stehen. Er hat mich überhaupt nicht bemerkt! Das Herz schlug mir die ganze Zeit bis zum Hals. Endlich zog die Bestie in die andere Richtung ab, und hier bin ich, gesund und in einem Stück! Vielleicht male ich mein Erlebnis heute abend an die Wand, wenn ich Zeit habe.« Wir verfügen nicht mehr über die Mittel unserer Vorfahren, um unsere Angst zu verarbeiten, aber wir neigen immer noch zu denselben Reaktionen. Diese sind:

- *Erstarrung*
  Menschen, die diese Reaktion bevorzugen, zeigen früher oder später Lähmungserscheinungen. Sie fürchten sich, etwas zu tun, fürchten sich aber genauso, es nicht zu tun. Oft bleiben sie bei einem Job, der ihnen keine Freude mehr macht oder sie unterfordert, weil sie zu ängstlich für einen Wechsel sind und diese Ängstlichkeit sie lähmt. Sie sitzen sozusagen in einer prähistorischen Landschaft und warten darauf, daß das Tier sie anspringt, beziehungsweise hoffen, daß etwas Befürchtetes nicht eintreten wird, wenn sie sich nicht bewegen. Auf diese Weise kann aber auch nichts Positives passieren, und so verharren sie in einer Art ewigen Wartestellung.

- *Flucht*
  Diese Menschen laufen ständig vor etwas davon. Sie verlieben sich, sind aufgeregt und in Hochstimmung, und wenn man ihnen ein paar Tage später begegnet, ist alles schon wieder vorüber. Oft können sie ihr Fluchtverhalten

überzeugend rechtfertigen und täuschend rational klingen. »Das war einfach nicht das Richtige«, sagen sie zum Beispiel. Manchmal ist Weglaufen wirklich das Beste, aber wenn es zu einem ständigen Reaktionsmuster wird, steht man am Ende mit leeren Händen da.

- *Angriff*
  Manche Menschen gehen zum Angriff über, wenn sie ängstlich sind. Viele Kriege sind schon durch eine kollektive Ängstlichkeit entstanden, zu deren Überwindung ein anderes Land überfallen wurde. In Liebesbeziehungen stellen Leute, die ständig in Angriffsstimmung sind, für ihre Partner eine schwere Probe dar, und im Beruf ist Angriff eine sehr destruktive Reaktion, weil sie Stimmung und Leistung von Kollegen beeinträchtigt. Einen typischen Angreifer kann man gewöhnlich an Äußerungen wie »Mich haut niemand in die Pfanne« etc. erkennen. Bei einer Variante dieser Reaktion wird der Angriff auf sich selbst statt auf die Außenwelt gerichtet, was meist zu Depressionen und einem Mangel an Selbstachtung führt.

- *Unterwerfung*
  Manche beschließen, sich von vornherein zu ergeben, wenn sie ängstlich sind. Sie wählen den Ausgang, der ihnen am meisten widerstrebt, und akzeptieren ihn. Sie weigern sich, für das, was sie wollen, zu kämpfen, weil sie fürchten, es nicht zu bekommen und obendrein beim Kampf verwundet zu werden. Das Motto solch fügsamer Menschen lautet: »Hauptsache, ich habe meine Ruhe.« Wie bei allen genannten Reaktionsmöglichkeiten kann auch diese zu manchen Zeiten nützlich sein, aber als gewohnheitsmäßige Strategie führt sie zu einer passiven und geradezu masochistischen Lebenshaltung. Fügsame glauben, daß sie keine Wahl ha-

ben, was schließlich zu einer sich selbst erfüllenden Prophezeiung wird.

Kaum jemand entspricht vollständig und ausschließlich einem der oben beschriebenen Reaktionstypen. Gewöhnlich greifen wir in unserem Verhalten auf alle diese Möglichkeiten zurück, je nachdem, welcher Art von Bedrohung wir uns gegenübersehen. Es lohnt sich herauszufinden, welcher Anlaß welche Reaktion bei Ihnen hervorruft. Löst ängstliche Erwartung in einer Liebesbeziehung bei Ihnen den Wunsch aus, davonzulaufen? Möchten Sie sich unterwerfen, wenn eine berufliche Situation Sie ängstlich macht? Oder läßt jede Art von Konflikt Sie erstarren?

Emotionale Arbeit

- Welche Situationen machen Sie ängstlich? Beschreiben Sie diese so detailliert wie möglich, stellen Sie sich vor, Sie würden einem Freund oder einer Freundin davon erzählen.
- Haben Sie Rituale, mit denen Sie die Ängstlichkeit bekämpfen? Beschreiben Sie diese und wie sie Ihnen helfen, sich zu beruhigen.
- Was ist Ihre häufigste Reaktion auf Ängstlichkeit (Erstarrung, Flucht, Angriff, Unterwerfung)?
- Welche Auswirkungen hat diese Reaktion auf Ihr Leben? Hindert sie Sie daran, zu bekommen, was Sie sich wünschen?
- Können Sie die Furcht benennen, die sich hinter Ihrer Ängstlichkeit verbirgt? (Es macht nichts, wenn Sie es noch nicht können – das kommt mit der Übung.)
- Führen Sie eine Woche lang ein Ängstlichkeitstagebuch, und schreiben Sie auf, wann Sie sich ängstlich fühlen. Lesen Sie

nach einer Woche noch einmal alles durch. Verändert die bewußte Wahrnehmung Ihrer Ängstlichkeit die Emotion? Auf welche Weise?

Kreative Aufgabe

Schreiben Sie Ihrem ängstlichen Selbst einen Brief. Es ist schließlich ein Teil von Ihnen, und dieser Teil fürchtet sich. Vielleicht möchten Sie ihm mitteilen, daß Sie sich um ihn kümmern und ihm nicht böse sind, weil er ängstlich ist. Denken Sie daran, daß Sie mehr sind als Ihre Ängstlichkeit und daß andere Teile Ihrer Persönlichkeit dem ängstlichen Teil zu Hilfe kommen und ihn beruhigen können. Eventuell möchten Sie aus der Sicht des ängstlichen Selbst antworten und einen Dialog beginnen. Das Ergebnis eines solchen Austauschs können weitreichende Veränderungen sein.

Ängstlichkeit transformieren

Durch ihre emotionale Arbeit erkannten Bathsheba und Harry, daß ihr eigentliches Problem nicht in der Ängstlichkeit selbst, sondern in ihren Reaktionen darauf bestand. Bathsheba versuchte, alles zu kontrollieren, und verlor dabei; Harry wählte die Flucht und verlor ebenfalls. Beide suchten verzweifelt nach Liebe und fanden sie nicht, solange sie ihrer Ängstlichkeit erlaubten, ihr Leben zu bestimmen. Sie mußten einen Weg finden, die Ängstlichkeit ertragen und die Kontrolle aufgeben zu können.

Vor allem die Existenzphilosophen haben sehr viel über eine spezielle Form von Ängstlichkeit, die Existenzangst, nachgedacht. Sie unterscheiden vier Arten von Existenzangst, die alle Menschen irgendwann einmal erleben. Es sind Ängste, die sich um die folgenden Seinserfahrungen drehen:

- Tod – unvermeidlich, aber furchterregend, weil er das Tor zum Unbekannten ist.
- Freiheit – sich frei entscheiden zu können ist beängstigend, denn es weist uns die Verantwortung für unser Schicksal zu.
- Alleinsein – wir sind im Grunde immer allein, trotz all unserer Versuche, uns mit anderen zu verbinden und zu verschmelzen.
- Bedeutungslosigkeit – die Welt ist ein Produkt von Zufälligkeiten, und es liegt an uns, ihr einen Sinn zu geben. Wir sind es, die unserem Leben Bedeutung verleihen.

Der Existentialismus stellt für manche eine unnötig düstere, trostlose Weltsicht dar. Doch im Zusammenhang mit einer Untersuchung von Angstgefühlen kann er einige Erklärungen liefern. Wenn unsere persönliche Ängstlichkeit eine existentielle Angst berührt, wird sie dadurch verstärkt. Harrys Furcht vor Sex zum Beispiel beruht auf dem Gefühl, daß er seinen Körper niemandem anvertrauen kann. In der Kindheit hat er seine Mutter als stark und überwältigend, sich selbst als klein und schutzlos erlebt. Sie schien ihn völlig zu beherrschen. Weil sie seinen Körper so total kontrollierte, wuchs in ihm die Furcht, daß sie seiner Existenz jederzeit ein Ende bereiten könnte.

Bathsheba dagegen erkannte, daß ihre Ängstlichkeit in wesentlichem Zusammenhang mit ihrem Alleinsein stand. Da ihre größte Furcht darin bestand, von Menschen, die sie liebte, getrennt zu werden, führte sie die Trennung selbst herbei, um Ängstlichkeit und Ungewißheit zu beenden. Als sie erkannte, daß Alleinsein zur menschlichen Existenz gehört, es aber trotzdem Möglichkeiten enger Verbindungen gibt, ließ ihre Furcht allmählich nach.

Für beide war die Transformation ihrer Ängstlichkeit ein

langfristiger Prozeß. In Harrys emotionaler Entwicklung entstand ein Wendepunkt, als er einsah, daß seine Furcht vor Auslöschung und Tod durch die Hände seiner Mutter der Grundlage entbehrte. Schließlich existierte er immer noch. Zwar konnte nichts die Fehler der Mutter in seiner frühen Kindheit wiedergutmachen, aber er konnte lernen, sich selbst eine gute Mutter oder ein guter Vater zu sein. Als er sich wieder einmal mit einer Situation konfrontiert fand, in der er am liebsten die Flucht ergriffen hätte, beschloß er, diesmal eine andere Strategie zu versuchen. Er zog sich eine Weile von der Frau, mit der er zusammen war, zurück und erklärte ihr, daß er etwas Zeit für sich brauche, aber wiederkommen werde. Dann kümmerte er sich um sein inneres Kind, beruhigte es und versicherte es seiner Fürsorge. Er setzte ihm sorgfältig auseinander, daß die Beziehung mit dieser Frau nicht zu Auslöschung und Tod führen werde. Er machte sich klar, daß er nun über sehr viel mehr Macht und Möglichkeiten verfügte als ein Kleinkind und daß alle Teile seiner Persönlichkeit zusammen mit der Situation fertig werden würden.
Bathsheba lernte nach und nach, ihre Erwartungen und Befürchtungen loszulassen. Als sie erkannte, daß sie sich mit den Strategien, die sie zur Bewältigung ihrer Ängstlichkeit angewandt hatte, selbst schadete, war sie zunächst sehr erstaunt, aber auch erleichtert, weil es Sinn machte. Sie verstand, daß sie ihr Kontrollbedürfnis aufgeben und sich dem Leben mehr anvertrauen mußte. Das schloß nicht aus, weiterhin vernünftige und rationale Entscheidungen zu treffen, aber es schloß die Illusion aus, sie könne die Zukunft kontrollieren. Wie sie heute sagt: »Ich habe gelernt, das Unerwartete zu erwarten. Na ja – nicht immer. Ich habe immer noch meine kontrollsüchtige Seite, aber ich kann heute eher darüber lachen. Das Unerwartete verändert mein Leben Tag für Tag und bringt mir Neues. Ich bin gespannt, was als nächstes passieren wird.«

Langeweile

Meine Mutter brachte mir als Junge bei,
das Eingeständnis der Langeweile bedeute,
keine inneren Reichtümer zu besitzen.
Demnach habe ich wohl keine inneren
Reichtümer, denn ich langweile mich
ganz furchtbar.

John Berryman

Was ist Langeweile?

Lesen Sie dieses Kapitel, weil Sie sich langweilen? Dann lehnt ein Teil von Ihnen diese Langeweile ab. Das ist von Bedeutung, denn wenn man sich langweilt, hat man gewöhnlich das Gefühl, als ob alle Willenskraft erloschen wäre. Das Feuer ist aus dem Leben verschwunden, und man kann es scheinbar nicht wieder entfachen. Doch mit Hilfe des kleinen Teils, der sich nicht langweilt, können Sie sich wieder in den Lebensstrom zurückführen. Schon ein Buch aufzuschlagen und mit dem Lesen zu beginnen ist eine sehr ermutigende Handlung, und vielleicht helfen Ihnen die folgenden Seiten, das Interesse am Augenblick wiederzugewinnen. Der Entschluß, in der aufregenden Gegenwart mit all ihren Unsicherheiten, Möglichkeiten und Hoffnungen zu leben, ist letztlich das beste Gegenmittel gegen Langeweile.

Dabei ist es wichtig, zwischen einer momentanen Reaktion auf etwas Langweiliges und einer Hülle von Langeweile, die uns ganz umgibt, zu unterscheiden. In diesem Kapitel geht es um den zweiten Fall – nicht um kurze Anfälle von Langeweile als Folge eines langweiligen Geschehens.

Das Gegenteil von Langeweile ist die Verbundenheit mit der Lebensenergie. Die alten Griechen nannten diese Energie Eros, ein Ausdruck, der heutzutage meist synonym mit sexueller Leidenschaft gebraucht wird. Man kann sich vorstellen, wie diese Gleichsetzung zustande kam, denn die überwältigenden Gefühle bei einem leidenschaftlichen Liebesakt sind das genaue Gegenteil von Langeweile. Gefühle verleihen dem Leben Farbe, und wenn wir uns langweilen, bedeutet das, daß wir irgendwie den Kontakt zu unseren wirklichen Gefühlen verloren haben.

Hinter Langeweile kann sich sowohl Stolz als auch Scham verbergen. Manchmal sind wir stolz darauf, daß eine Situation oder eine Beziehung uns langweilt, weil es ein Zeichen unserer geistigen Überlegenheit und persönlichen Weiterentwicklung ist. »Das ist öde und langweilig«, sagen wir, wenn wir über etwas hinausgewachsen sind, aber noch nicht die Konsequenzen daraus gezogen haben. Langeweile kann unter diesen Umständen ein Indikator dafür sein, daß man sich größere Herausforderungen oder ein weiteres Betätigungsfeld suchen muß. Es ist ein gewisser Grad an Bewußtheit und Selbsterkenntnis nötig, um Langeweile zu empfinden.

Wichtig ist jedoch, nicht dabei stehenzubleiben, wie klug und überlegen man ist, sondern zur nächsten Stufe weiterzugehen, auf der man sich eventuell wieder wie ein Anfänger fühlt. Das kann bedeuten, sich eine neue Stelle zu suchen oder beruflich ganz neue Wege zu gehen. Es kann auch bedeuten, eine Beziehung zu beenden oder eine bestehende Beziehung in neuem Licht zu betrachten. Eine Phase der Langeweile kann als Ermutigung für Veränderungen und größere Herausforderungen betrachtet werden.

Langeweile kann auch mit einem Gefühl der Scham verbun-

den sein. Ich werde nie meine Englischlehrerin vergessen, die zu mir sagte: »Weißt du, wer sich langweilt, verurteilt sich im Grunde selbst.«
Es ist allerdings wahr, daß uns stets genug interessante Dinge begegnen, wenn wir uns selbst interessant finden. In dem Zitat am Kapitelanfang wird Langeweile als ein Mangel an innerem Reichtum bezeichnet. Doch es ist nicht wirklich ein Mangel an innerem Reichtum die Ursache, vielmehr wurde der Zugang zu diesen Ressourcen blockiert. Solche Blockierungen können entstehen durch

- einschränkende Überzeugungen,
- konfliktträchtige oder undeutliche Wertvorstellungen,
- verborgene Wünsche,
- physische Ursachen wie Erschöpfung oder Überarbeitung.

Was auch der Grund ist – dieses Kapitel befaßt sich damit, wie Sie an Ihre emotionalen Ressourcen gelangen, wieder Freude am Leben haben und die Langeweile vertreiben können.

Wie fühlt sich Langeweile an?

Wie bereits festgestellt, ist Langeweile ein gefühlloser Zustand. Natürlich sind trotzdem Gefühle vorhanden, aber man hat keinen Kontakt zu ihnen. Eine Frau beschrieb es mir einmal so: »Es ist, als ob man sich in einer öden Landschaft befände. Alles ist farblos, bestenfalls schwarz oder weiß. Man will nichts und wünscht sich nichts, denn sobald etwas auftaucht, das man erreichen oder haben möchte, denkt man gleich, daß man es sowieso nicht haben kann oder es ja doch nichts taugt.« Mit Langeweile verbindet man im Vergleich zu anderen Emotionen kaum körperliche Empfindungen. Unser

Körper fühlt sich vielleicht etwas schwer und träge an, unsere Gedankenprozesse sind langsam und wenig kreativ.
Langeweile kann einer Depression vorausgehen, und manche Leute beschreiben eine leichte Depression auch als Gelangweiltsein. In jedem Fall bedeutet dieser Zustand eine Entfremdung vom Leben. Es ist nützlich zu lernen, wie man verhindert, daß aus Langeweile eine ausgewachsene Depression wird.
Ein einfacher Grund für emotionale Blockierung und Langeweile kann Müdigkeit sein, Überarbeitung und ständiger Streß spielen ebenfalls eine Rolle. Wenn Sie zu müde sind, um Kraft für spannende Aktivitäten aufzubringen, kann das den Anschein von Langeweile haben. Oft arbeiten wir so hart, daß wir unsere Müdigkeit übergehen und gar nicht mehr einschätzen können, wie kaputt wir eigentlich sind. Wenn Sie glauben, daß dies der Fall sein könnte, sorgen Sie für ein freies Wochenende, und schlafen Sie einmal ordentlich aus.

Innere Blockaden erkennen und auflösen

Wenn Sie physische Ursachen der Langeweile wie Müdigkeit und Streß ausgeschlossen haben, sollten Sie einen Blick auf die folgenden Möglichkeiten werfen.

Einschränkende Überzeugungen

Wir alle haben unsere Grundsätze und Überzeugungen, aber manchmal sind sie derart verfestigt, daß sie dem Denken und Fühlen zu enge Grenzen setzen. Meist verstecken sich diese einschränkenden Überzeugungen hinterlistig vor unserem Bewußtsein, und selbst wenn wir sie aufspüren, rechtfertigen wir sie gern mit einer ganzen Reihe rational klingender Argumente. Das Problematische ist, daß wir uns mit ihnen Chancen und Möglichkeiten versperren, sie jedoch nur sehr schwer verändern können. Wir glauben vielleicht, daß wir sie gar nicht verändern wollen, aber in Wirklichkeit scheuen wir nur die Mühe.

Wenn unsere Überzeugungen uns einschränken, werden wir früher oder später gelangweilt und unzufrieden. Jeder von uns trägt sein eigenes Bündel einschränkender Überzeugungen mit sich herum, die die Zukunft als eine endlose Wiederholung des immer gleichen erscheinen lassen.

Hier einige typische Beispiele:

- *Ich werde nie einen besseren Job bekommen*
  Rationale Argumente: Überall ist ein Haken dabei, ein versteckter Nachteil. Und selbst wenn die Stelle etwas taugt, gibt es immer schon einen internen Bewerber, für den sie vorgesehen ist. Deshalb hat es gar keinen Zweck, mich auf diese Anzeige zu bewerben – sie werden sowieso jemand anderen nehmen.
  Ergebnis: Ich werde es noch nicht einmal versuchen und auf meiner jetzigen Stelle sitzenbleiben, obwohl sie mich zu Tode langweilt.

- *Es gibt keine Männer (oder Frauen) über fünfunddreißig, die noch zu haben sind*
  Rationale Argumente: Sie sind alle verheiratet oder schwul (oder lesbisch) oder sowieso das Letzte. Und die, die sich scheiden lassen oder verwitwet sind, werden sofort von anderen eingefangen. Deshalb hat es keinen Zweck, mir in meinem Alter noch Hoffnungen auf einen festen Partner zu machen – keine Chance.

Ergebnis: Ich gehe nicht auf Partys und verschließe mich jeder Möglichkeit eines Liebesabenteuers – ich schmolle lieber und werde zynisch und bitter.

- *Wenn man erst mal über fünfzig ist, schließt man keine neuen Freundschaften mehr*
  Rationale Argumente: Fünfzig ist so eine Art Endpunkt, danach muß man sich mit dem zufriedengeben, was man hat. Man wird sowieso ein ziemlich langweiliger Mensch – sieh dir die Leute in meinem Bekanntenkreis an, die fünfzig, sechzig, siebzig sind. Ich möchte nicht alt werden.
  Ergebnis: Ich versuche erst gar nicht, neue und anregende Leute kennenzulernen – und selbst wenn mir jemand über den Weg liefe, würde ich ihn zurückweisen, bevor er mich ablehnen könnte.

- *Ich kann nicht allein in Urlaub fahren*
  Rationale Argumente: Zunächst einmal ist es gefährlich. Ich könnte bestohlen oder gar überfallen werden. Außerdem würde es mir keinen Spaß machen. Soll ich vielleicht allein bei den Niagarafällen oder vor dem Taj Mahal herumstehen? Ich wäre todunglücklich, weil ich meine Eindrücke mit niemandem teilen könnte.
  Ergebnis: Kein Urlaub, weil sich keine Begleitung findet.

Es ist nicht möglich, diese Überzeugungen durch logische Argumente zu widerlegen, dafür ist unser Verstand viel zu raffiniert; er wird immer ein rationales Gegenargument finden. Wir können sie nur unterlaufen, indem wir die Ängste überwinden, die sich hinter ihnen verbergen. Beim ersten Beispiel gibt es eine versteckte Furcht vor Erfolg. Beim zweiten die Angst vor Bindung und vor Ablehnung und beim dritten eine gar nicht so versteckte Furcht vor Alter und Tod. Das vierte

Beispiel spricht von einer Angst vor Einsamkeit und einem Mangel an Selbstvertrauen. Das Motiv der Enttäuschung durchzieht all diese Beispiele, und man gewinnt den Eindruck, daß die Sprecher früher einmal versuchten, etwas risikofreudiger zu leben. Ihre Niederlagen veranlaßten sie jedoch zu dem verallgemeinernden Schluß, daß es keinen Zweck habe, es weiter zu probieren. Wenn man nichts riskiert, wird man nicht verletzt, aber das Leben wird auch furchtbar langweilig.

Ihre einschränkenden Überzeugungen

Legen Sie eine Liste Ihrer persönlichen einschränkenden Überzeugungen an. Schreiben Sie auf, wie Sie sich dadurch in Ihren Lebensmöglichkeiten selbst beschneiden. Überlegen Sie, welche Ängste und Enttäuschungen bei der Verfestigung dieser Überzeugungen eine Rolle gespielt haben.

Konfliktträchtige oder undeutliche Wertvorstellungen

Die zweite tiefverwurzelte Ursache für Langeweile ist ein konfliktträchtiges oder verworrenes persönliches Wertesystem. Unsere Werte bestimmen unsere Ziele, und ohne Ziele mangelt es dem Leben an Spannung. Diese Werte können spiritueller oder materieller Natur sein, sie geben unserem individuellen Lebensweg die Richtung. Sie lösen innere Konflikte aus, wenn sie nicht bewußt formuliert und in eine Art Hierarchie gebracht werden. Wir müssen entscheiden, was uns am wichtigsten ist, sonst werden wir früher oder später feststellen, daß die Ziele, die wir erreicht haben, nicht unseren Wünschen entsprechen und uns daher keine Erfüllung bringen.

Wenn ich zum Beispiel beschließe, daß es mir wichtig ist, meiner Kreativität Raum zu geben und mich auf künstlerische

Weise auszudrücken, muß ich diesen Entschluß in die Tat umsetzen.
Verweigere ich mich diesem Ziel, werden Enttäuschung und Langeweile die Folge sein. Ein Konflikt kann entstehen, wenn ich gleichzeitig beschließe, daß ich ein schönes Haus und genug Geld brauche, um ein bequemes Leben führen zu können. Mein oberstes Ziel wäre es also, für einen guten Lebensstandard zu sorgen. Aber halt, ich habe doch gerade gesagt, daß es mir sehr wichtig ist, ein Betätigungsfeld für meine Kreativität zu finden, und für beides habe ich nicht genug Energie. Solange ich nicht entscheide, welches Ziel mir wichtiger ist, und dieses dann bewußt verfolge, wird mich nichts, was ich auf einem der beiden Gebiete erreiche, zufriedenstellen. Ich werde zunehmend frustriert und schließlich gelangweilt sein.
Die Lösung eines solchen Wertekonflikts kann in einer radikalen Lebensveränderung bestehen, muß es aber nicht. Ich könnte natürlich meinen gutbezahlten Job aufgeben und mich für das Leben einer Künstlerin mit allen finanziellen Schwierigkeiten entscheiden. Eine weniger dramatische Lösung wäre es, mir Zeit für ein kreatives Hobby zu nehmen, während ich meine weniger kreative, aber gutbezahlte Karriere weiterverfolge. Vielleicht muß ich den Plan, eines Tages den Nobelpreis für Literatur zu gewinnen, zugunsten des bescheideneren aufgeben, ein paar Kurzgeschichten in einem lokalen Literaturmagazin zu veröffentlichen. Das könnte genauso befriedigend sein, aber nur, wenn ich den damit einhergehenden Verlust (ob finanzieller oder kreativer Natur) bewußt in Kauf nehme. Wenn ich das Element des Verlusts, das jede Wahl enthält, verleugne, werden meine Wertvorstellungen miteinander in Konflikt geraten und zu Langeweile führen.

Verborgene Wünsche

Manchmal verbergen wir unsere Wünsche sehr erfolgreich vor uns selbst. Dafür kann es verschiedene Gründe geben. Vielleicht passen sie nicht zu unserem Selbstbild. Wir halten sie für unter unserer Würde, schämen uns ihrer und weigern uns, sie einzugestehen. Sie sind ein wenig wie der heruntergekommene Bekannte, den man auf der Straße trifft, während man sich in Begleitung schicker neuer Freunde befindet, die man beeindrucken möchte. Unter solchen Umständen ist es nicht leicht, den Bekannten zu begrüßen und den Freunden vorzustellen. Sie gehören verschiedenen Welten an, die man nicht vermischen will. Das Problem ist nur, daß der Bekannte ein Teil von uns ist und wir uns seiner Energie berauben, wenn wir ihn verleugnen. Vergessen Sie nicht: Emotionale Intelligenz ist vor allem die Fähigkeit, die verschiedenen Seiten unseres Lebens zusammenzubringen.
Im folgenden die wichtigsten Gründe, aus denen wir Wünsche vor uns selbst verbergen und sie unterdrücken:

- *Scham* – der Wunsch entspricht nicht meinem Selbstbild. Ich ertappe mich zum Beispiel dabei, daß ich mir eine Affäre mit einem Mann wünsche, der verheiratet ist. Da ich das für moralisch verwerflich halte, gestehe ich mir nicht ein, daß ich mich zu diesem Menschen sehr hingezogen fühle.
- *Stolz* – mein Wunsch zeigt meine Bedürftigkeit. Ich sehne mich nach Gesellschaft, kann aber meine Freunde nicht anrufen, weil ich zu stolz bin, zuzugeben, daß ich mich einsam fühle und sie brauche.
- *Verzweiflung* – der Wunsch kann nicht erfüllt werden. Ich sehne mich beispielsweise danach, daß mein Vater mir einmal seine Zuneigung zeigt, aber er hat es noch nie getan

und wird es vermutlich auch nie tun. Ich verzweifle darüber und verleugne den Wunsch lieber, als den Schmerz über seine Unerfüllbarkeit zuzulassen.

- *Furcht* – wenn ich meinen Wunsch äußere, werde ich dafür bestraft. Ich bin zum Beispiel in einer Familie aufgewachsen, in der meine Wünsche lächerlich gemacht statt respektiert wurden. Als Erwachsene habe ich diese spottende Familie schließlich so weit internalisiert, daß ich meine Wünsche nicht mehr zu formulieren wage – noch nicht einmal mir selbst gegenüber.

Jeder hat seine eigenen Verdrängungsmechanismen, aber das Ergebnis ist dasselbe: verborgene Wünsche. Wünsche jedoch machen das Leben erst interessant, ohne sie wird es flach und langweilig. Es kann sehr hilfreich sein, eine Liste Ihrer tiefsten Wünsche aufzustellen und zu überlegen, was Sie davon abhält zu bekommen, was Sie sich wünschen. Sich selbst gegenüber ehrlich zu sein hat oft einen sehr befreienden Effekt. Das Begehrte wird dadurch natürlich nicht im Handumdrehen in Ihr Leben gezaubert, aber Sie werden die Freiheit gewinnen, sich neue, aufregende Ziele zu stecken und diese zu verfolgen.

Falls das Gewünschte unerreichbar ist, müssen wir nach einer annähernd zufriedenstellenden Alternative suchen. In diesem Fall kann die Übung »Unsere wahren Hoffnungen finden« (siehe Kapitel »Hoffnung«) nützlich sein. Wenn wir unseren Wünschen auf den Grund gehen, stoßen wir dort meist auf die Sehnsucht nach einem intensiven Gefühl, das Liebe, Sicherheit, Selbstbewußtsein oder einfach Glück sein kann.

Der Langeweile-Zyklus

Langeweile wird meist durch ein bestimmtes Ereignis ausgelöst. Das kann ein Rückschlag oder eine große Herausforderung sein. Der Auslöser ist jedoch nicht von Bedeutung. Er kann auch einfach in Streß oder Erschöpfung bestehen und zusammen mit einem anderen Faktor Langeweile hervorbringen. Wichtig ist allein die Erkenntnis, daß nicht der Auslöser die Langeweile erzeugt hat, sondern die dahinterliegenden eigentlichen Ursachen: einschränkende Überzeugungen, konfliktträchtige Werte und verborgene Wünsche. Ohne diese Ursachen würden Sie das auslösende Ereignis (z. B. ein langweiliges Theaterstück) einfach hinter sich lassen, statt in der Emotion steckenzubleiben.

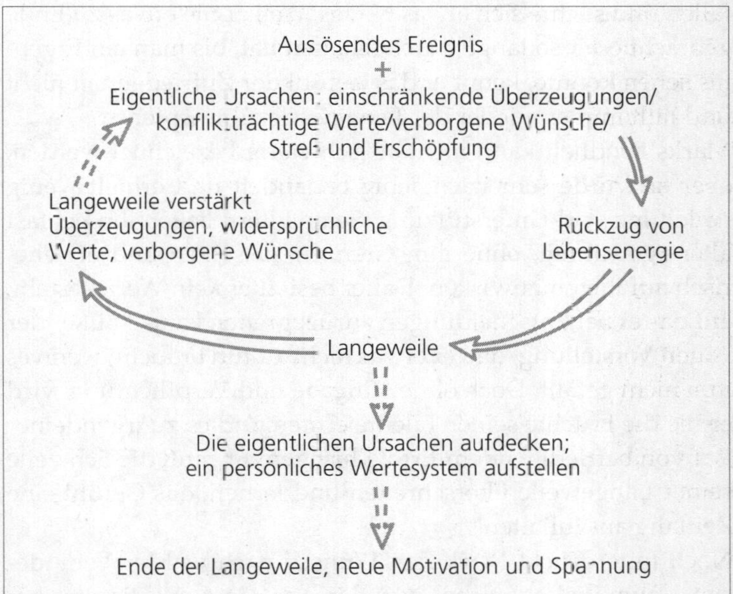

Langeweile hindert ihn daran, etwas zu Ende zu bringen – Marks Geschichte

Mark fährt in ein exklusives Strandparadies in den Urlaub und reist nach ein paar Tagen wieder ab, weil ihm so langweilig ist. Er trinkt bis zum Exzeß, weil ihm so langweilig ist. Er bricht eine vielversprechende Beziehung zu einer Frau ab, weil ihm so langweilig ist. Sein ganzes Leben wird von der Langeweile beherrscht, und fast all seine Entscheidungen sind eine Reaktion auf dieses Gefühl.

Er ist Ende Zwanzig und hat trotz guter Anlagen und Talente noch nichts aus seinem Leben gemacht, weil er ständig von einem Projekt zum nächsten flattert. Er hat schon als Jokkey, Landschaftsgärtner, Immobilienmakler und Drehbuchautor gearbeitet. In all diesen Jobs brachte er es zu einigem Erfolg, aber sobald es einmal schwierig wurde, ließ er die Sache fallen und suchte sich etwas Neues. Weil er nie etwas zu Ende gebracht oder so lange durchgehalten hat, bis man ein Ergebnis sehen konnte, kennt er das Gefühl der Zufriedenheit nicht und fällt immer wieder der Langeweile zum Opfer.

Marks Kindheit kann nicht als schwierig bezeichnet werden, aber er wurde sehr nachgiebig behandelt und erhielt wenig Anleitung und Unterstützung. Seine Eltern ließen ihn bei fast allem gewähren, ohne ihm Grenzen zu setzen und erzieherisch auf ihn einzuwirken. Daher besitzt er kein Wertesystem, auf das er bei Entscheidungen zurückgreifen kann – außer der vagen Vorstellung, daß er etwas nicht zu tun braucht, wenn es ihm nicht gefällt. Doch ohne Hingabe und Verpflichtung wird er nie die Früchte seiner Talente ernten und es zu irgendeiner Art von befriedigendem Erfolg bringen. Er muß die Schwelle seiner Langeweile überschreiten und lernen, das Gefühl eine Zeitlang auszuhalten.

Noch unterdrückt Mark den Wunsch nach wahrer Veränderung, zum Teil aus Scheu vor der Anstrengung, die dies bedeuten könnte, zum Teil aus Angst vor Mißerfolg. Da die Kreisläufe jedoch immer kürzer werden, verspürt er allmählich einen gewissen Druck, etwas verändern zu müssen.

Die beste Party findet woanders statt – Daphnes Geschichte

Daphne ist eine sehr attraktive, erfolgreiche Frau von Anfang Fünfzig – erfolgreich in allen außer ihren eigenen Augen. Sie besitzt eine Kette von Kunsthandwerkläden, die sie im Laufe der Jahre durch harte Arbeit, einen guten Riecher für junge Talente und kaufmännisches Geschick zu einem originellen und sehr erfolgreichen Unternehmen gemacht hat. Von außen betrachtet ist dies eine beneidenswerte Leistung, die Daphne jedoch nicht zufriedenstellt. Sie gibt an, ruhelos und gelangweilt zu sein, zwei Eigenschaften, die sich in ihrem Bewußtsein miteinander verflochten haben. Ihr Privatleben macht einen wohlgeordneten Eindruck, ihre Kinder sind erwachsen, ihre Ehe ist in freundschaftlichem Einvernehmen geschieden worden, und sie hat einen charmanten Lebensgefährten.

Dennoch sagt sie: »All diese Dinge, ob sie materieller Natur sind oder meine persönlichen Beziehungen betreffen, machen mich nicht glücklich und zufrieden. Ich habe ständig das Gefühl, daß die beste Party ganz woanders stattfindet und ich nicht eingeladen bin. Alle anderen finden die Party, an der ich gerade teilnehme, toll – nur ich weiß, daß es irgendwo noch eine bessere gibt.«

Diese Überzeugung verringert Daphnes Lebensfreude und läßt sie oft Langeweile empfinden. Dahinter steckt ihre Furcht vor dem Tod, denn wenn schon alles im Leben erreicht wurde, gibt es nichts mehr, wonach es sich noch zu streben lohnt.

Wenn man aber nach nichts mehr streben kann, sieht man sich plötzlich dem Tod gegenüber. Auf dem Gipfel des Berges bleibt nur noch der Weg nach unten. Daphne fürchtet sich vor dem körperlichen Verfall des Alters. Diese Angst bekämpft sie mit Ruhelosigkeit und Langeweile, was weniger schmerzlich scheint, als sich den existentiellen Ängsten um Alter und Tod zu stellen.

Den Kreislauf der Langeweile durchbrechen

Mehrere Schritte sind zum Durchbrechen des Langeweile-Kreislaufs nötig. Sie können in beliebiger Reihenfolge unternommen werden:

- Sich selbst wieder interessant finden. Das ist entscheidend, denn gelangweilte Menschen sind vor allem von sich selbst gelangweilt. Unternehmen Sie Dinge, die Ihr Selbstwertgefühl steigern.
- Die eigentlichen Ursachen verstehen. Dazu müssen Sie mit Ihren Emotionen arbeiten. Sich die Ursachen der Langeweile bewußtzumachen ist ein großer Schritt auf dem Weg zu ihrer Auflösung.
- Ein persönliches Wertesystem aufstellen. Wenn unsere Wertvorstellungen undeutlich, konfliktbeladen oder gar nicht existent sind, müssen wir daran arbeiten, unsere persönlichen Werte zu klären.

Daphne fand heraus, daß eine ihrer einschränkenden Überzeugungen auf einem Mangel an Selbstachtung beruhte. Sie glaubte einfach nicht, zur besten Party eingeladen zu sein, weil sie sich selbst nicht für gut genug hielt. Das führte zu der Ansicht, daß alles, was sie besitzt, nur zweitklassig ist. Sie mußte der Wirklichkeit ein wenig mehr Raum geben und die Augen für all das Schöne in ihrem Leben öffnen.

Mark dagegen entdeckte, daß er überhaupt kein persönliches Wertesystem besaß. Er lebte in einer chaotischen Welt, in der seine Gefühle der einzige Maßstab waren. Obwohl Gefühle uns nützliche Rückmeldungen für Entscheidungen geben können, genügen sie doch nicht, um ein ganzes Leben danach auszurichten. Mark deckte auch einige seiner unterdrückten Wünsche auf, vor allem die nach mehr Spannung im Leben und nach Erfolg. Im Grunde ist er sehr ehrgeizig und war eine Zeitlang recht deprimiert, weil er glaubte, sein Leben vertan zu haben. Ein Teil seiner emotionalen Arbeit bestand darin, sich selbst zu vergeben und die Vergangenheit hinter sich zu lassen.

Emotionale Arbeit

- Machen Sie eine Liste Ihrer einschränkenden Überzeugungen samt den dazugehörigen rationalen Begründungen.
- Überdenken Sie Ihre Werte – lösen einige davon innere Konflikte aus?
- Unterdrücken Sie irgendwelche Wünsche? Wenn ja, warum?
- Fühlen Sie sich Daphne oder Mark in irgendeiner Weise verbunden? Oder haben ihre Geschichten Sie aufgebracht?
- Haben Sie sich beim Lesen dieses Kapitels an bestimmten Stellen gelangweilt oder gar geärgert? Können Sie diese Emotionen mit etwas in Zusammenhang bringen, das Sie sich vielleicht nicht eingestehen wollen?
- Für Ihr persönliches Wertesystem: Was sind Ihre wichtigsten Werte?

Langeweile transformieren

Zwar ist das auslösende Ereignis nicht die Ursache der Langeweile, es kann aber trotzdem ein nützlicher Hinweis auf etwas sein, das wir verleugnen: Zum Beispiel langweilte sich ein Mann, der sich sehr viel Sorgen um Gelddinge machte, bei einem Vortrag über finanzielle Angelegenheiten derart, daß er einschlief.

Manchmal schalten wir unser Bewußtsein auf recht radikale Weise ab, um uns Dingen, vor denen wir große Angst haben, nicht stellen zu müssen. Das Abschalten kann auch auf subtilere Weise geschehen, doch es bleibt ein Verlust an bewußtem Leben. Die Transformation der Langeweile besteht darin, daß wir wieder zu unseren inneren Ressourcen und Leidenschaften finden, von denen wir uns abgespalten haben.

Daphnes Leben veränderte sich, als sie erkannte, daß ihr gelangweiltes Lebensgefühl mit ihren einschränkenden Überzeugungen in Verbindung stand. Weil sie viel an sich arbeitete, machte sie bemerkenswert schnelle Fortschritte bei der Verbesserung ihrer Selbstachtung. Auch ihre Angst vor Tod und Altern war mit ihrer Selbstachtung verknüpft. Solange sie glaubte, daß sie ihr Leben mehr schlecht als recht meisterte, bedeutete jede Verminderung ihrer Kräfte schon eine Katastrophe. Als sie jedoch einsah, daß sie ein gutes Leben hat und – vielleicht die wichtigste Erkenntnis – von sich selbst genauso wie von anderen geliebt wird, konnte sie der Zukunft gelassener entgegensehen. Wie sie schließlich sagte: »Der Tod ist unvorstellbar und unerforschlich und deswegen sehr beängstigend. Aber ich werde keine Sekunde dieses kostbaren Lebens damit verschwenden, auf ihn zu warten.«

Mark arbeitete daran, sich ein persönliches Wertesystem zu schaffen. Interessanterweise stellte er sich selbst dabei ins Zentrum, aber nicht sein altes, verwöhntes Selbst, sondern sein potentielles neues Ich. Er erkannte, daß ein Großteil seiner Langeweile nur eine Maske für seine Angst vor dem Erwachsenwerden war und er wie ein Kind mit seinen beruflichen Möglichkeiten gespielt hatte. Wenn sie ihn enttäuschten oder frustrierten, warf er sie weg. Dieses Verhalten ist bei einem Dreijährigen normal, aber mit dreißig nicht mehr angebracht. Er lernte Beharrlichkeit und Durchhaltevermögen schätzen. Ein wichtiges Thema war, seinen infantilen Glauben abzulegen, daß alles nach seinem Willen gehen müsse und er alles ablehnen könne, was ihm nicht paßte. Nach ein paar Jahren emotionaler Arbeit und Selbstentwicklung ist er heute kein gelangweilter junger Mann mehr, sondern ein lebendiger und engagierter. Wie er selbst sagt: »Verantwortungsvolle Hingabe – an sich selbst, ein Kind, eine kreative Arbeit oder auch an einen Baum – ist das beste Mittel gegen Langeweile. Man kann Langeweile nicht besiegen, man muß sich selbst verändern. Ich möchte gern einen Zustand erreichen, in dem ich nichts will, aber für alles bereit bin.«

Depression

Durch die Depression gehen wir in die Tiefe,
und in der Tiefe finden wir das,
was sich Seele nennt.
Depression … bringt uns Zuflucht,
Begrenzung, Fokussierung, Ernst, Schwere
und bescheidene Hilflosigkeit.
Die wahre Revolution beginnt in dem Menschen,
der seine Depression annehmen kann.
James Hillman

Was ist Depression?

Depression ist nicht im eigentlichen Sinn eine Emotion, hat aber einen komplexen emotionalen Hintergrund und wird deshalb hier in einem eigenen Kapitel behandelt. Man könnte Depression als einen Gemütszustand bezeichnen, bei dem die normale Lebensenergie auf merkwürdige Weise abhanden gekommen ist. Er kann von leichter Niedergeschlagenheit über Melancholie bis zu selbstmörderischer Verzweiflung reichen. Menschen reagieren sehr unterschiedlich auf Depressionen. Sie können als potentiell kreative Übergangsphase zu einem neuen Lebensabschnitt betrachtet werden, als lästiges Übel, das man so schnell wie möglich wieder loswerden will, als Sünde, als Krankheit oder als eine unerträglich destruktive und niederdrückende Last. All diese Ansichten können sich in einem einzigen Menschen vereinen und sich stündlich ändern. Das entscheidende Element, das eine Depression erträglich macht, scheint jedoch der persönliche Sinn zu sein, den die Betroffenen in ihr finden können.

In diesem Kapitel geht es nicht darum, wie man Depressionen heilen kann – dazu wäre ein ganzes Buch nötig, und es sind schon viele gute und nützliche Bücher zu diesem Thema geschrieben worden. Vielmehr sollen Wege untersucht werden, die es ermöglichen, die individuelle Bedeutung der Depression für sich selbst herauszufinden. Das ist nicht nur für diejenigen hilfreich, die an Depressionen leiden, sondern auch für deren Verwandte und Freunde.

Um sich die verschiedenen Ansichten über Depressionen zu verdeutlichen, möchte ich Sie nun bitten, sich ein Abendessen vorzustellen, bei dem vier Personen um einen runden Tisch sitzen und sich unterhalten. Es sind: ein Psychiater, ein Personalchef, ein Priester und ein Mythologe.

Der Psychiater

Eine Depression ist vor allem ein medizinisches Problem. Im Gehirn der Betroffenen fehlt es an bestimmten chemischen Stoffen – das ist wissenschaftlich erwiesen. Durch die richtige Medikation kann man diese Stoffe ersetzen, dann fühlen sich die Patienten sofort besser. Sie gewinnen eine hoffnungsvolle, motivierte Einstellung zurück und können wieder ein normales Leben führen. Die Medikamente zur Behandlung von Depressionen werden immer besser, die Nebenwirkungen immer geringer. Selbst Gesunde nehmen heutzutage Prozac, um sich besser zu fühlen. Ich will die Psychotherapie als Behandlungsmethode nicht schlechtmachen, aber Depression hat ganz eindeutig chemische Ursachen und muß mit chemischen Mitteln bekämpft und besiegt werden.

Der Personalchef

Wenn ich es mit Leuten zu tun habe, die deprimiert sind, weiß ich immer gleich, daß ein konkretes Problem dahintersteckt – für das Wohlbefinden des einzelnen spielt nämlich die ganze Umgebung eine Rolle. Die Leute sind deprimiert, weil sie in ihrem Job nicht genug leisten können oder Probleme zu Hause haben. Vor kurzem erst kam eine junge Frau in mein Büro, die sehr deprimiert war. Sie konnte gerade noch zur Arbeit erscheinen, aber ihre Leistungen hatten nachgelassen, und ihre Kollegen hatten das bemerkt. Als ich sie fragte, wie es bei ihr zu Hause stehe, brach sie in Tränen aus und erzählte mir, daß ihre Mutter multiple Sklerose habe und bettlägerig sei. Sie mußte sie neben ihrem Vollzeitjob pflegen und war vollkommen erschöpft, am Ende ihrer Kräfte. Kein Wunder! Ich half ihr, eine Pflegehilfe zu bekommen, und ihre Depression verschwand.

Der Priester

Ich betrachte Depressionen unter dem Aspekt des Glaubens. Auch viele Menschen in der Bibel waren deprimiert und tief verstört. Sie wurden von Schuldgefühlen, Selbstvorwürfen und Zweifeln geplagt. Zunächst kämpften sie allein dagegen an, doch erst, als sie ihre Probleme vor Gott darlegten und sich seinem Willen unterwarfen, wurde ihnen geholfen. Dieser Akt der Unterwerfung scheint es zu sein, wodurch Heilung möglich wird. Natürlich hat nicht jede Depression spirituelle Ursachen – ich kenne viele, die sehr deprimiert sind, weil sie einen geliebten Menschen verloren haben oder keinen sinnvollen Lebensweg finden können. Wir haben uns sehr weit von der Meinung der Kirche im Mittelalter entfernt, die

Depression als Sünde ansah. Das ist sie ganz offensichtlich nicht, weil die Menschen nichts für ihren Zustand können. Aber Gott kann helfen, und er ist heute wie damals derjenige, an den wir uns wenden müssen.

Der Mythologe

Mythen geben in destillierter Form die inneren und äußeren Kämpfe wieder, die Menschen im Laufe der Zeiten durchzustehen hatten. Einer der aussagekräftigsten Mythen über Depression ist die griechische Sage von der Fruchtbarkeitsgöttin Demeter und ihrer Tochter Persephone. Die junge Persephone ist gerade beim Blumenpflücken, als sie von Hades, dem Gott der Unterwelt, entführt wird. Ihre Mutter ist außer sich vor Schmerz und bringt jedes Wachstum auf der Erde zum Stillstand, so daß keine Ernten mehr reifen, keine Jungtiere mehr geboren werden und die gefrorene Starre eines endlosen Winters über allem liegt. Nach viel Leid und Kummer wird ein Kompromiß geschlossen, der vorsieht, daß Persephone sechs Monate des Jahres mit Hades in der Unterwelt verbringt und die andere Hälfte mit Demeter. Persephone kehrt mit einem kleinen Jungen auf den Armen in die Oberwelt zurück.
Dieser Mythos kann uns etwas über die Erfahrung der Depression sagen. Wir erleben sie als einen dunklen, unterweltlichen Zustand, in dem wir betrauern, was wir verloren haben, und kein Wachstum möglich scheint. Doch wenn wir eine Art Handel mit unserer Depression abschließen können, werden wir mit einem Geschenk und neuer Hoffnung für die Zukunft, symbolisiert durch das Kind, in unseren Alltag zurückkehren.

Jede dieser Ansichten hat ihre Berechtigung, auch wenn sie sich auf den ersten Blick auszuschließen scheinen. Depression ist kein leicht zu erfassendes Problem, sondern ein vielschichtiger Zustand, bei dem sowohl die Umwelt als auch physiologische, spirituelle und mythologische Faktoren eine Rolle spielen. Wenn wir das verstanden haben, können wir beginnen, unsere *gefühlsmäßigen* Reaktionen auf die Depression weiterzuentwickeln, egal ob wir sie selbst erfahren oder bei anderen erleben.

Wie fühlt sich Depression an?

Julie ist deprimiert, und wenn man sie fragt, wie sie sich fühlt, antwortet sie gereizt: »Das ist es ja eben – ich fühle manchmal überhaupt nichts, und dann muß ich plötzlich grundlos heulen.« Andere beschreiben ihre Depression so: »Das einzige, was man fühlt, ist Schmerz – ein unerträglicher Zustand.« Im Englischen wird Depression auch als »black dog«, als »schwarzer Hund«, bezeichnet, der einem ständig auf den Fersen folgt und das ganze Leben verdüstert. Häufig geht ein geringes Selbstbewußtsein damit einher, und depressive Menschen reagieren auch sehr empfindlich auf Kritik, die als persönlicher Angriff empfunden wird. Eines der wichtigsten Merkmale einer Depression ist das Gefühl der Hoffnungslosigkeit, das bis zur tiefsten Verzweiflung reichen kann. Von einem objektiven Standpunkt aus betrachtet ist die Situation der deprimierten Person gewöhnlich nicht so hoffnungslos, wie diese glaubt. Oft können Leute unter weitaus schlimmeren Umständen überleben, ohne jemals deprimiert zu sein.
Der entscheidende Faktor ist die Einstellung der Betroffenen zu ihren Lebensumständen. Eine der frustrierendsten Erfahrungen im Umgang mit deprimierten Menschen ist es, sich im Gespräch um eine Lösung für ein von ihnen präsentiertes Problem zu bemühen. Wie Julies Mann sagt: »Ich habe früher viel

Zeit damit verbracht, praktische Lösungen für Julies Probleme vorzuschlagen, aber sie hat immer ein Argument nach dem anderen gefunden, um meine Vorschläge abzulehnen. Schließlich stellte ich fest, daß es hilfreicher war, wenn ich sie fragte, wie sie sich fühlt, und ihr zuhörte – beim Reden fand sie die richtige Lösung meist von selbst.«
Die Symptome einer Depression variieren, aber die häufigsten sind:

- Apathie – mangelndes Interesse am Leben
- Schlafstörungen
- Konzentrationsschwierigkeiten; Schwierigkeiten, Aufgaben zu Ende zu bringen
- Appetitlosigkeit (in manchen Fällen auch übermäßiges Essen)
- Lethargie und ein Gefühl der Hoffnungslosigkeit
- Lebensangst
- Selbstmordgedanken

Wenn jemand mehrere dieser Symptome in mittelschwerer bis schwerer Form aufweist, spricht man von einer klinischen Depression. Das ist kein unumstößliches Urteil, sondern ein Hinweis darauf, daß jemand Hilfe braucht (in Form von Medikamenten, Therapie oder sonstiger Unterstützung), um aus der Depression herauszufinden.

Wie entsteht eine Depression?

Die grundlegende Erfahrung bei einer Depression ist ein Machtverlust, der jedoch auf ganz unterschiedliche Weise zustande gekommen sein kann. Viele Menschen haben nach einer einschneidenden Veränderung im Leben, wie nach der

Geburt eines Kindes oder einem beruflichen oder sonstigen Neuanfang, eine depressive Phase. Oft wird diese Veränderung von der Umgebung als positiv angesehen, und die Betroffenen sind verwirrt, wenn sie sich nicht so sehr über die neuen Lebensumstände freuen, wie sie es nach allgemeiner Auffassung sollten. Eine Depression ist manchmal einfach ein Weg, mit Veränderungen fertig zu werden, und solange sie nicht übermäßig lange anhält oder besonders schwere Formen annimmt, kann sie eine ganz gesunde Möglichkeit sein, sich auf eine neue Realität einzustellen. Umstände und Ereignisse, die häufig Depressionen auslösen, sind:

- Einsamkeit, soziale Isolation
- Finanzielle Probleme
- Trennung und Scheidung
- Einschneidende Veränderungen wie Umzug, Heirat, Eintritt in den Ruhestand
- Verlust des Arbeitsplatzes
- Geburt eines Kindes
- Tod eines geliebten Menschen
- Schock und Trauma

Wenn Sie im Zusammenhang mit einem dieser Ereignisse oder Lebensumstände unter leichter Depression leiden, kann es an der Zeit sein, sich zu schonen und ein wenig selbst zu bemuttern, bis die Phase von allein vorübergeht. Wenn Sie jedoch das Gefühl haben, in der Depression steckenzubleiben, ist es möglicherweise nötig, sie genauer zu untersuchen.

Depressionen können auch aus emotionalen Prozessen entstehen. Das Verleugnen und Unterdrücken bestimmter Emotionen, vor allem von Wut, Kummer, Groll und Angst, führt häufig zu Depressionen. Wenn wir bestimmte Emotionen für inakzeptabel halten, neigen wir dazu, vor uns selbst und anderen so zu tun, als ob wir sie nicht empfänden. Viele Menschen, die von einer lang anhaltenden Depression genesen, müssen lernen, ihre unterdrückte Wut zu fühlen und einzusehen, daß sie deswegen nicht minder achtbare Menschen sind. Depressiven Charakteren ist es meist wichtig, für einen guten und liebenswerten Menschen gehalten zu werden. Es sind oft Perfektionisten, die glauben, es nicht ertragen zu können, Erwartungen zu enttäuschen und kritisiert zu werden.

Depressionen scheinen bei Personen, die in der Kindheit unter Liebesentzug litten, besonders verbreitet zu sein. Wenn ein Kind bedingungslos geliebt wird, baut es dadurch ein Polster an Selbstbewußtsein fürs ganze Leben auf, das gleichzeitig ein wichtiges Bollwerk gegen Depressionen ist. Diejenigen, die nicht das Glück einer solch idealen Kindheit hatten, müssen ihre Selbstachtung auf andere Weise aufbauen. Das kann durch eine liebevolle Partnerschaft sein, durch einen Job, in dem man viel Bestätigung bekommt, oder auch durch Kameradschaft und Freunde.

Depression und Macht

Wie bei der Aggression hängt auch ein entscheidendes Element der Depression mit Macht zusammen. Wenn sich unsere Lebensumstände verändern, entsteht eine Übergangsphase. Falls wir es gewohnt sind, stets tüchtig und kompetent zu sein, wird es uns schwerfallen, von vorne anzufangen und ganz neue Methoden und Herangehensweisen zu lernen. Durch Umstände, die eine neue Einstellung erzwingen und uns veranlassen, ein lange gehegtes Selbstbild aufzugeben, kann ein Gefühl des Machtverlusts entstehen.

Auch hier müssen wir eine Unterscheidung zwischen Macht als Stärke und Herrschaft und Macht als Energie und Fähigkeitspotential treffen. Wenn wir Macht mit Herrschaft gleichsetzen, werden wir an den alten Methoden festhalten, weil sie etabliert sind. Verstehen wir Macht jedoch als Energie, werden wir in der Lage sein, etwas von unserem Konservatismus aufzugeben und dem Leben zu erlauben, uns zu neuen Dingen zu führen.

Depression und Manie

Das Gegenteil einer Depression ist auffälligerweise nicht Ausgeglichenheit, sondern der manische Zustand. Viele Menschen, die ihre Depression nicht ertragen können, verfallen in das andere Extrem erregter Hochstimmung. Wird dieses Verhalten pathologisch, spricht man von einer manisch-depressiven Erkrankung.

Ein Beispiel für eine leichte Form manischer Depression wäre die Freundin, die sich verzweifelt nach einem Partner sehnt, aber nie den Richtigen findet. Am Morgen hat sie Ihnen noch ihr Leid geklagt, und ein paar Stunden später ruft sie wieder an, um Ihnen aufgeregt zu mitzuteilen, daß sie jemanden kennengelernt habe. Plötzlich ist sie in Hochstimmung und ergeht sich in Phantasien über diesen neuen Bekannten als den Mann ihres Lebens. Er verkörpert die Lösung all ihrer Probleme. Sie sind überrascht und wissen zuerst nicht, was Sie sagen sollen, und wenn Sie ihr dann eine etwas überlegtere Einschätzung der Situation entgegenhalten, reagiert die Freundin beleidigt. Ein paar Wochen oder Monate später ist die Romanze vorüber, und die Freundin steht wieder am Anfang. Natürlich kann sich unser Leben von einem Augenblick zum nächsten verändern, was wunderbar ist, wenn es sich um eine tatsächliche Veränderung handelt. Aber wenn exaltiertes Schwärmen ein Verhaltensmuster bildet, mit dem die

Lehren der Depression umgangen werden, kann man nicht von einer gesunden Reaktion sprechen.

Der Depressions-Zyklus

Jeder von uns kann unter bestimmten Umständen von einer Depression heimgesucht werden, aber bei Menschen, die von vornherein empfänglicher dafür sind, bedarf es eines geringeren Auslösers als bei anderen. Was immer der Auslöser ist, er erzeugt ein Gefühl der Machtlosigkeit, auf das wir unterschiedlich reagieren können. Wenn wir die Wut und die Angst, die dieses Gefühl häufig hervorruft, zulassen können, verfallen wir mit hoher Wahrscheinlichkeit nicht in Depression oder höchstens für eine kurze Übergangszeit. Danach werden wir zu einer Stufe gelangen, auf der wir die neu gewonnenen Erfahrungen in uns aufnehmen und mit unserem Leben weitermachen können. Wenn wir diese Gefühle jedoch unterdrükken, besteht die Gefahr einer chronischen Depression oder des manisch-depressiven Verhaltensmusters. Platzt die Seifenblase der Hochstimmung, sind wir wieder genauso anfällig für den nächsten beliebigen Depressionsauslöser wie zuvor.

Wie reagieren Sie auf Depressionen?

Nehmen Sie sich nun einen Moment Zeit, und überlegen Sie, wie Sie persönlich auf Depressionen reagieren. Haben Sie je selbst die Erfahrung einer Depression gemacht? Welche Gefühle löst dieser Zustand in Ihnen aus? Wie lange dauert er?

Haben vor kurzem einschneidende Ereignisse in Ihrem Leben stattgefunden? Wie sind Sie damit fertig geworden?

Können Sie Ihre Depression ertragen, oder wechseln Sie in den manischen Zustand über?

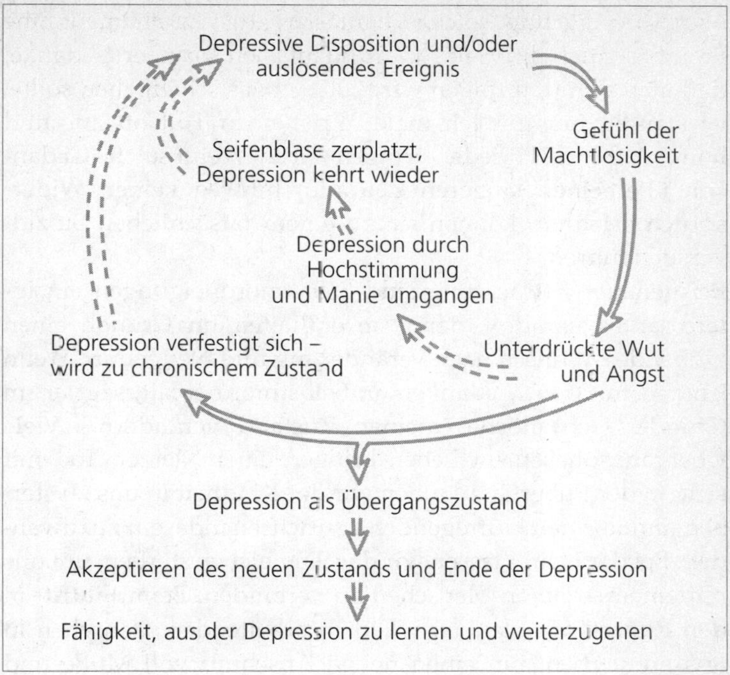

Haben Sie Depressionen schon bei anderen Menschen erlebt? Wie haben Sie darauf reagiert?
Wie reagieren Sie auf Kritik? Ist es Ihnen wichtig, was andere von Ihnen denken?

Selbstmord und Verzweiflung

Selbstmord ist ein ernstzunehmendes Risiko bei Depressionen, auch wenn sie nur in extremen Fällen dazu führen. Viele depressive Menschen haben Selbstmordgedanken, doch glücklicherweise setzen die wenigsten sie in die Tat um. Dennoch ist es wichtig, solche Phantasien ernst zu nehmen. Eine Frau beschrieb ihre Selbstmordphantasien so: »Der Gedanke, daß man sich umbringen wird, falls etwas schiefgehen sollte, ist ständig präsent. Ich male mir meinen Tod oft aus und hoffe, daß er mir Frieden bringen wird.« Wenn solche Gedanken über einen längeren Zeitraum hinweg keinen Widerspruch erfahren, können sie zu einem tatsächlichen Suizidversuch führen.

Bei genauer Betrachtung sind Selbstmordneigungen ein interessantes Paradox, denn sie enthalten im Grunde einen glühenden Wunsch nach Veränderung und Neugeburt. Wenn jemand mit dem Gedanken an Selbstmord spielt, sagt er im Grunde: »Ich möchte meinen Zustand verändern.« Viele Übergangsphasen im Leben bringen einen kleinen Tod mit sich. In der Pubertät erlauben wir der Kindheit in uns zu sterben, um uns dem aufregenden Erwachsenendasein zuzuwenden. Bei der Heirat lassen wir das Singleleben sterben, um uns mit einem anderen Menschen zu verbinden. Beim Eintritt in den Ruhestand erlauben wir dem arbeitenden Menschen in uns zu sterben, um einen neuen Abschnitt voll Muße und Frieden zu beginnen.

Selbstmordgefährdete Menschen müssen verstehen lernen, daß sie ihren Todeswunsch nicht wörtlich zu nehmen brauchen. Wir können uns verändern, indem wir nur einen Teil von uns sterben lassen und nicht den ganzen Menschen. Wenn wir genug Kraft und Unterstützung finden, um in einen neuen Zustand überzuwechseln, können wir unsere alte Haut abwerfen wie eine Schlange. Wird der starke Wunsch nach Veränderung bewußtgemacht und auf diese positive Weise aufgefaßt, besteht keine Notwendigkeit mehr, dem Leben als Ganzem ein Ende zu setzen.

Eine Frau versuchte sich umzubringen, indem sie aus einem hoch gelegenen Fenster sprang. Sie landete auf einem vorstehenden Sims und wurde gerettet. Hinterher sagte sie: »Sobald ich aus dem Fenster gesprungen war, wollte ich nicht mehr sterben, weil ich plötzlich erkannte, daß ich mich auch im Leben verändern kann.«

Ein notwendiges Übel – Gordons Geschichte

Gordon ist ein intelligenter Mann von fünfzig Jahren, der von sich selbst sagt: »Ich finde es leichter, mit Maschinen umzugehen als mit Menschen.« Mit Ende Dreißig litt er nach dem Scheitern seiner ersten Ehe eine Zeitlang unter einer besonders schweren Depression. Das gemeinsame Kind war sechs Jahre alt, als er und seine Frau beschlossen, sich zu trennen. Er zog wieder zu seiner Mutter, war arbeitslos, hatte kein Geld und konnte weder richtig essen noch schlafen. Es gab nicht viel, was seinem Leben noch Halt und eine Verbindung zur Außenwelt bot.

Gordon hatte schon zuvor depressive Tendenzen. Als Kind wurde er von seinen Eltern wiederholt verlassen. Seine Mutter mußte ein halbes Jahr im Krankenhaus verbringen, als er noch ein Kleinkind war, diese Zeit verbrachte er bei einer Tante. Nachdem er zuerst die Trennung von seiner Mutter verkraften mußte, kam kurz darauf die Trennung von der Tante, an die er sich inzwischen gewöhnt hatte. Er wurde zum zweiten Mal von den Eltern getrennt, als er elf Jahre alt war und sie ihn wieder bei der Tante zurückließen, um für fünf Jahre ins Ausland zu gehen.

Trotz dieser Erschütterungen in der Kindheit gelang es Gordon, zu heiraten und eine eigene Familie zu gründen. Seine Frau war seine Tutorin auf der Universität gewesen und wesentlich älter als er. Sie war eine Art Muttterersatz für ihn, denn Gordon suchte nach jemandem, der sich um ihn kümmerte, nachdem er in seiner Kindheit keine verläßliche Geborgenheit erfahren hatte. Doch wie er später sagte: »Ich fand heraus, daß

ich als Preis für diese Geborgenheit die Rolle des braven, gehorsamen Kindes spielen mußte.« Das war auf Dauer kein befriedigender Zustand, und die Ehe endete in großer Bitterkeit. Gordons Rückkehr zu seiner Mutter war ein Versuch, ihr verständlich zu machen, daß er eine sichere Basis in seinem Leben brauchte.
Nachdem er sich von seiner ersten schweren Depression erholt hatte, merkte er, daß er prinzipiell viel depressiver war als zuvor. Er bekämpfte dies mit viel Arbeit und fürchtete sich vor jeder Art von Urlaub und Freizeit. Er vernachlässigte seine kreative Seite, weil durch sie zu viele schmerzliche Gefühle an die Oberfläche kamen. Nach einer Weile begann er jedoch, nach einer Bedeutung seiner Depressionen zu suchen.

Kind einer depressiven Mutter – Emmas Geschichte

Trotz ihres lebendigen und extrovertierten Temperaments war Emmas Leben lange Zeit von Depressionen bestimmt. Sie hingen mit ihrer Befürchtung zusammen, nie ein unabhängiger und dennoch bindungsfähiger Mensch werden zu können. Emma ist in den Vierzigern und steckt mitten in einer aussichtsreichen akademischen Karriere. Freunde und Kollegen mögen und respektieren sie, außerdem ist sie eine talentierte Malerin. Trotz all dieser Erfolge hat sie lange unter geringem Selbstbewußtsein und innerer Einsamkeit gelitten.
Ihre Mutter war klinisch depressiv, und von Emmas Geburt erhofften sich die Eltern eine Besserung oder Heilung der Krankheit. Die Mutter überschüttete sie mit Liebe, ohne Emma ein eigenes Leben zuzugestehen. Sie erdrückte sie in ihren Umarmungen und sagte oft: »Du und ich, wir sind eins.« Als Resultat identifizierte sich Emma übermäßig mit den Problemen ihrer Mutter und wurde von deren Depressionen ebenfalls niedergedrückt. »Es war, als ob alles Leben aus mir herausgesaugt würde«, beschreibt sie diese Erfahrung heute. »Alles

Schöne und Gute, was ich erlebte, wurde durch die Negativität meiner Mutter zerstört.«
Emma glaubte zu nichts anderem zu taugen, als sich um ihre Mutter zu kümmern, und vernachlässigte jahrelang ihre beruflichen Ambitionen und überhaupt ihr eigenes Leben. Sie fühlte sich selbst häufig deprimiert und brachte wenig zustande. Als Emma Anfang Dreißig war, beging ihre Mutter Selbstmord. Das war ein furchtbarer Schlag für sie. Sie glaubte, sie habe sich nicht ausreichend um die Mutter gekümmert, und litt unter heftigen Schuldgefühlen. Außerdem war sie von der Angst besessen, daß ihre eigenen Depressionen irgendwann ebenfalls zum Selbstmord führen könnten.
Sie begann eine Therapie und erfuhr, daß Familienmuster sich häufig wiederholen, wenn sie nicht aufgedeckt und bewußtgemacht werden. Sie mußte sich mit der Wut auf ihre Mutter, die ihr unwillentlich einen Teil ihrer Lebensenergie geraubt hatte, auseinandersetzen. Für Emma war es schwer, Wut zuzulassen und auszudrücken, weil sie in die Rolle der Heilenden, Helfenden hineingeboren worden war. Man hatte von ihr erwartet, eine perfekte kleine Therapeutin zu sein, die die negativen Gefühle anderer erspüren und auffangen konnte. Ein Teil ihrer emotionalen Arbeit bestand darin, ihrer Wut auf diese Rolle Ausdruck zu geben, in die ihre Familie sie gedrängt hatte, bevor sie selbst über sich entscheiden konnte.

Einen persönlichen Sinn in der Depression finden

Emma und Gordon sind heute beide mittleren Alters und würden trotz allen Leids und aller Kämpfe sagen, daß die Erfahrung der Depression ihrem Leben Sinn und Tiefe verliehen hat. Gordon befaßte sich bei seiner emotionalen Arbeit mit seiner ersten Ehe und seiner problematischen Kindheit. Er erkannte, daß seine Partnerwahl von der Suche nach einer Ersatzmutter bestimmt gewesen war. Als die Beziehung zu Ende ging, fühlte er sich erneut verlassen, fand jedoch durch die Erfahrung der Depression heraus, daß es ein Muster in seinem Leben gab, das er sich bewußtmachen und verändern mußte. Wie er selbst sagt: »Ohne das Leid der Depression hätte ich einfach immer so weitergemacht und wäre nie erwachsen geworden.«

Mit ärztlicher Hilfe gelang es ihm, sich von seiner ersten, schweren Depression zu erholen und einen Neuanfang zu wagen. Er suchte einen Psychiater auf, der ihm ein leichtes Medikament verschrieb, um die schlimmsten Symptome zu mildern. Dann machte er eine berufliche Fortbildung und gründete ein eigenes kleines Unternehmen, mit dem er Erfolg hatte. Er heiratete wieder, diesmal eine Frau, die seinem Alter entsprach und mit der er eine gleichberechtigte Beziehung eingehen konnte. Seine emotionale Arbeit macht weiter Fortschritte, weil er sich ein positives, unterstützendes Umfeld schaffen konnte. Obwohl die Depression ihre Narben hinterlassen hat, glaubt Gordon, daß sie nicht ohne Sinn war, weil sie ihn zwang, sich selbst zu heilen und sich weiterzuentwickeln, statt sein ganzes Leben lang ein abhängiges Kind zu bleiben. »Die Depression ist ein schwarzer Hund, aber sie kann zu einem freundlichen schwarzen Hund werden, und das macht einen großen Unterschied«, sagt er heute.

Emmas emotionale Arbeit bestand vor allem darin, ihrer lang unterdrückten Wut eine Stimme zu verleihen. Außerdem mußte sie lernen, ihren antrainierten Perfektionismus abzulegen und hin und wieder einmal fünfe gerade sein zu lassen. Viele Menschen, die zu Depressionen neigen, haben Schwierigkeiten damit, Wut auszudrücken. Wütend zu sein bedeutet für sie das Eingeständnis, daß die Welt nicht perfekt ist und sie den Ausgang einer Situation nicht kontrollieren können. Daraus entsteht ein Gefühl der Machtlosigkeit. Emma mußte sich klarmachen, daß ihr Leben nicht in einer Katastrophe enden würde, wenn sie den Versuch aufgab, alles zu kontrollieren.

Bei ihrer emotionalen Arbeit half Emma das Aufschreiben und Analysieren ihrer Träume. Sie stellte fest, daß sie immer wieder von ihrer Mutter träumte. Anfangs verhielt sich die Traummutter wie ihre wirkliche Mutter, doch mit der Zeit begann sie sich zu verändern und sich Emma gegenüber reifer zu verhalten. Sie wurde zu dem liebevollen, aber Freiheit gewährenden Elternteil, den Emma nie gehabt hatte. In der Traumwelt entwickelte die Mutterfigur eigene Fähigkeiten und war wieder mit der Lebensenergie verbunden. Sie respektierte Emmas Individualität und vermittelte ihr gleichzeitig Unterstützung und Geborgenheit.

Der Mythos von Persephone war für Emma von besonderer Bedeutung. Hatte sie sich anfangs entweder in der Opferrolle der entführten Tochter oder als trauernde, deprimierte Mutter gesehen, erkannte sie mit der Zeit, daß sie beide Stimmen in sich trug. »Manchmal fühle ich mich, als wäre all meine Lebensenergie aus mir herausgeflossen, als wäre ich in die Unterwelt entführt worden. Dann wieder ist es, als würde ich einen Teil meiner selbst vermissen, ohne den ich nicht sein kann. Keine der beiden Sichtweisen enthält die ganze Wahrheit. Sie beschreiben nur, wie ich mich in einem bestimmten Augenblick fühle.« Emma leidet immer noch gelegentlich unter Depressionen, aber sie kann sie jetzt als getrennt von sich betrachten. Sie hat gelernt, auftretende Depressionen zu fragen, was sie von ihr wollen, und stellt häufig fest, daß die Antworten sie zu neuen Dingen in ihrem Leben führen.

Emotionale Arbeit

- Erinnern Sie sich an die vier Personen, denen wir zu Beginn des Kapitels begegnet sind: den Psychiater, den Personalchef, den Priester und den Mythologen. Welcher Ansicht über Depressionen würden Sie am ehesten zustimmen, und warum?
- Litt ein Elternteil während Ihrer Kindheit unter Depressionen, und hatte das Auswirkungen auf Sie?
- Wie werden Sie mit eigenen Depressionen fertig? Versuchen Sie, sie zu umgehen oder aus ihnen zu lernen?
- Was macht Sie deprimiert?
- Können Sie konkrete Lebensumstände oder Situationen benennen, die bei Ihnen Depressionen auslösen?
- Was verstehen Sie unter Macht? Haben Sie persönliche Macht, und wenn ja, in welchem Sinn?
- Für wen empfinden Sie mehr Sympathie – für Emma oder für Gordon? Warum?

Kreative Aufgabe

Diese Übung ist hilfreich, wenn Sie gerade deprimiert sind.
Setzen Sie sich neben einen leeren Stuhl.
Finden Sie heraus, in welchem Teil Ihres Körpers die Depression sitzt. Heben Sie dann die Depression ganz sanft, als wäre sie ein lebendiges Wesen, aus Ihrem Körper heraus, und setzen Sie sie auf den Stuhl neben sich. Bleiben Sie eine Weile einfach daneben sitzen. Ihre Depression ist nun getrennt von Ihnen. Wenn Sie möchten, können Sie die Depression fragen, was Sie für sie tun sollen. Vielleicht wollen Sie sie fragen, welche Veränderungen sie in Ihrem Leben herbeiführen möchte. Sie müssen die Antwort nicht wörtlich nehmen und sofort danach handeln, aber respektieren Sie sie, und denken Sie darüber nach.

Was Sie hier tun, nennt man: eine Emotion personifizieren. Sie können diese Übung auch mit jeder anderen Emotion durchführen.

Die Depression transformieren

Gordon und Emma würden die Ansichten des Psychiaters, des Personalchefs, des Priesters und des Psychologen allesamt als zutreffend bezeichnen. Manchmal muß Depression als Krankheit betrachtet und behandelt, manchmal im Kontext mit den Belastungen durch die persönliche Umgebung gesehen werden. Der Priester war zwar in diesem Fall ein Vertreter des Christentums, doch befürworten viele der großen Religionen eine ähnliche Form der Hinwendung an das Göttliche. Auch Mythen können dazu verwendet werden, eine bewußte Verbindung zu unseren verschiedenen, oft miteinander im Widerstreit liegenden Energien und Bedürfnissen herzustellen.

Zwischen Depression und Verzweiflung besteht ein Zusammenhang, wobei Verzweiflung noch enger an ihr Gegenteil, die Hoffnung, geknüpft ist. Es ist möglich, deprimiert, aber nicht verzweifelt zu sein, und umgekehrt. Für beides gilt, daß wir eine hoffnungsvolle Lebenseinstellung erreichen müssen, statt uns auf konkrete Hoffnungen zu fixieren. Um sich zu verändern, muß man manchmal den schwarzen Zustand tiefster Depression durchlaufen. Nur wenn das alte Selbst stirbt, kann die Verwandlung geschehen. Das Annehmen der Depression und ihrer Lehren führt zu einem Verfeinerungsprozeß, durch den wir neue Lebensfreude und ein vollständigeres Selbst gewinnen können.

Noch ein kleiner Nachtrag zum Schluß dieses Kapitels. Gordon fühlte sich zwar von seiner Mutter verlassen, aber er spürte, daß sie trotz dieses Verhaltens im Grunde ein guter und altruistischer Mensch war. Emma erlebte ihre Mutter als eine erdrückende und beherrschende Person, die ihr kein eigenes Leben gestattete, konnte aber letzten Endes doch Mitgefühl für sie empfinden. Verblüffenderweise handelt es sich bei diesen so verschieden erlebten Müttern um ein und dieselbe Person, denn Gordon und Emma sind Geschwister. Ihr Beispiel zeigt, daß jeder Mensch eine einzigartige, individuelle Perspektive besitzt und wir, um emotional kompetent zu werden, unsere eigenen Interpretationen des Lebens erforschen und ihnen vertrauen müssen.

Neid

Neid ist sicher die schlimmste aller Sünden;
alle anderen Sünden verletzen eine
einzige Tugend, während der Neid
sich gegen alle Tugend richtet.

Chaucer

Was ist Neid?

Neid hat von jeher einen äußerst schlechten Ruf. Die christlichen Kirchen erklärten ihn wegen seiner zersetzenden Eigenschaft zur schlimmsten der sieben Todsünden. Auch einige Psychoanalytiker, vor allem die Jünger von Melanie Klein, betrachteten Neid als eine ausgesprochen destruktive und besonders abstoßende Emotion. Doch Neid kann auch positiv wirken. Obwohl seine Manifestationen sehr schädlich sein können, steckt etwas Kreatives in ihm. Richtig betrachtet kann Neid ein Stimulans für unsere persönliche Entwicklung sein, denn was wir beneiden, können wir oft selbst erreichen, haben es aber aus irgendeinem Grund bisher nicht getan. Wenn ich zum Beispiel jemanden um seinen akademischen Abschluß beneide, kann das ein Ansporn für mich sein, über Möglichkeiten nachzudenken, diesen Abschluß selbst zu bekommen. Neid ist eine furchtbare, zerstörerische Emotion, wenn er verleugnet wird, doch bewußtgemacht und richtig genutzt, kann er uns zu unseren wirklichen Zielen und Sehnsüchten führen. Wie Susie Orbach sagt: »Neid ist ein Wegweiser zu unseren Wünschen.« Neid ist vor allem auch unverwirklichtes Potential.

Neid enthält die Illusion, daß unser Leben wunderbar wäre, wenn wir nur hätten, was andere haben. Wir möchten ihnen das Begehrte am liebsten wegnehmen, oder wir verleugnen unseren Neid und behaupten, daß die Sache (oder Eigenschaft oder Errungenschaft) sowieso nichts taugt. Unser Verhältnis zum Neid ist ambivalent. Er ist eine schambesetzte Emotion, die jedoch gleichzeitig eine der Grundlagen unserer modernen kapitalistischen Gesellschaft bildet. Denn es ist vorwiegend der Neid auf andere, der uns antreibt, nach Geld, Status und Besitz zu streben – eine Tatsache, die von der Werbung und den Medien natürlich ausgenutzt wird. Zahlreiche Anzeigen und Werbespots provozieren unseren Neid, indem sie ein geradezu unwahrscheinlich luxuriöses und stilvolles Ambiente abbilden, so daß uns unser eigenes Leben plötzlich schäbig erscheint und wir hingehen und die angepriesenen, prestigeträchtigen Produkte kaufen, um uns besser zu fühlen. Wir lassen uns also unbewußt von unseren Neidgefühlen leiten, ohne nach ihren Ursachen zu fragen.
Neid wirkt meist im verborgenen, weil wir uns schämen, neidisch zu sein, und es vor uns selbst nicht wahrhaben wollen. Dadurch werden wir um so empfänglicher für die Verführungen der Werbung. Die Scham entsteht aus dem Gefühl, daß es uns an etwas mangelt, daß unser Leben nicht so erfüllt oder erfolgreich ist, wie wir glaubten. Neidisch kann man auf alles mögliche sein, nicht nur auf materielle Besitztümer. Neid auf Erfolg, Neid auf das Geschlecht, Neid auf die Herkunft – im Prinzip kann man einen anderen um alles beneiden. Gewöhnlich nehmen wir dabei nur die größeren Möglichkeiten wahr, die die anderen haben, und übersehen die Verantwortung, die Nachteile und Schwierigkeiten, die damit einhergehen.
Wir sollten die Warnungen vor den Gefahren des Neids nicht überhören. Er kann eine sehr zerstörerische Emotion sein und nicht nur der Person, die ihn empfindet, sondern auch der

beneideten schaden. Wenn man sehr beneidet wird, liegt es nahe, mit Stolz zu reagieren, weil man etwas erlangt hat, das andere ebenfalls begehren. Dieses befriedigende Gefühl kann jedoch bald in Unbehagen umschlagen und zu einer Last werden, wenn man merkt, daß der Neid einer Freundin oder eines Kollegen hartnäckige Formen annimmt. Vergeblich versucht man dann, sie davon zu überzeugen, daß der Gegenstand des Neids gar nicht so beneidenswert ist, oder Vorschläge zu machen, wie sie selbst dahin gelangen können. Doch Neid entzieht sich meist solch rationalen Strategien und kann auf Dauer Beziehungen vergiften.

Wie fühlt sich Neid an?

Neid ist eine besonders schmerzliche Emotion und umfaßt häufig Elemente von Wut, Gier, Haß, Groll, Einsamkeit und Depression. Wer vom Neid gepackt wird, hat oft das Gefühl, zu kurz gekommen und vom Leben unfair behandelt worden zu sein. Die beneidete Person wird schlechtgemacht, was bis zum Haß führen kann. Manchmal stellen wir uns vor, daß sie das Beneidete verliert, und denken zum Beispiel: »Ich möchte wissen, wie sie sich fühlen würde, wenn sie nicht dieses große Haus hätte.« Wir empfinden vielleicht sogar heimliche Schadenfreude, wenn wir hören, daß die beneidete Person ein Unglück, wie eine schwere Krankheit oder ein Autounfall, ereilt hat. Neid wird oft von Depression und Scham begleitet, er fühlt sich absolut trostlos und deprimierend an

Neid und Eifersucht ähneln sich, unterscheiden sich aber auch in einigen Punkten. Bei der Eifersucht sind grundsätzlich drei Personen im Spiel: Der Eifersüchtige befürchtet, daß ein Dritter ihm einen geliebten Menschen wegnehmen könnte. Oder ein Dritter ist eifersüchtig auf ein Paar, weil er den einen Partner für sich haben möchte. Eine Frau ist zum Beispiel eifersüchtig auf ihre beste Freundin, seit diese einen neuen Liebhaber hat. Sie denkt, daß sie neidisch ist und den Mann für sich gewinnen will, was natürlich der Fall sein kann. Aber es wäre auch möglich, daß sie Angst um den Fortbestand der Freundschaft hat. Vielleicht flirtet sie mit dem neuen Freund und versucht auf mehr oder weniger unbewußte Weise, das Paar auseinanderzubringen, um den vermeintlichen Konkurrenten um die Freundschaft der Frau auszustechen.

Die Wurzeln des Neids

Neid hat verzweigte Wurzeln. Es existiert ein angeborenes Neidpotential, das individuell stark variiert, doch ungünstige Umstände, vor allem in den frühen Lebensjahren, erhöhen die Wahrscheinlichkeit, ein neidischer Mensch zu werden. Dazu gibt es diverse Theorien, die im folgenden vereinfacht dargestellt werden. Zu allem ist jedoch zu sagen: Unabhängig von den Ursachen wird Neid immer von einem Gefühl des Mangels begleitet.

Neid als Ergebnis ungestillter Bedürfnisse im Kleinkindalter

Ein Baby ist absolut hilflos und zur Stillung seiner Bedürfnisse nach Nahrung, Wärme und Liebe vollkommen von seiner Betreuungsperson abhängig. Werden diese Bedürfnisse nicht oder nur unzureichend gestillt, leidet der Säugling. Die Mutterbrust wird zu einem Symbol der begehrten Nahrung, und das Kind empfindet großen Neid auf die Macht, die die Nahrungsspenderin über es hat. Dieses Grundmuster wiederholt sich im Erwachsenenalter in Situationen, in denen man unsicher ist, ob man etwas Ersehntes auch bekommen wird. Die Macht eines anderen Menschen, Liebe, Status oder andere Dinge zu gewähren oder zu verweigern, wird als sehr bedrohlich erlebt.

Neid als Ergebnis der Geburt eines Geschwisters

Die heile Welt des Einzelkindes wird durch die Ankunft eines Brüderchens oder Schwesterchens erschüttert, denn es steht nicht länger im Mittelpunkt der Liebe und Aufmerksamkeit seiner Eltern. Es muß nun um seine Rechte kämpfen und empfindet bitteren Neid auf das jüngere Geschwisterchen. Am liebsten möchte es wieder ein Baby sein, das rundum versorgt wird, und empfindet das Heranwachsen nur als nachteilig. Später hat es möglicherweise Probleme mit dem Erwachsenwerden, weil es sich unbewußt immer noch nach verantwortungsloser Geborgenheit sehnt. Als Erwachsener beneidet es oft Menschen, die versorgt werden, wie beispielsweise den abhängigen Partner in einer Ehe.

Neid als Ergebnis von Unzufriedenheit mit der Stellung der Eltern

Wenn wir in eine Familie hineingeboren wurden, deren wir uns in gesellschaftlicher, finanzieller, intellektueller oder sonstiger Hinsicht schämen, beneiden wir gewöhnlich andere, die anscheinend mehr Glück mit ihren Eltern hatten. Diese Reaktion wird durch ernsthafte Probleme noch verstärkt. Es mag uns nur allzu verständlich vorkommen, wenn jemand von einer Mutter träumt, die keine Alkoholikerin oder nicht manisch-depressiv ist. Doch wer andere Eltern herbeiphantasiert, läuft Gefahr, sich von der Realität zu entfremden. Während des Heranwachsens erfinden wir möglicherweise falsche Familiengeschichten für uns selbst oder lassen die Teile aus, die wir verachten.

Neid als archetypische Kraft und Ansporn für unsere persönliche Entwicklung

Nach diesem Modell entsteht Neid, wenn wir merken, daß wir uns nicht ausreichend entfalten oder uns in ausgefahrenen Gleisen bewegen. Wir haben das Gefühl, in irgendeiner Weise versagt zu haben. Wir sehen uns um, stellen fest, daß andere mehr erreicht haben, und werden neidisch. Dies kann uns in zwei verschiedene Richtungen führen: Entweder werden wir deprimiert und bitter, oder wir versuchen, das Ersehnte zu erlangen. Wenn wir den Mut finden, unsere wahren Wünsche und Bedürfnisse anzuerkennen, die sich hinter den Objekten des Neids verbergen, erhöht sich unsere Chance auf Erfolg.

Der Neid-Zyklus

Das neidauslösende Ereignis selbst ist nicht von allzu großer Bedeutung und bildlich gesprochen nur das Messer, das sich in eine offene Wunde bohrt. Eine Frau, die sich nach Reichtum sehnt, kann vollkommen vergnügt durch die Straßen gehen, bis sie sieht, wie ein Rolls-Royce am Straßenrand hält und ein elegantes, mit Einkaufstüten beladenes Paar einsteigt. Dieses kleine Ereignis ruft ihren schlafenden Neid wach. Sie zuckt zusammen und blickt an ihrem Mantel herunter, der ihr auf einmal hoffnungslos altmodisch vorkommt. Ihre scharfen Augen haben die schlanken Fesseln der anderen Frau registriert und die aufmerksame Art, mit der der Mann seiner Begleiterin die Wagentür aufhält. Plötzlich fühlt sie sich sehr allein und findet ihre Welt grau und trostlos. Alle Lebensfreude scheint mit dem Rolls davonzufahren. Sie stellt sich vor, selbst in diesem Wagen zu sitzen.

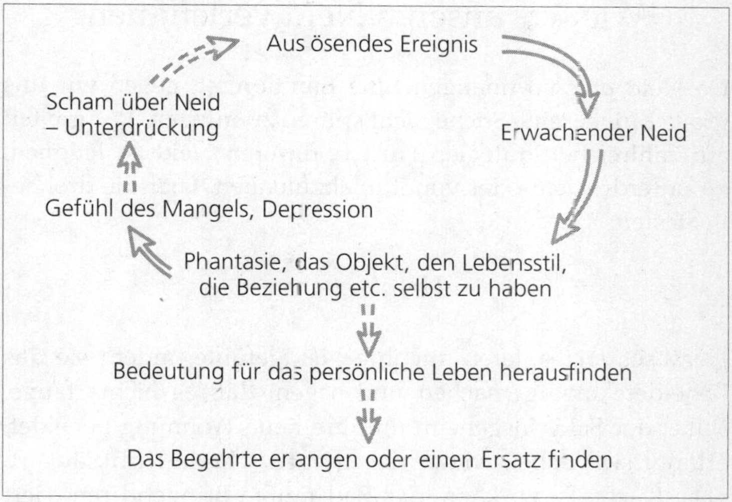

Für die Frau gibt es einen Weg, über diese schmerzliche Erfahrung hinauszugehen. In dem Moment, in dem ihre neidvollen Phantasien entstehen, kann sie sich fragen, was es für sie bedeuten würde, ein solches Leben wie das des beneideten Paares zu führen. Ist es Freiheit, Sicherheit oder Schönheit, wonach sie sich sehnt? Gibt es Wege, diese Dinge in ihrem Leben zu mehren? Macht sie genug aus sich selbst? Sie kann sich wahrscheinlich keinen Rolls-Royce kaufen, aber sie könnte zum Beispiel nach einem besseren Job mit besserer

Bezahlung streben. Das würde sie in die Lage versetzen, sich einen eigenen kleinen Wagen zu leisten und stolz damit herumzufahren. Weiß sie das bisher in ihrem Leben Erreichte genug zu schätzen? Vielleicht stellt sie ihr Licht unter den Scheffel und muß sich ihre Leistungen einmal neu vor Augen führen.

Wie wir unseren Neid verleugnen

Da Neid eine so unangenehme Emotion ist, geben wir uns große Mühe, seine Stiche nicht spüren zu müssen. Wir greifen auf zahlreiche Strategien zurück, unseren Neid zu leugnen, zu unterdrücken oder von ihm abzulenken. Hier die drei beliebtesten:

Herabsetzen

Herabsetzer reagieren auf ihre Neidgefühle, indem sie das Beneidete madig machen und sagen, daß es nichts tauge. Mike, der Sally insgeheim um ihre neue Wohnung beneidet, ertappt sich dabei, wie er übertrieben scharfe Kritik äußert. »Die Küche ist zu klein, das Bad müßte dringend renoviert werden, und überhaupt, wer würde schon eine Wohnung in dieser Gegend kaufen?« All diese negativen Äußerungen sind ein Versuch, sich selbst davon zu überzeugen, daß er die Wohnung sowieso nicht haben möchte und deshalb nicht neidisch auf sie sein muß.

Aber solche Überzeugungsversuche schlagen meist fehl, und wir sind unterschwellig weiter neidisch. Ein aufmerksamer Zuhörer kann den Neid aus solchen herabsetzenden Äußerungen, die für den Beneideten oft sehr verletzend sind, ziemlich schnell heraushören.

Sich selbst verleugnen

Auch Selbstverleugner benutzen Kritik als Waffe gegen Neid, nur daß sie die Kritik gegen sich selbst richten.
Sue hat große Angst vor Neid, weil sie weiß, was für eine zerstörerische Kraft er entfalten kann. Sie setzt sich lieber selbst herab, als ihre Beziehungen zu anderen zu gefährden. Sie bewirbt sich nie um eine Beförderung und sagt sich, daß sie der größeren Herausforderung sowieso nicht gewachsen wäre. Sie kann nicht glauben, daß ein Mann sich wirklich für sie interessiert, und denkt: »Er ist in Wirklichkeit auf meine Freundin scharf und benutzt mich nur, um an sie heranzukommen.« Alle guten und kreativen Leistungen verdirbt sie sich, indem sie sie für wertlos befindet. Ein gerade fertiggestelltes Bild zerreißt sie einfach und behauptet, daß es nichts tauge.
Selbstverleugner legen meist viel Wert auf Freundschaft und Partnerschaft, geben sich aber oft mit Beziehungen zufrieden, die hinter ihren Ansprüchen zurückbleiben.

Provozieren

Provokateure haben erkannt, daß Neid eine mächtige und schmerzliche Emotion ist. Ihre Strategie sieht vor, ihren Neid von anderen stellvertretend empfinden zu lassen. Sie geben gern mit ihren Vorzügen, ihrem Reichtum, ihrer Attraktivität oder ihrem Talent an und wählen als Publikum sorgfältig Leute aus, die ihrer Ansicht nach weniger haben als sie selbst. Ted ist ein solcher Provokateur. Er kultiviert seine Freundschaft mit Alice und Mary und lädt sie oft zu sich nach Hause ein. Dann läßt er nebenbei fallen, daß er am Wochenende nach Paris fliegt und von dort weiter nach New York. »Zu einer geschäftlichen Besprechung – was für ein stressiges Leben!« ruft er aus. »Übrigens, Alice, wohin fährst du denn dieses Jahr in den Urlaub?« Alice, die nicht viel Geld und keinen tollen Job hat, fühlt sich gedemütigt und beneidet Ted um sein Glück. Was sie auch antwortet, Ted wird ihr zu verstehen geben, daß er schon dort gewesen ist, aber nicht viel davon hält. Er genießt es, wie sehr Alice ihn beneidet. Provokateure umgehen ihren eigenen Neid, indem sie ihn anderen aufzwingen, doch sie bezahlen dafür mit einem Mangel an echter Freundschaft und Zuneigung.

Bei manchen Menschen – vielleicht auch bei uns selbst – können wir diesen Strategien in Reinkultur begegnen, doch meistens werden sie abwechselnd angewandt, je nach Umständen und persönlichen Voraussetzungen.

Sie hat alles, nur nicht das, wonach sie sich sehnt – Bettinas Geschichte

Bettina ist ein sehr neidischer Mensch, verbirgt dies jedoch geschickt vor anderen und sich selbst. Sie ist etwa vierzig und hat ein scheinbar erfolgreiches Leben mit einem guten Job und einer einigermaßen glücklichen Ehe. Sie hat zwei Kinder, die im Internat leben, und wohnt in einem geschmackvoll eingerichteten Haus in einem exklusiven Vorort.

Ihre Kindheit war nicht leicht, da ihre Mutter starb, als sie noch klein war. Darauf angesprochen sagt sie: »Ich habe einen Schlußstrich darunter gezogen und möchte nicht darüber reden. Ich habe heute alles, was mein Herz begehrt.« Als Kind litt sie sehr unter dem Verlust ihrer Mutter, hatte aber noch keine Worte, um ihrer Trauer Ausdruck zu geben, und niemanden, der einfühlsam mit ihr darüber sprach. Ihr Vater redete kaum über seine Gefühle und heiratete bald wieder. Bettina wurde mit ihrem Kummer allein gelassen und in der Folge sehr neidisch auf andere Kinder, die ihre Mütter noch hatten.

Bettina versucht, durch eine Mischung aus Herabsetzung und

Provokation mit ihrem Neid fertig zu werden. Sie beschloß schon in jungen Jahren, daß Wohlhabenheit für sie von größter Wichtigkeit war, und heiratete einen Mann, dem Geld ebenfalls viel bedeutete und der ähnliche Ziele verfolgte. Obwohl sie ansonsten nicht viel gemeinsam haben, funktioniert ihre Ehe, weil sie die gleichen Dinge wollen. Bettina stellt ihren Wohlstand gern vor ihren weniger glücklichen Freundinnen aus und bittet sie zum Bridge oder zum Tee, läßt sie aber gleichzeitig wissen, daß sie später noch zu einer exklusiven Party eingeladen ist.

Ihre zweite Technik ist das Herabsetzen. Weil sie selbst ihre Mutter früh verloren hat und sich noch immer nach ihr sehnt, setzt sie die Bedeutung mütterlicher Fürsorge herab. Die Opfer dieser Haltung sind ihre eigenen Kinder. Sie verweigert ihnen die mütterliche Zuneigung, weil sie es nicht erträgt, daß sie etwas bekommen, das sie selbst nicht in ausreichendem Maß hatte, und schickte sie schon sehr früh ins Internat. Wenn Bettina den Kreislauf des Neids durchbrechen will – der sonst von Generation zu Generation weitergegeben wird –, muß sie sich zuerst ihren schmerzlichen Verlust bewußtmachen und den daraus entstandenen Neid eingestehen.

Der Erfolglose, der auch einmal Gewinner sein möchte – Toms Geschichte

Tom ist noch jung, aber sein ganzes bisheriges Leben ist von Erfolglosigkeit bestimmt. Seine schulischen Leistungen blieben ständig hinter den Erwartungen seiner Lehrer zurück, und heute schafft er es mit Mühe und Not, seine Arbeitsstelle zu behalten. Er ist der mittlere von drei Brüdern. Sein älterer Bruder Joe ist sehr begabt und erfolgreich, während der jüngere, David, Lernschwierigkeiten hat.

Tom beneidet den älteren Bruder glühend um seine Erfolge. Zwar tat er so, als ob er sich für Joe freute, als dieser ein Stipendium für Oxford gewann, empfand aber insgeheim doch Bitterkeit. Die meisten hätten wahrscheinlich Verständnis für Toms Neid auf diesen Bruder, doch was nicht so leicht einleuchtet, ist, daß er auch auf seinen jüngeren Bruder neidisch ist. Tom war zwei Jahre alt, als David geboren wurde und es sich schnell herausstellte, daß der Kleinste besonderer Förderung bedurfte. Tom erfuhr, daß sowohl Begabung als auch Behinderung mit Aufmerksamkeit bedacht wurden, während er dazwischen leer ausging. Er befindet sich in der mißlichen Lage, in Joes Schatten zu stehen, aber nicht durch Versagen auf sich aufmerksam machen zu können, weil die Rolle des Sorgenkinds schon durch David besetzt ist.

Seine Bewältigungsstrategie besteht darin, allzeit freundlich, hilfsbereit und beliebt zu sein und seinen Neid nicht zu zeigen. Seine Mutter sagt: »Tom hat mir nie Probleme bereitet« – aber er mußte dafür immer seine Bedürfnisse zurückstellen. Tom ist ein klassischer Selbstverleugner, der es vorzieht, ein Versager zu sein, um nicht den Status quo in Frage zu stellen und Konflikte zu riskieren. Seit kurzem wird ihm jedoch immer klarer, daß ihm dieses halbe Leben nicht mehr genügt und er sich seinen Neidgefühlen stellen muß, wenn er etwas verändern will.

Emotionale Arbeit

- Was fühlen Sie in diesem Moment? Nehmen Sie sich etwas Zeit, und beschreiben Sie Ihre Gefühle in Ihrem Tagebuch. Denken Sie daran, daß es nur für Ihre Augen bestimmt und Ihr Freund ist.
- Was hat dieses momentane Gefühl ausgelöst?
- Was für andere Emotionen fühlen Sie oder haben Sie gerade gefühlt? Denken Sie daran, daß sie weniger schmerzlich sind, wenn Sie sie benennen.

- Wenn Sie gerade Neid empfinden, auf wen richtet sich Ihr Neid?
- Haben Sie beim Lesen von Bettinas und Toms Geschichten an manchen Stellen Wut, Ungeduld, Mitleid oder ein anderes Gefühl verspürt? Können Sie daraus eine Botschaft für sich selbst ableiten?
- Für wen empfinden Sie mehr Mitgefühl – für Bettina oder für Tom? Warum?
- Welche Strategien wenden Sie an, um Ihren Neid zu verbergen? Sind Sie ein Herabsetzer, ein Selbstverleugner oder ein Provokateur? In welchen Situationen wenden Sie diese Strategien an?

Neid und Selbstverwirklichung: Die Geschichte von Eros und Psyche (I)

Es gibt einen klassischen Mythos über Liebe, inneres Wachstum und Neid. Gemeint ist die Geschichte von Eros (Lebenskraft oder ihre Manifestation als sexuelle Energie) und Psyche (Seele). Psyche ist die jüngste von drei Königstöchtern, und ihre Schönheit ist weit über die Landesgrenzen hinaus berühmt. Seltsamerweise hält trotzdem niemand um ihre Hand an, so daß ihr Vater das Orakel in Delphi befragt, was mit ihr zu tun sei. Die grausame Antwort kommt prompt: Psyche soll zu einem Berghang gebracht werden, wo der Tod sie zu seiner Braut nehmen wird. Voll Trauer führt die Familie den Befehl aus und verabschiedet sich bei Einbruch der Nacht von der schönen Psyche, die allein auf einem Felsen zurückbleibt. Als es dunkel ist, schwebt etwas vom Berg herunter und bringt sie zu einem prächtigen Palast. Dort führt sie ein herrliches Prinzessinnenleben und genießt alle Freuden der Liebe. Eine Bedingung ist allerdings an dieses Glück geknüpft: Sie darf ihren Gatten (der sie nur bei völliger Dunkelheit aufsucht) nicht sehen und nicht erfahren, wer er ist. So lebt Psyche eine Weile glücklich vor sich hin, bis ihre Schwestern erfahren, daß sie noch lebt, und beschließen, sie zu besuchen.

Psyches ältere Schwestern haben mittlerweile Könige von Nachbarreichen geheiratet, mit denen sie jedoch nicht glücklich sind. Sie kommen in Psyches Palast an und sind sehr beeindruckt von seiner Pracht. Als sie dazu von Psyches Liebesleben erfahren, kennt ihr Neid keine Grenzen. Natürlich stürzen sie sich sofort auf die einzige Schwachstelle in Psyches Glück – die unbekannte Identität ihres Mannes. Sie vergiften ihre Gedanken mit bösartigen Verdächtigungen und behaupten, daß er bestimmt eine ekelhafte, häßliche Schlange sei und sie ihn deshalb nicht sehen dürfe. Sie überreden sie, bei der nächsten amourösen Zusammenkunft eine Kerze anzuzünden und ihm den Kopf abzuschlagen, falls er wirklich eine Schlange ist.

Psyche tut, wie ihr geraten, und sieht, daß ihr Mann durchaus keine eklige Schlange, sondern der wunderschöne Gott Eros ist. Sie verliebt sich leidenschaftlich in ihn, aber er ist furchtbar wütend, weil sie seinem Befehl nicht gehorcht hat, und verläßt sie. Nach einer langen Zeit des Leids finden Psyche und Eros wieder zueinander. Der Rest der Geschichte wird im Kapitel über die Liebe erzählt.

Psyches Schwestern sind im Grunde ein Teil ihrer selbst. Sie symbolisieren die kleinen Stimmen im Innern, deren Einflüsterungen unser Glück so oft verderben. Emotionale Intelligenz heißt in diesem Fall, unterscheiden zu können, wann Neid ein Ansporn für mehr Selbstverwirklichung ist und wann er nur negativ wirkt und das Gute in unserem Leben wertlos erscheinen läßt.

Neid transformieren

Neid kann also ein Ansporn für persönliche Weiterentwicklung sein, doch dazu muß man erkennen, wo man in seinem Leben steht. So müssen auch Bettina und Tom die Wahrheit ihrer Lebenssitutation erkennen, um sich weiterentwickeln zu können. Dazu gehört die Einsicht, daß ihr Neid aus Schmerz und Verlust entstanden ist und sie sich keine Vorwürfe zu machen brauchen. Neidgefühle waren unter den gegebenen Umständen eine vollkommen verständliche Reaktion. Die ursprüngliche Emotion ist längst nicht so problematisch wie die Strategien, die zu ihrer Bewältigung entwickelt wurden. Wenn Bettina sich trotz des damit verbundenen Kummers und der Schamgefühle ehrlich eingestehen kann, daß sie neidisch auf ihre Kinder ist, weil sie im Gegensatz zu ihr eine Mutter haben, wird ein Großteil des Schmerzes, den der Neid bereitet, sich auflösen. Nachdem sie diese verstörenden, unangenehmen Gefühle zugelassen hat, kann sie beginnen, eine neue Großzügigkeit in sich zu entdecken. Möglicherweise wird sie feststellen, daß sie es nicht mehr nötig hat, den Neid ihrer Freundinnen zu erregen, und kann einen Teil ihres materiellen Reichtums dazu benutzen, ihnen zu helfen und sie bei ihrer eigenen Selbstentwicklung zu fördern.

Toms Neid hatte seine Kreativität völlig erstickt. Er ist zwar nicht der akademische Typ wie sein Bruder, weist aber beträchtliche Talente auf anderen Gebieten auf. Als er erkannte, daß er einen Großteil seiner Energie darauf verwandte, nett und gefällig zu sein, beschloß er, für eine Weile damit aufzuhören und sich mehr um seine eigenen Interessen zu kümmern. Seine Familie war davon nicht sehr angetan und warf ihm verärgert vor, »eigensinnig und egoistisch« zu werden. Tom stand diese Zeit durch, weil er begriff, daß er keine Veränderungen herbeiführen konnte, wenn er weiter auf die gewohnten Familienmuster Rücksicht nahm. Schließlich konnte er seinem jüngeren Bruder wieder Hilfe und Unterstützung bieten, nun aber mehr aus Liebe denn aus Pflichtgefühl. Der Stachel der größeren Aufmerksamkeit und Fürsorge, die David im Vergleich zu ihm erhalten hatte, schmerzte weniger, als ihm klar wurde, daß seine neidische Reaktion vollkommen normal und verständlich war. Die Strategie der Selbstverleugnung brauchte er nicht mehr, er konnte sie aufgeben und seine Talente und kreativen Seiten entfalten. Er ist nicht mehr neidisch, weil er nun hat, wonach er sich immer sehnte.

Furcht

Ich glaube, daß jeder seine Furcht
überwinden kann, indem er genau das tut,
wovor er sich fürchtet, vorausgesetzt,
er gibt nicht auf, bis er eine Reihe
von Erfolgserlebnissen gehabt hat.
Eleanor Roosevelt

Was ist Furcht?

Ein Selbstmordkandidat saß auf einer Brücke, bereit zu springen. Er sagte sich: »Ich fürchte mich vor dem Leben, deshalb möchte ich sterben, aber ich fürchte mich auch vor dem Tod, also möchte ich vielleicht leben.« Dies sind die beiden lähmenden Extreme der Furcht: die Furcht vor dem Leben und die Furcht vor dem Tod. In ihrer fundamentalsten Form dreht sich Furcht um unsere Existenz, denn diese stellt Anforderungen an uns, die beängstigend sein können. Doch der Gedanke an den Tod, an die Beendigung unserer Existenz, ist gleichermaßen furchterregend.
Furcht vor dem Leben kann sich auf ganz verschiedene Weise äußern. Eine Form zeigt sich zum Beispiel bei Menschen, die sich auf nichts festlegen können und ständig etwas Neues anfangen. Eine andere bei solchen, die bewußt Risiken eingehen, etwa zu schnelles Fahren, Drogenkonsum, ungeschützter Sex oder exzessiver Alkoholkonsum. Das ist eine Art »Würfeln mit dem Tod«, wobei die physische Angst in Nervenkitzel und rauschhafte Hochstimmung übersetzt wird.

Ein entgegengesetztes Verhalten zeigen Menschen, die aus Angst vor dem Tod möglichst jedes Risiko vermeiden und ein eingeschränktes, enges Leben führen. »Safety first«, lautet ihr Motto. Sie haben Angst, zu heiraten oder eine nur noch auf dem Papier bestehende Ehe aufzulösen, sie fürchten sich davor, Kinder zu haben oder auch keine zu haben. Sie lassen sowenig Veränderungen wie möglich zu und folgen einem konventionellen, ausgetretenen Pfad. Auf diese Weise vermeiden sie Furcht, haben aber auch nicht viel Spannung und Aufregung in ihrem Leben. Zwischen diesen beiden Extremen müssen wir einen Mittelweg finden, wir müssen lernen, »gemäßigte« Risiken einzugehen und Furcht als Warnsignal zu nutzen, statt unser ganzes Leben von ihr bestimmen zu lassen.

Furcht gehört zu den unangenehmsten Emotionen überhaupt, doch ein Leben zu wählen, das Furcht weitgehend ausschließt, hieße, ein sehr reduziertes Leben zu führen. Furcht kann sowohl Freundin als auch Feindin sein, denn neben ihrer peinigenden und schwächenden Seite enthält sie auch ein Verwandlungspotential von Spannung und Mut. Lassen Sie Ihre Furcht zu. Denn verleugnete Furcht kann nicht nur das Leben einengen, sie kann auch Depressionen, Wut und die Unterdrückung von Mitmenschen zur Folge haben.

Wir alle fürchten uns hin und wieder im Leben, doch diejenigen, die ehrlich zugeben können, daß ihnen etwas angst macht, sind oft weniger furchtsam als solche, die dies nicht können. Für manche ist Furcht ein derart unangenehmes und ohnmächtiges Gefühl, daß sie sie umgehen und alles aus ihrem Leben verbannen, was ihnen Furcht einjagen könnte. Doch Furcht ist nicht immer das, was sie auf den ersten Blick scheint. Manchmal schleppen wir als Erwachsene Ängste mit uns herum, die uns als Kinder beherrschten. Unsere gegenwärtige Furcht ist vielleicht nur ein Echo früherer Ängste, über die wir im Grunde hinausgewachsen sind. Indem wir uns das bewußtmachen, gewähren wir uns größere Freiheit und haben mehr Freude am Leben.

Verschiedene Formen von Furcht

Zunächst einmal gibt es zahlreiche Abstufungen, von einem harmlosen »Ich habe Angst, daß dies oder jenes passieren könnte« bis zu ausgewachsenem, lähmendem Entsetzen. Dazwischen liegen die Panikgefühle, die uns mehrmals am Tag überkommen können, wenn wir an die Folgen von bestimmten Handlungen oder deren Versäumnis denken. Manchmal kann schon eine Äußerung, ein Ort oder sogar ein Geruch Angstgefühle auslösen. Zu den vielen verschiedenen Ausprägungen von Furcht gehören:

- Ungute Vorahnungen
- Schrecken oder Bestürzung
- Totales Entsetzen
- Phobien aller Art
- Ängstlichkeit und Sorge
- Scham
- Hoffnung
- Haß

Viele unserer Ängste verbergen sich hinter anderen Ängsten, mit denen wir leichter fertig werden können. Eine Frau erzählte mir zum Beispiel einmal, daß sie nur das Wort »Rente« im Radio oder Fernsehen zu hören brauche, um von einer solchen Angst überfallen zu werden, daß sie das Gerät ausschalten mußte. Sie schämte sich, keine Altersvorsorge zu haben, und wollte deshalb lieber gar nichts über dieses Thema hören. Sie sagte, sie habe Angst vor dem Alter, weil sie dann ohne

Geld dastehen werde. Nachdenklich fügte sie hinzu: »Vielleicht liegt es umgekehrt aber auch an meiner Angst vor dem Alter, daß ich mich nie um eine Rente oder sonstige Altersvorsorge gekümmert habe.«

Als ich sie danach fragte, was Altsein für sie bedeute, antwortete sie nach langem Zögern: »Den Verlust von Macht, Schönheit, Kraft, Gesundheit und das Gefühl, daß ich unweigerlich sterben werde.« Nachdem sie schließlich akzeptiert hatte, daß sie sterben würde (soweit wir diese schwierige, unfaßbare Tatsache eben akzeptieren können), verschwand ihre Angst vor dem Wort »Rente«. Die Furcht vor dem Tod hatte ihre Fähigkeit, rational über ihr Leben zu bestimmen, gemindert, doch indem sie sich diese Furcht bewußtmachte, wurde sie frei, notwendige Entscheidungen treffen zu können.

Auch viele Phobien (krankhafte Ängste) maskieren eine andere Furcht. Verbreitete Phobien sind zum Beispiel Agoraphobie (Angst, aus dem Haus zu gehen, Furcht vor offenen Räumen), Klaustrophobie (Furcht vor engen Räumen, Angst zu ersticken) oder die Angst vorm Fliegen, vor Spinnen, Schlangen und vor der Dunkelheit. Menschen, die unter Phobien leiden, haben irgendwann in ihrem Leben den Gegenstand ihrer Phobie mit ihrer größten Furcht, dem Schlimmsten, was sie sich vorstellen können, verbunden. Das kann für jeden etwas anderes sein, aber meistens steckt Furcht vor dem Leben oder vor dem Tod dahinter. Die konkrete Phobie ist dabei nur eine symbolische Repräsentation der eigentlichen Furcht. Manche Therapeuten arbeiten mit Techniken, die phobische Klienten unempfindlich gegen das Gefürchtete machen sollen, bis sie beispielsweise eine Spinne berühren oder über ihre Hand laufen lassen können. Das ist insoweit eine erfolgversprechende Behandlungsmethode, als es den Betroffenen hilft, die Verknüpfung zwischen ihrer jeweiligen Phobie und der umfassenderen Furcht, die sich dahinter verbirgt, aufzulösen. Wenn man sich einer Furcht stellt, bricht man ihre Macht. Der nächste Schritt besteht dann darin, sich mit der dahinterliegenden existentiellen Furcht auseinanderzusetzen.

Wie fühlt sich Furcht an?

Furcht ist eine Emotion mit starken körperlichen Reaktionen. Dazu gehören: Herzklopfen, Magenbeschwerden, heftige Kopfschmerzen, Zittern, Schweißausbrüche und Hautprickeln. Die Redewendung »sich vor Angst in die Hosen machen« spricht deutlich von einer weiteren körperlichen Manifestation der Furcht: der Notwendigkeit, wiederholt die Toilette aufsuchen zu müssen.
Furcht ist eine sehr nützliche Sache, wenn wir uns einer physischen Bedrohung wie einem wütenden Stier auf einer Weide gegenübersehen. Die Angst spornt uns zu schnellem Handeln an: weglaufen und über den Zaun springen. Früher, als jeder Tag noch voller lebensbedrohlicher Gefahren war, mußten unsere Vorfahren schnell laufen oder um ihr Leben kämpfen können. Zu diesem Zweck schüttete der Körper spezielle Hormone aus (z.B. Adrenalin), die die Menschen zu Hochleistungen befähigten. Diese Hormone verlangsamen normale Körperprozesse wie die Verdauung und versorgen den Körper mit maximaler Energie, damit er adäquat auf die Bedrohung reagieren kann. Angesichts einer Bedrohung laufen im Körper heute noch die gleichen Reaktionen ab. Man bezeichnet dies als »Flucht-oder-Kampf-Reaktion«.
Doch so wunderbar und lebensrettend dieser Mechanismus bei physischer Gefahr ist, so behindernd wirkt er bei psychischer. Wenn die Bedrohung nicht Leib oder Leben betrifft, ist eine Flucht-oder-Kampf-Reaktion nicht angemessen, doch unser Körper wird trotzdem von Hormonen überflutet. Diese

Hormone lösen Panik und Furcht aus und setzen einen Kreislauf in Gang.

Der Furcht-Zyklus

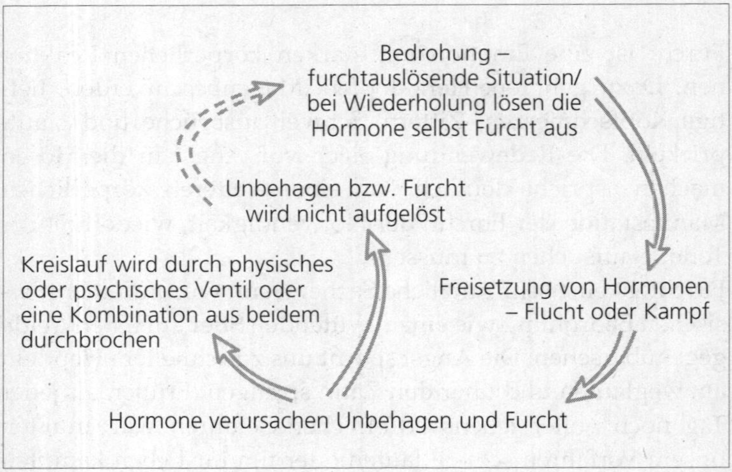

Es gibt drei Wege, diesen Kreislauf zu durchbrechen:

- Auf physische Weise. Durch körperliche Anstrengung kann man die unangenehmen physischen Auswirkungen der Hormone »abtrainieren«.
- Auf psychologische Weise. Wenn man die Natur der Bedrohung verstehen lernt (und um was sich die Furcht wirklich dreht), verliert sie ihre Wirkung.
- Auf ganzheitliche Weise. Eine Kombination körperlich-motorischer und psychologischer Methoden verspricht am meisten Erfolg.

Körperliche Auswege aus dem Furcht-Zyklus

Körper und Geist sind Teile desselben Systems und stehen in Wechselwirkung miteinander. Dieses Kapitel befaßt sich im weiteren vor allem aus psychologischer Sicht mit Furcht, aber es ist wichtig, den ganzheitlichen Ansatz, der darauf ausgerichtet ist, Körper und Geist ins Gleichgewicht zu bringen, nicht zu vernachlässigen.

Je nach Typ wählen Menschen unterschiedliche körperliche Methoden, um den Kreislauf der Furcht zu unterbrechen. Bei mir wirken ein langer Spaziergang oder Schwimmen am besten, um meine Furchtsymptome zu reduzieren. Wichtig dabei ist, daß man sich lange genug bewegt, damit der Körper seinen eigenen Rhythmus finden kann. Andere finden schnelle, kraftfordernde Wettbewerbssportarten hilfreich, und wieder andere ziehen Yoga- oder Atemübungen vor, die beruhigend wirken und sicherstellen, daß der ganze Körper ausreichend mit Sauerstoff versorgt wird.

Falls Sie es bisher noch nicht probiert haben, versuchen Sie es doch einmal, Ihrer Furcht mit körperlicher Bewegung zu begegnen. Es wirkt sehr viel besser, als sich ins Bett zu verkriechen.

Die Quintessenz der Furcht

Benennen Sie eine bestimmte Furcht. Schreiben Sie sie auf, und finden Sie in fünf oder sechs Schritten weitere Ängste, die aus der ersten Furcht resultieren. Fragen Sie sich jedesmal, was das Eintreten des Befürchteten für Sie bedeuten würde, und schreiben Sie dies auf. Schließlich werden Sie die Quintessenz Ihrer (sozusagen mehrfach hinterfragten) Furcht erreicht haben.

Beispiel:

Furcht: Arbeitslos zu werden
Was würde das bedeuten?
Ich hätte kein Geld mehr.
Was würde das bedeuten?
Meine Frau würde mich verlassen.
Was würde das bedeuten?
Ich müßte allein leben.
Was würde das bedeuten?
Ich wäre sehr einsam.
Was würde das bedeuten?
Ich würde meinen Lebensmut verlieren.

Wenn man lange genug weiterfragt, wird die Quintessenz der Furcht sich in den meisten Fällen um die existentiellen Fragen von Leben und Tod drehen. Unsere alltäglichen Ängste beziehen ihre lähmende Macht über uns daraus, daß sie sich mit den existentiellen Ängsten, die um Leben und Tod kreisen, verbinden. Sie sehen, wie bei der Furcht-Kette in Ihrem Kopf eines zum anderen führt.
Fragen Sie sich nun, ob diese Schritte logisch oder auch nur wahrscheinlich sind. Sie könnten zum Beispiel Ihre Frau fragen, ob sie Sie verlassen würde, wenn Sie kein Geld mehr hätten – wenn ihre Antwort nein lautet, unterbricht das die Kette. Die meisten Schritte, die von einer Furcht zur nächsten führen, beruhen auf Phantasievorstellungen. Greifen Sie auf Logik und Tatsachen zurück, um die Furcht-Kette zu unterbrechen.

Kontrolle um jeden Preis – Davids Geschichte

David ist ein überaus ordentlicher und gepflegter junger Mann von Ende Zwanzig. Er ist intelligent, hat eine gute Ausbildung und einen sicheren Job, den er weder mit besonderer Begeisterung noch mit Unwillen verrichtet. Er macht ihn einfach, weil er denkt, daß man das von ihm erwartet. Er besitzt eine Wohnung, die wenig von seiner Persönlichkeit widerspiegelt. Seine Eltern besucht er pflichtbewußt zweimal im Monat. Er hat eine Freundin, mit der er seit fünf Jahren zusammen ist. Sie gehen regelmäßig miteinander aus und sehen sich, ohne großes Interesse oder gar Leidenschaft füreinander zu zeigen. Ihre Beziehung hat mehr mit Bequemlichkeit als mit Liebe zu tun.

Davids Vorlieben und Meinungen sind konventionell und angepaßt. Hoffnungen gestattet er sich nur selten, und er sagt: »Ich halte mich lieber an die Realität und nicht an Träumereien. Das ist leichter.« Weil er einen so starken Schutzwall gegen die Furcht errichtet hat, versagt er sich die Möglichkeit, Hoffnung oder den Wunsch nach Veränderung zu empfinden. Aus dem gleichen Grund hat er sich noch nie richtig verliebt, denn das würde die Furcht vor dem Verlust der Person, für die er tiefe Gefühle empfindet, mit sich bringen.

In Davids Gesellschaft hat man den Eindruck, daß er von einer undurchdringlichen Hülle umgeben ist. Fragte man ihn, wovor er sich fürchtet, würde er vermutlich antworten, daß er niemals Angst habe. Doch der Preis für diese Unangreifbarkeit ist ein ausgesprochen fades Leben. Er unterdrückt seine Ängste, um sie nicht bewußt spüren zu müssen, doch sie machen sich auf andere Weise bemerkbar: durch ein verarmtes Leben ohne Aufregung und Liebe oder andere starke Emotionen. Er denkt nie über den Sinn seines Lebens nach oder die Tatsache, daß es eines Tages enden wird. Stirbt jemand aus seinem Bekanntenkreis, drängt er den Gedanken daran so schnell wie möglich aus dem Bewußtsein.

Weil er sich seine Furcht nicht eingestehen oder sie gar empfinden kann, verhält er sich schikanös gegenüber seinen Mitmenschen, vor allem am Arbeitsplatz. Er kritisiert und demütigt Kollegen und Untergebene, weil er sich unbewußt davor fürchtet, daß sie ihn beruflich überrunden könnten. Davids

Leben kann in einem einzigen Wort zusammengefaßt werden: Kontrolle. Er kontrolliert seine Gefühle und die anderer, soweit es ihm möglich ist. Davids Furcht vor der Furcht und seine Furcht vor dem Tod sind ein und dasselbe geworden.

Von Furcht verfolgt – Catherines Geschichte

Catherine ist Mitte Dreißig und hat vor vielem Angst. Obwohl sie eine lebendige und attraktive Frau ist, kann sie sich weder an einen anderen Menschen noch an eine berufliche Laufbahn oder eine kreative Tätigkeit binden. Sie flattert von einer Sache zur nächsten und wird dabei weniger von Neugier und Entdeckungslust getrieben als von einem sich ständig wiederholenden emotionalen Muster der Furcht.

»Dieser Job langweilt mich«, sagt sie, als sie ihre Kündigung einreicht. »Er ist so öööde, ihr könnt es euch nicht vorstellen!« stöhnt sie und hebt in komischer Verzweiflung die Hände oder imitiert den vernichtenden Blick ihres Chefs. Ihre Freunde lachen, und ihnen entgeht, was wirklich dahintersteckt. Catherine ist weniger gelangweilt als von Furcht getrieben. Eine innere Stimme sagt ihr: »Du bist ein Versager. Das hier ist ein mieser Job. Du wirst den Rest deines Lebens hier verbringen und langsam verrotten und nie die spannenden, kreativen Sachen machen, die du eigentlich tun willst. Wahrscheinlich hast du sowieso kein Talent dafür.« Sie hat große Angst vor Versagen. Weil sie die damit einhergehenden peinigenden Gefühle nicht ertragen kann, unterdrückt sie die Emotion und leitet ihre Furcht in Langeweile um.

In Catherines Liebesleben ergibt sich ein ähnliches Bild. Sie trifft sich vorzugsweise mit Männern, die eine ähnlich flüchtige Beziehung suchen wie sie selbst. Wenn ihr ein Mann zu nahe kommt, entzieht sie sich oder demütigt ihn. Die Möglichkeit, sich in ihn zu verlieben, steigert ihre Furcht, weil Liebe stets die Möglichkeit von Schmerz und Verlust in sich birgt. Ein Teil von ihr mag diesen Mann und würde gern mit ihm zusammensein, aber ihre uneingestandene Furcht steht ihr im Weg. Also demütigt sie den Mann, damit sie ihn nicht mehr zu achten braucht und die Beziehung beenden kann. Auffällig bei Catherine ist, daß ihre Ängste ihr überallhin zu folgen scheinen. Weil sie sie unterdrückt, statt sich ihnen zu stellen, tauchen sie ständig in neuer Form wieder auf. Zwar scheint es, als ob ihre Furcht sie verfolgte, doch in Wahrheit ist sie immer gegenwärtig und nimmt nur die Färbung der jeweiligen Lebensumstände an. Catherines Strategie, die Furcht durch ständiges Wechseln und Ausprobieren von Neuem zu umgehen, funktionierte gut, solange sie noch um die Zwanzig war, da in diesem Alter fast alle herumexperimentieren. Doch je älter sie wird, desto unbefriedigender findet sie ihren Lebensmodus.

Die Wurzeln der Furcht

Wie bei den meisten Emotionen liegen auch die Wurzeln der Furcht in der Familie, in der wir aufwuchsen. Wenn die Botschaften, die wir als Kinder erhielten, überwiegend lauteten: »Sei vorsichtig, die Welt ist gefährlich«, tragen wir wahrscheinlich eine ganze Reihe einschränkender Ängste mit uns herum. Falls Ihre Mutter Sie zum Beispiel jedesmal von der Schule abholte, wenn es regnete, haben Sie möglicherweise immer noch Angst davor, naß zu werden. Das kann Ihr Leben als Erwachsener insofern einschränken, als Sie Situationen, in denen Sie naß werden *könnten*, zu vermeiden suchen, da Sie keine Kontrolle über das Wetter haben. Ihre Mutter fürchtete sich so sehr vor dem Naßwerden, weil sie als Kind einmal eine Lungenentzündung hatte. Man sagte ihr damals, daß es gefährlich sei, naß zu werden, was in diesem Fall auch zutreffen mochte. Für

Sie ist es jedoch nicht gefährlich, denn Sie hatten ja keine Lungenentzündung. Indem Ihre Mutter Sie ängstlich vor etwas beschützte, vor dem sie sich selbst immer schützen mußte, hat sie Ihnen eine Furcht vor dieser Sache eingepflanzt.

Gesellschaftliche und wirtschaftliche Faktoren spielen ebenfalls eine Rolle bei der Übertragung von Furcht von Generation zu Generation. Während der Weltwirtschaftskrise in den dreißiger Jahren lernten die Menschen, die damals jung waren, Armut zu fürchten und um jeden Preis zu vermeiden. Ähnliches gilt für Leute, die Krieg, Gewaltherrschaft oder Hungersnot erlebt haben. Die damit zusammenhängenden Ängste werden oft unausgesprochen von Eltern an ihre Kinder weitergegeben. Wenn Sie die oben vorgestellte Übung zur »Quintessenz der Furcht« gemacht haben, ist Ihnen möglicherweise aufgefallen, daß einige der hinterfragten Ängste mehr mit der Vergangenheit Ihrer Familie zu tun haben als mit realen Bedrohungen der Gegenwart.

Zu einer weiteren möglichen Ursache von Furcht kann allein schon die Tatsache werden, daß man als kleines Kind in einer Erwachsenenwelt aufwächst. Klein, hilflos und ganz der Macht der Erwachsenen ausgeliefert zu sein ist für ein Kind teilweise sehr furchterregend. Wenn unsere Eltern uns liebten und sich gut um uns kümmerten, war dieses Machtgefälle kein Problem. Doch wenn sie sich ambivalent verhielten, manchmal liebevoll und dann wieder zornig oder gleichgültig waren, wurden wir furchtsam, weil wir nicht wußten, was uns erwartete. Wurden wir von einem Elternteil verlassen (egal aus welchem Grund), als wir noch sehr jung waren, kreist unsere größte Furcht möglicherweise darum, wieder verlassen zu werden. Wenn wir dagegen zu sehr behütet wurden und nicht genug Raum erhielten, uns auszuprobieren und Fehler zu machen, ist unsere größte Angst vielleicht, »erstickt« zu werden. Als Erwachsene haben wir jedoch die Mög-

lichkeit, unsere Ängste zu überprüfen und diejenigen zu verwerfen, denen wir entwachsen sind.
Eine andere Wurzel der Furcht liegt schlichtweg in den Bedingungen unserer Existenz. Leben und Tod sind zwei grundlegende, unabänderliche Gegebenheiten. Wir werden geboren, und wir werden sterben. Furcht vor dem Leben (die zu einer Unfähigkeit, Verantwortung zu übernehmen und Bindungen einzugehen, oder in manchen Fällen zu übertriebener Risikofreudigkeit führen kann) und Furcht vor dem Tod (die schlimmstenfalls zu Stagnation und zu übermäßigem Kontrollbedürfnis führt) kennen wir alle, wenn auch in unterschiedlichen Abstufungen. Es ist normal, daß das Geheimnis des Lebens und die Unergründlichkeit des Todes uns angst machen, doch diese existentiellen Fragen betreffen unsere Alltagsprobleme normalerweise nicht. Es gehört zur Arbeit an unserer emotionalen Kompetenz, die beiden Bereiche auseinanderhalten zu lernen. In der Übung »Die Quintessenz der Furcht« haben wir gesehen, wie sich eine konkrete Furcht durch Hinterfragen meist auf Angst vor dem Leben oder dem Tod zurückführen läßt. Diese mächtigen archetypischen Ängste versorgen unsere geringeren Befürchtungen mit einer unangemessenen Energie, weshalb es wichtig ist, die Kette der Furcht zu durchbrechen. Nur dadurch rücken wir unsere alltäglichen Ängste wieder in die richtige Perspektive.

Das Leugnen der Furcht

Furcht zu leugnen ist eine verbreitete Verhaltensweise, die sich jedoch sowohl für die Leugnenden selbst als auch für ihre Umgebung zerstörerisch auswirken kann. David und Catherine leugnen beide ihre Furcht, wodurch beider Leben weniger aufregend, kreativ und erfüllend ist, als es sein könnte.

Darüber hinaus werden andere Menschen von ihnen verletzt und gedemütigt. Ihre emotionale Arbeit wird unter anderem darin bestehen, sich klarzumachen, daß sie nicht nur für sich selbst, sondern in gewissem Maße auch für andere verantwortlich sind.

David und Catherine repräsentieren zwei Extreme, doch Elemente von Lebens- und Todesfurcht spielen bei uns allen eine Rolle. David muß einsehen lernen, daß nicht jede Veränderung in seinem Leben notwendigerweise zum Tod führt. Catherine wird begreifen müssen, daß sie nicht aus Furcht vor Versagen jeden kreativen Impuls im Keim zu ersticken braucht.

Furcht ist zudem eine sehr ansteckende Emotion. Schon die Furcht eines einzelnen kann genügen, um die anderen in einem Raum in Windeseile zu infizieren. Wird Furcht auf diese Weise weitergegeben, verschafft dies der Person, die sie verbreitet, Erleichterung. Gerüchte, Tratsch und Halbwahrheiten sind sehr wirkungsvolle Übertragungsmethoden, Ehrlichkeit und Rationalität die besten Abwehrmittel.

Furcht offen und ehrlich einzugestehen und mit anderen zu teilen kann dagegen für alle erleichternd und befreiend sein. Wenn jemand sagt: »Ich habe wirklich Angst vor dem und dem«, ohne andere mit seiner Furcht anstecken zu wollen, kann dies zu erstaunlich erfreulichen Ergebnissen führen. Es spricht Mitgefühl und Verständnis der anderen an, läßt sie ihre eigenen Ängste erkennen und verhindert, daß sie fremde Ängste annehmen.

Emotionale Arbeit

– Was fühlen Sie in diesem Moment? Nehmen Sie sich etwas Zeit, und beschreiben Sie Ihre Gefühle. Was hat sie ausgelöst?

– Welche Botschaften wurden Ihnen als Kind vermittelt? Wovor hatten Ihre Eltern (oder auch Ihre Großeltern) am meisten Angst?
– Was möchten Sie an Ihren gegenwärtigen Lebensumständen am ehesten ändern? Welche Ängste halten Sie zurück? Wie realistisch sind diese?
– Welche Botschaften vermittelt Ihnen Ihre innere Stimme?
– Ist Ihre »Quintessenz der Furcht« Furcht vor dem Leben oder vor dem Tod? Machen Sie die Übung noch einmal mit einer anderen Ausgangsfurcht, um zu sehen, ob Sie ein anderes Resultat bekommen.
– Welche Abwehrstrategien verwenden Sie gegen Furcht? Ist Ihre Langeweile zum Teil eine Form von Furcht?
– Haben Sie in letzter Zeit jemanden gedemütigt oder herabgesetzt, weil Sie eine Furcht verleugneten? Hat sich jemand Ihnen gegenüber so verhalten?
– Ist Ihre Welt aufgrund Ihrer Ängste zusammengeschrumpft? In welcher Weise? Könnten Sie versuchen, diese Bereiche wieder etwas auszuweiten?

Kreative Aufgabe

Nehmen Sie ein großes Blatt Papier, je größer, desto besser. Zeichnen oder malen Sie sich selbst in die Mitte. Es muß kein realistisches Bild sein – es ist nur für Sie bestimmt. Zeichnen Sie einen Kreis um die Darstellung Ihrer selbst. Der Kreis sollte etwa ein Drittel des vorhandenen Platzes einnehmen. Das ist Ihre Sicherheitszone. Nun denken Sie an Aktivitäten, bei denen Sie sich vollkommen wohl und sicher fühlen, und schreiben, malen oder zeichnen Sie diese in den Kreis hinein.

Beginnen Sie danach, an Dinge zu denken, vor denen Sie sich ein wenig fürchten, und plazieren Sie diese außerhalb des Kreises. Fügen Sie dann in immer größerem Abstand Dinge und Unternehmungen hinzu, vor denen

Sie sich noch mehr fürchten, und setzen Sie schließlich diejenigen, die Ihnen die größte Angst einjagen, in die »dunklen Zonen« an den vier Ecken des Blattes.
Sehen Sie sich nun die Aktivitäten an, die Ihrer Sicherheitszone am nächsten sind, und stellen Sie sich vor, wie Sie diese ausführen. Wenn Ihnen das eben noch erträglich erscheint und die Aktivitäten keine Gefährdung für Sie selbst oder andere darstellen, üben Sie sie so lange, bis Sie sich mit Ihnen wohl fühlen. Weiten Sie dann die Sicherheitszone aus, um sie einzuschließen. Nehmen Sie sich diese Zeichnung regelmäßig vor. Sie werden überrascht sein, wie die Grenzen der Sicherheitszone sich verändern. Denken Sie daran, daß jede veränderte Grenzlinie die Transformation Ihrer Furcht in mutiges Handeln darstellt.

Furcht transformieren

Catherine erkannte ihre gelangweilte Lebenshaltung als Maske ihrer Furcht – eine aufregende Entdeckung. Sie machte die »Quintessenz-der-Furcht«-Übung und verstand, daß ihre Unfähigkeit, kreativ zu sein oder eine längerfristige Beziehung einzugehen, mit ihren Versagensängsten zusammenhing. Anschließend konnte sie diese Ängste von ihrer Furcht vor dem Leben trennen. Das gab ihr die Kraft, sich diesen konkreten Ängsten zu stellen und darauf zu achten, wann ihre innere Stimme ihr Beängstigendes zuflüsterte. Statt sich unkritisch von ihr leiten zu lassen, freundete sie sich mit ihr an und hielt in Gedanken Zwiesprache mit ihr. Es kostete Mut, diese innere Stimme bewußt zu hören, aber als sie es einmal geschafft hatte, schien ihr das Gefürchtete mit einemmal weniger bedrohlich. Die Stimme wurde allmählich zu einer Freundin, und ihre Mitteilungen klangen weniger beängstigend. Schwierig war es jedoch, aufmerksam zu bleiben. Dabei half es ihr sehr, ein Tagebuch zu führen, weil diese Tätigkeit sie daran erinnerte, daß die innere Stimme zu einer Freundin werden konnte. Sie ging nach und nach mutiger mit ihrem Leben um und fand Wege, ihre kreative Seite auszudrücken.

David wurde bewußt, daß er keinerlei leidenschaftliche Gefühle mehr empfunden hatte, seit er ein kleiner Junge war. Er konnte sich nur noch vage daran erinnern, daß ihm die Welt einmal voller wunderbarer Möglichkeiten erschienen war. Allein die Erinnerung daran löste das Gefühl eines großen Verlusts in ihm aus. Er brauchte eine gewisse Zeit, um sein »ungelebtes Leben« zu betrauern, doch er stellte fest, daß sein Bedürfnis, Menschen und Situationen zu kontrollieren, langsam nachließ. Er konnte allmählich ein paar Risiken eingehen, und seine lange unterdrückte menschliche Wärme kam zum Vorschein.

Wir wissen nicht, welches furchterregende Ereignis in Davids Kindheit ihn dazu veranlaßte, Kontrolle und Sicherheit statt Möglichkeiten und Leidenschaft zu wählen. Manche Menschen müssen genau herausfinden, worin dieses Ereignis oder diese Umstände bestanden, während es anderen zu wissen genügt, daß es sie gab und sie sich trotzdem verändern können. Eines der Probleme bei Davids Veränderungsprozeß bestand darin, daß die Menschen seiner Umgebung ihn auf ein bestimmtes Verhalten festgelegt hatten. Als er freundlicher und mitfühlender wurde, mußten auch sie sich allmählich umstellen.

Trauer

Niemand hat mir je gesagt,
daß das Gefühl der Trauer so sehr
dem Gefühl der Angst gleicht.
Ich fürchte mich nicht,
aber die Empfindung gleicht der Furcht.
Das gleiche Flattern im Magen,
die gleiche Unrast.
Ich muß die ganze Zeit schlucken.

C. S. Lewis

Was ist Trauer?

Trauer ist die natürliche Reaktion auf einen Verlust. Es ist eine Emotion, zu deren Auflösung es unserer schöpferischen Phantasie bedarf. Auf dem Weg durchs Leben verlieren wir ständig etwas: unser gutes Aussehen, unsere Jugend, Eltern, Freunde, Jobs, Möglichkeiten, Beweglichkeit, Liebe und am Ende das Leben selbst. Um mit diesen Verlusten fertig zu werden, betrauern wir sie, bis wir bereit sind, das Betrauerte loszulassen. Trauer ist eine Art Pforte, ein Übergang von einem Zustand in einen anderen, und unentbehrlich für Veränderung und Weiterentwicklung. Es ist kein angenehmes Gefühl, doch gerade das starke Unbehagen dabei zwingt uns weiterzugehen, statt in der Emotion zu verharren. Ziel der Trauer ist es, eine höhere Stufe von Integration, das heißt harmonischer Vollständigkeit unserer Persönlichkeit, zu erreichen als vor dem Verlust.

Das Element der Furcht in der Trauer rührt von unserem Glauben her, daß wir durch den Verlust für immer verarmt sind. Genau hier setzt das Training unserer schöpferischen Phantasie an. Auch wenn wir wirklich finanziell oder in bezug auf unsere körperliche Leistungsfähigkeit ärmer geworden sind, haben wir dafür möglicherweise geistig-spirituellen Reichtum hinzugewonnen. Indem wir uns den neuen Zustand vorstellen, erhalten wir Kraft und Motivation, ihn tatsächlich zu erlangen.

Wenn ich zum Beispiel meine Stelle verliere, werde ich den Verlust von etwas Wertvollem betrauern. Ich habe eventuell Status, einen Firmenwagen und finanzielle Sicherheit verloren. Das alles sind wichtige Dinge, und es wäre wirklich verwunderlich, bei deren Verlust nichts zu fühlen. Wenn ich in dieser Phase ehrlich zu mir selbst bin und Trauer und Schmerz bewußt erleben kann, werde ich irgendwann in der Lage sein, das Verlorene loszulassen. Vielleicht werde ich ein Jahr später, wenn ich stolze Inhaberin des Geschäfts bin, zu dessen Gründung mir vorher immer der Mut fehlte, der Überzeugung sein, daß arbeitslos zu werden das Beste war, was mir passieren konnte. Es zwang mich, mich zu verändern und nach etwas Besserem zu suchen. Wenn ich jedoch nicht gelernt habe, zu trauern und loszulassen, werde ich mich an die Vergangenheit klammern, mich nach Vergangenem sehnen und das Gute, was die Gegenwart bietet, verpassen. Menschen in diesem Zustand ziehen morgens ihre Geschäftskleidung an und tun so, als führen sie zu einem Arbeitsplatz, der gar nicht existiert. Manchmal erzählen sie noch nicht einmal ihren Lebenspartnern, daß sie arbeitslos geworden sind. Sie können ihr früheres Leben nicht loslassen, verleugnen die Realität und ihre Gefühle und schieben den notwendigen Trauerprozeß auf.

Trauer ist ein dunkler Tunnel, den wir durchschreiten müssen, um wieder ans Sonnenlicht zu gelangen. Am Eingang des Tunnels haben wir drei Wahlmöglichkeiten:

- Zu leugnen, daß der Verlust überhaupt stattgefunden hat
- Anzuerkennen, daß es den Verlust gibt, aber seine Bedeutung zu leugnen
- Den Verlust zu akzeptieren und die Trauer bewußt zu erleben

Wenn wir uns für die dritte Möglichkeit entscheiden, betreten wir den Tunnel. So dunkel er uns auch vorkommen mag, meist gibt es irgendwo einen Lichtschimmer. Eine Frau, die ihren Mann verloren hatte, sagte mir einmal: »Alles ist dunkel, bevor man den Verlust akzeptiert. Aber wenn man erst einmal soweit ist, stellt sich eine Art Erleichterung ein.«

Warum widersetzen wir uns der Trauer?

Wir widersetzen uns den Veränderungsprozessen, die mit Trauer einhergehen, aus diversen Gründen. In manchen Fällen ist es einfach Trägheit oder eine Form von Stolz, aber meist liegt es daran, daß wir Verlusterlebnisse in der Vergangenheit nicht verarbeitet haben. Menschen, die eine Reihe von Verlusten erfolgreich durchlebt und überstanden haben, können sich weiteren Verlusten mit einiger Gelassenheit und vielleicht sogar Mut stellen. Wenn der Verlust jedoch als reine Katastrophe erfahren wird, ist es sehr schwer, zu trauern und sich weiterzubewegen. Vertrauen spielt dabei eine große Rolle, und denjenigen von uns, die insgesamt eine eher vertrauensvolle Einstellung dem Leben gegenüber haben, fällt es leichter, Trauer zu verarbeiten. Doch auch wenn unsere Erfahrungen in der Vergangenheit nicht die besten waren, können wir ein Reservoir an Vertrauen ansammeln, indem wir uns auf das Gute konzentrieren, das eine Veränderung mit sich gebracht hat. Das können auch ganz kleine, unerwartete Vorteile und Verbesserungen sein. Ich könnte zum Beispiel in meiner Firma auf eine neue, interessantere Stelle befördert werden. In all der Aufregung vergesse ich, dem Job nachzutrauern, den ich aufgebe. Auch bei dieser Veränderung wird es den einen oder anderen Verlust geben, aber ich werde ihn als minimal empfinden, wenn die Veränderung zum Besseren ist. Es lohnt sich, die positiven Veränderungen aufzulisten, die Ihnen das Leben bereits beschert hat. Denken Sie daran, daß Veränderung etwas Gutes sein kann und jeder Verlust das Potential für Veränderung enthält.

Die verschiedenen Kulturen der Welt haben verschiedene Rituale zum Umgang mit Trauer und Verlust entwickelt. Im alten China wurde von den Leuten erwartet, den Tod der Eltern neununddreißig Monate lang zu betrauern. Während dieser Zeit mußten sie sich aus dem öffentlichen Leben zurückziehen und in aller Abgeschiedenheit auf dem Land leben. Im Laufe der drei Jahre wurden die strengen Trauerregeln nach und nach gelockert, und am Ende kehrten sie mit neuer Kraft in ihr altes Leben zurück. Die Phase der inneren Einkehr und Zurückgezogenheit gab ihnen Gelegenheit, in Ruhe mit ihrem schmerzlichen Verlust fertig zu werden. In vielen mediterranen Kulturen ist öffentliches Wehklagen ein wichtiger Teil des Trauerns. Es ermöglicht den Menschen, ihrer Trauer auf eine sehr körperliche Weise und, was noch wichtiger ist, in Gemeinschaft mit anderen Ausdruck zu geben. Nordeuropäer haben im Vergleich dazu zurückhaltendere, privatere Formen des Trauerns, doch das Entscheidende ist, daß die Trauer überhaupt stattfindet.

Wie fühlt sich Trauer an?

Wie C. S. Lewis bemerkte, kann Trauer sich wie Furcht anfühlen. Andere mit Trauer eng verbundene Gefühle sind: Schock, Betäubung, Einsamkeit, Wut, Ungläubigkeit und Schuld. Unmittelbar nach dem Verlust tritt meist ein Gefühl der Unwirklichkeit ein. Die Betroffenen sagen beispielsweise: »Es ist wie ein Alptraum – ich möchte jetzt bitte sofort aufwachen«, oder: »Ich kann einfach nicht glauben, daß sie tot ist – es muß sich um einen Irrtum handeln.« Oft sind Menschen nach einem Trauerfall auch sehr verwirrt. In einem Moment fühlen sie sich möglicherweise erleichtert und sogar euphorisch, und im nächsten weinen sie sich die Augen aus. Emotionen können so wechselhaft sein wie das Wetter. Manche Dinge erscheinen geradezu lächerlich, wie die Tatsache, daß man auch an schweren Tagen seinen körperlichen Bedürfnissen nachkommen muß. Manche schämen sich, weil sie auf einmal furchtbaren Hunger haben und essen, obwohl gerade ein geliebter Mensch gestorben ist. Schwarzer Humor und Lachen sind ebenso normale Reaktionen wie Weinen.

Der Verlust wird mit der Zeit zu einem Teil des Lebens, wobei bestimmte Stadien, die den Trauerprozeß markieren, durchlaufen werden. Dazu gehören: Leugnen, Wut, Depression, Resignation und schließlich Akzeptanz. Die Schwere des Verlusts bestimmt dabei die Dauer jedes Stadiums. Der Tod eines nahen Verwandten erfordert wahrscheinlich einen längeren Prozeß als der eines Freundes, weil Familienmitglieder meist enger mit unserem Leben verwoben sind. Der Verlust eines Elternteils ist traurig, gehört aber irgendwie zum natürlichen Lauf der Dinge. Der Tod eines Kindes dagegen, das seine Eltern eigentlich überleben sollte, ist sehr schwer zu verkraften. Der Trauerprozeß kann in solchen Fällen beträchtlich länger dauern. Wenn es sich bei dem Verlust um einen Körperteil wie ein Auge oder einen Arm handelt, wird man sich vielleicht nie völlig daran gewöhnen, aber es kann trotzdem ein Zustand erreicht werden, in dem der Schmerz nicht mehr akut ist und neue Lebensfreude entsteht.

Die Reise der Trauer

Das Verarbeiten von Trauer gleicht einer Reise. Die Landschaft verändert sich, und es ist hilfreich, sich an bestimmten Markierungen zu orientieren. Es gibt viele Möglichkeiten, die verschiedenen Phasen des Trauerprozesses zu beschreiben. Ich fand das folgende Modell bisher immer sehr nützlich. Die Phasen werden dabei als getrennte Ereignisse dargestellt, was sie aber in Wirklichkeit nicht sind. Wir wechseln zwischen ihnen hin und her, weshalb Sie nicht enttäuscht oder besorgt sein sollten, wenn Sie feststellen, daß sie einen »Rückfall« in eine frühere Phase erleben. Das ist ein normaler Bestandteil des Prozesses. Die verschiedenen Phasen sind:

Vor dem Eingang des Tunnels

Das ist die Phase, die unmittelbar auf die schlechte Nachricht folgt – nachdem der Arzt uns gesagt hat, daß der Lebenspartner gestorben ist oder eine Brust amputiert werden muß, nachdem wir den Brief mit der Mitteilung gelesen haben, daß wir durchs Examen gefallen sind oder unsere Stellenbewerbung abgelehnt wurde. Es ist der Moment, in dem der Richter sein Urteil spricht, ob im wörtlichen oder übertragenen Sinne. Es ist das Ende einer Zukunftshoffnung, denn mit der Gegenwart hat sich auch die Zukunft unwiderruflich verändert. Man läuft wie betäubt herum und kann die schlimme Nachricht noch gar

nicht fassen. Auf diese Weise schützt die Natur uns vor der vollen Wucht des Schmerzes, den wir über den Verlust empfinden.
In diesem Stadium ist die Versuchung groß, das Geschehene zu leugnen oder Zuflucht zu Drogen oder Alkohol zu nehmen. Eine Variante des Leugnens besteht darin, das Unglück anzuerkennen, aber herunterzuspielen und zu sagen: »Mir geht es ganz gut ... es ist nicht so schlimm, ich komme schon zurecht.« Das verwirrt Freunde und andere, die den Betroffenen Hilfe und Unterstützung anbieten. Leugnen ist eine Form des Stehenbleibens, und es ist möglich, sehr lange vor dem Eingang des Tunnels zu verharren.

Den Tunnel betreten

Es gehört viel Mut dazu, sich auf die nächste Phase einzulassen, denn alles erscheint zunächst düster und hoffnungslos. Im Tunnel ist es finster, feucht und kalt. Wenn wir ihn betreten, beginnt eine Zeit der Depression. Jemand beschrieb es einmal so: »Emotional fühlt es sich an wie mein ganz persönlicher nuklearer Winter.« In diesem Zustand dringt kein Licht zu uns durch, und selbst wenn sich ein kleiner Sonnenstrahl durch einen Riß in der Tunneldecke verirrte, würden wir uns von ihm nur verspottet fühlen. Wut und Depression wechseln sich in dieser Phase ab, und Äußerungen wie »Warum passiert das ausgerechnet mir?« oder »Das ist einfach nicht gerecht« sind häufig zu hören. Obwohl man die Gesellschaft anderer Menschen sucht, verhindert die Negativität der Trauernden, daß andere ihnen nahekommen. Wenn wir einen schmerzlichen Verlust erlitten haben, sind wir oft wütend auf den Verstorbenen, weil er uns allein gelassen hat. Wir fühlen uns verlassen und abgelehnt.

Wir sind zudem meist hoffnungslos oder verzweifelt. Hoffnungslosigkeit ist gar nicht so schlecht, denn sie bedeutet im Grunde, daß wir bestimmte Pläne für die Zukunft aufgegeben haben, was den Weg für neue, vertrauensvolle Hoffnung zu einem späteren Zeitpunkt freimacht. Verzweiflung dagegen bedeutet, daß wir in unserem Leid versinken, weil das Leben nicht so ist, wie wir es gerne hätten. Worin der Verlust auch besteht, ein Teil von uns ist dabei gestorben, und wir müssen uns sozusagen häuten und unsere Vergangenheit loslassen. Wir beginnen zu begreifen, daß nichts mehr sein wird wie zuvor.

Das Tal jenseits des Tunnels

Wenn es uns gelingt, die Wirklichkeit und die veränderte Situation anzunehmen, führt uns dies schließlich aus dem Tunnel heraus. Vor uns erstreckt sich ein Tal, wir sind in einem neuen Land angekommen. Vielleicht feiern wir das erste Mal Weihnachten nach einem Todesfall oder erleben einen sonnigen Morgen, an dem wir die Narbe der Brustamputation anschauen und akzeptieren können, daß wir von nun an eben damit leben müssen. Zuerst gefällt uns dieses Tal nicht besonders, wir wollen immer noch in das alte Land zurückkehren. Doch nach und nach bemerken wir, daß auch die neue Landschaft ihre schönen Seiten hat. Einige der alten Freuden können wir immer noch genießen, andere haben sich verändert, und hier und da gibt es sogar ein paar neue zu entdecken. Anfangs fühlen wir uns vielleicht schuldig, weil es uns gefällt, den Sonntag ganz für uns zu haben und nicht mehr unsere altersschwache Mutter besuchen zu müssen. Friedliche Momente wechseln sich in dieser Phase mit Rückfällen in die schwarzen Gemütszustände des Tunnels ab. Mit dem Heraustreten aus dem Tunnel ist ein Neubeginn verbunden, und wir können uns allmählich wieder auf die Zukunft freuen und auf Gutes darin hoffen.

Den Fluß überqueren

Wenn wir das Tal erfolgreich durchschritten haben, kommen wir an einen Punkt, an dem wir einen Fluß überqueren müssen. Der Fluß symbolisiert die fließende Grenze zwischen zwei Zuständen, und seine Überquerung steht für das Annehmen der neuen Situation. Zuerst sind wir einfach nur resigniert und sagen beispielsweise: »Man muß es eben akzeptieren«, oder: »Das ist Schicksal.« Aber unser Herz ist schwer. Wir kennen die Wahrheit und können uns der Wirklichkeit stellen, aber es ist keine Freude dabei. An diesem Punkt besteht die Gefahr steckenzubleiben, denn es bedarf eines Glaubensaktes, um den nächsten Schritt zu unternehmen. Wir müssen uns vorstellen, wie wir aus unserem verwundeten Zustand gestärkt und erfahrener hervorgehen. Dabei kann es passieren, daß wir sehr wütend auf den Menschen werden, der uns unserer Ansicht nach verwundet hat. In dieser Phase werden häufig therapeutische Beziehungen abgebrochen oder Freundschaften, bei denen man vorher Zuflucht suchte, vernachlässigt.

Wenn wir den Mut und die Energie aufbringen, den Fluß zu durchwaten, haben wir die neue Situation angenommen. Oft wehren wir uns dagegen, weil wir das Gefühl haben, damit zu akzeptieren, daß der Verlust *zu unserem eigenen Besten* geschah. Das stimmt natürlich nicht, die meisten Dinge geschehen einfach, ohne daß wir persönlich damit gemeint sind. Der Versuch, passende Erklärungen zu finden, kann uns jedoch daran hindern, uns weiterzuentwickeln.

Die Flußdurchquerung steht auch für eine Art Seelenreinigung, bei der wir einen großen Teil der Trauergefühle, an die wir uns geklammert haben, mit dem Wasser davonfließen lassen. Am anderen Ufer erwartet uns dann die Möglichkeit, den Verlust in unser Leben zu integrieren. In diesem Moment haben wir wahrhaft einen neuen Zustand jenseits der Trauer erreicht.

Den Kreislauf der Trauer abkürzen

Die Gefahr, emotional steckenzubleiben, besteht in jeder Phase dieses Trauerprozesses, doch bei einer ist sie am größten: der des Leugnens. Während ihr geben viele der Versuchung nach, den Prozeß abzukürzen und sofort in Resignation zu verfallen. Doch wenn der Tunnel der Trauer nicht durchschritten und der Schmerz nicht durchlebt, sondern vermieden wurde, ist Resignation eine oberflächliche Haltung und keine dauerhafte Lösung.

Moira war vor einigen Jahren in Ted verliebt, der sie jedoch kurz vor der Hochzeit verließ. Das war ein Schock für sie, von dem sie sich lange nicht erholte. Sie versuchte, damit fertig zu werden, indem sie leugnete, daß Ted ihr je viel bedeutet hatte. Sie behauptete resigniert: »Wenn er nicht gegangen wäre, hätte ich ihn verlassen, es war wirklich am besten so. Es hätte nie mit uns beiden geklappt.« Doch weil sie Teds Bedeutung für sie leugnete, konnte auch kein anderer Mann ihr mehr etwas bedeuten; sie war nicht frei, einen anderen zu lieben.

Vor einiger Zeit hatte Moira einen Traum, in dem Teds lebloser Körper ihr den Weg versperrte. Als sie mit jemandem über den Traum sprach, erkannte sie, daß ihr Leben stagnierte, solange sie sich nicht eingestand, daß etwas gestorben war und begraben werden mußte. Ihre Liebe zu begraben erforderte, sich dem Schmerz des Verlusts zu stellen und den Trauerprozeß zu durchlaufen. Sie entdeckte das Malen als Kraftquelle und malte regelmäßig und unzensiert, was immer ihr gerade in den Kopf kam. Nach vielen »Abenteuern in Farbe«, wie sie es nannte, entstand das Bild eines Phönix. Der mythische Vogel Phönix wird aus seiner eigenen Asche wiedergeboren. Nur wenn etwas wirklich stirbt und bewußt als tot anerkannt wird, kann neues Leben aus der Asche entstehen. Für Moira bedeutete dieses Bild, daß sie nun bereit für eine neue Zukunft war.

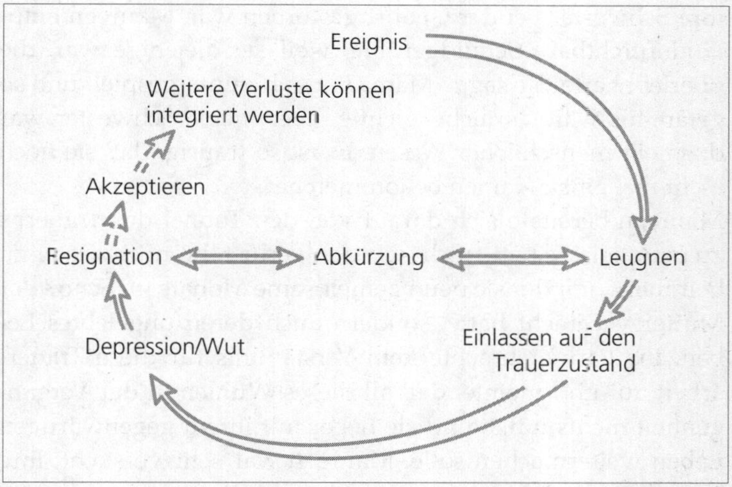

Auf der Suche nach dem verlorenen Zwilling – Maureens Geschichte

Maureen hat ihre Zwillingsschwester schon bei der Geburt verloren, erkannte aber erst vor kurzem, daß sie diesen Verlust nie in ihr Leben integrieren konnte. Sie ist Ende Zwanzig,

hat eine vielversprechende berufliche Karriere vor sich und lebt mit ihrem Partner, mit dem sie seit fünf Jahren zusammen ist, in einer gemeinsamen Wohnung. Maureen ist eine fröhliche junge Frau, die jedoch zu gelegentlichen depressiven Anfällen und Weinkrämpfen neigt.
Maureen hatte immer unter einem Gefühl der Unvollständigkeit und des Verlusts gelitten, das sie sich nicht erklären konnte. Obwohl ihr Leben glücklich schien, fühlte sie sich innerlich manchmal leer und beraubt. Als sie über eigene Kinderwünsche nachzudenken begann, fragte sie ihre Mutter nach ihrer gynäkologischen Vorgeschichte. Dabei erfuhr sie so ganz nebenbei, daß sie eigentlich ein Zwilling war und daß ihre Schwester bei der Geburt gestorben war. Maureen empfand furchtbare Schuldgefühle, weil sie diejenige war, die überlebt hatte. Sie sagt: »Mama hat es heruntergespielt und so getan, als wäre es nicht wichtig, aber meine Schwester war doch ein menschliches Wesen. Es ist so traurig, daß sie noch nicht mal einen Namen bekommen hat.«
Maureen bereitete sich darauf vor, den Tunnel des Trauerns zu betreten. Sie hatte nicht nur den Verlust ihrer Schwester zu betrauern, mit der sie neun gemeinsame Monate im Schoß der Mutter verbracht hatte, sondern auch deren ungelebtes Leben. Ihr Partner brachte kein Verständnis für diese Trauerarbeit auf und meinte, daß all dieses Wühlen in der Vergangenheit nichts nütze und sie lieber mit ihrem gegenwärtigen Leben weitermachen solle. Maureen war sehr versucht, ihre Trauer durch Resignation abzukürzen. Die Lage spitzte sich zu, als ihr Freund drohte, sie zu verlassen, wenn sie »diese ganze idiotische Nabelschau«, wie er es nannte, nicht aufgäbe. Soll sie ihre Beziehung retten oder ihre Trauerarbeit zu Ende bringen? Kann sie eventuell beides tun?

Ein Mann aus Eisen mit einem verwundeten Herzen – Stans Geschichte

Stan hat sein linkes Bein bei einem Motorradunfall verloren. Zuerst schien die Verletzung gar nicht so schlimm, doch genauere Untersuchungen ergaben, daß die Blutzirkulation irreparabel beschädigt war und das Bein amputiert werden mußte. Stan wurde furchtbar wütend und warf den Ärzten Unfähigkeit vor. Mit seinen sechsundzwanzig Jahren war der Verlust eines Beins ein schwerer Schlag für ihn. Stan reagierte mit einer Form des Leugnens und legte sich einen Panzer zu, nach dem Motto: »Wenn von jetzt an ein Teil von mir aus Metall ist, kann ich auch gleich ganz aus Eisen sein.«

Seine Freunde beklagten sich, er sei abweisend und wie von seinen Gefühlen abgeschnitten, worauf er voll Bitterkeit antwortete: »Na klar, mir ist ja auch was abgeschnitten worden.« Er weigerte sich, irgend jemanden oder irgend etwas zu lieben, und behandelte besonders Frauen mit Geringschätzung und Sarkasmus. In Wahrheit sehnte er sich jedoch nach dem Trost einer Frau und einer leidenschaftlichen sexuellen Beziehung. Weil er sich selbst so häßlich und abstoßend fand, glaubte er, daß ihn nie wieder eine Frau lieben könne. Er reagierte feindselig auf jeden Annäherungsversuch und redete sich ein, daß nur Mitleid und kein echtes Interesse an seiner Person dahinterstecke.

Stan sah sich mit einer Zukunft konfrontiert, in der er viele seiner Pläne nicht würde verwirklichen können. Er war gezwungen, einiges aufzugeben, was nur Menschen mit zwei gesunden Beinen tun können, und mußte einsehen, daß sein Leben von nun an ganz anders verlaufen würde. Das war sehr schwer für ihn, zumal er immer isolierter wurde, weil seine Freunde ihre Versuche, ihn aus seiner Negativität und Düsterkeit herauszuholen, irgendwann aufgaben. Sie hatten Verständnis für seine schwere Situation, konnten aber seine verletzenden Bemerkungen nicht mehr ertragen. Mit der Zeit legte Stan sich obendrein die Strategie zu, über seinen Beinstumpf makabre Witze zu reißen. Er entblößte ihn vor anderen und fuchtelte mit seiner Prothese herum, um sie zu schockieren. Eines Tages erschreckte er ein kleines Mädchen damit, das zu weinen anfing. Zu seinem großen Erstaunen stellte Stan plötzlich fest, daß auch ihm die Tränen über die Wangen liefen. Endlich hatte er den Tunnel betreten.

Emotionale Arbeit

- Was fühlen Sie in diesem Moment? Nehmen Sie sich etwas Zeit, und beschreiben Sie Ihre Gefühle. Denken Sie daran, daß Ihr Tagebuch nur für Ihre Augen bestimmt und Ihr Vertrauter ist.
- Welchen Verlust/welche Verluste betrauern Sie gerade?
- Welche Furcht hält Sie davon ab, die Reise der Trauer zu beginnen?
- Aus welchen Verlusten in Ihrer Vergangenheit ist später etwas Besseres entstanden? Welche guten Dinge in Ihrem Leben sind das Ergebnis von Veränderungen?
- Welche anderen Emotionen fühlen Sie oder haben Sie gefühlt (z. B. Neid, Depression, Wut)? Denken Sie daran, daß sie weniger peinigend sind, wenn Sie sie benennen.
- Haben Sie beim Lesen von Stans und Maureens Geschichten an einigen Stellen Mitgefühl, Wut, Ungeduld, Mitleid oder etwas anderes empfunden? Können Sie daraus eine Botschaft für sich ableiten?
- Worauf hoffen Sie für die Zukunft? Inwiefern haben sich die Aussichten für die Zukunft durch Ihren Verlust verändert?

Kreative Aufgabe

Nehmen Sie das größte Blatt Papier, das Sie finden können, und legen Sie bunte Filzstifte, eine Tube Klebstoff und einen Stapel Zeitschriften bereit. Blättern Sie eine Weile in den Zeitschriften und schneiden Sie die Bilder aus, die Sie ansprechen. Tun Sie das ganz spontan und ohne weiter darüber nachzudenken; vertrauen Sie einfach dem Prozeß, und versuchen Sie nicht, ihn zu kontrollieren. Wenn Sie mit dem Ausschneiden fertig sind, machen Sie eine Pause, und trinken Sie eine Tasse Kaffee.

Kehren Sie dann zu den Bildern zurück, und stellen Sie mit ihnen eine Art Reise zusammen. Ich habe die Reise der Trauer mit Hilfe eines Tunnels, eines Tals und eines Flusses beschrieben, aber möglicherweise sind diese Bilder gar nicht für Sie geeignet. Sie möchten sich vielleicht eher eine Seereise vorstellen oder eine Wanderung über einen Berg oder durch eine Wüste. Kleben Sie die ausgeschnittenen Abbildungen auf das große Blatt Papier, und skizzieren oder beschreiben Sie, was zwischen den Bildern passiert.

Wenn Sie sich die fertige Collage ansehen, können Sie nach und nach verschiedene Dinge über Ihre Trauerreise erkennen.

Trauer transformieren

Obwohl Stans und Maureens Geschichten sich sehr voneinander unterscheiden, stellte sich beiden die gleiche Aufgabe. Sie mußten sich dem Schmerz der Trauerreise stellen. Maureen riskierte dabei einen neuen Verlust, weil ihr Partner dagegen war, daß sie diese Reise unternahm. Zuerst gab Maureen nach und stimmte ihm zu, daß eigentlich alles in Ordnung sei und keine Notwendigkeit bestehe, in der Vergangenheit herumzustochern. »Es ist wohl am besten, das alles loszulassen«, verkündete sie munter. Aber es ließ *sie* nicht los. Sie litt weiter unter Depressionen, die nun auch noch von Alpträumen begleitet wurden. Es half nichts, sie mußte sich ihren Gefühlen stellen, die sehr komplexer Natur waren. Zunächst galt es, sich ihre Schuldgefühle einzugestehen, die daher rührten, daß sie die überlebende Zwillingsschwester war. Dann die Wut auf ihre Mutter, weil diese nie richtig mit ihr über die tote Schwester gesprochen hatte. Und schließlich mußte sie sich mit der Tatsache auseinandersetzen, daß sie ihre Schwester nie zu Gesicht bekommen würde und diese noch nicht einmal einen Namen oder ein Grab hatte.

Dieser Prozeß war sehr schwer für Maureen, zumal ihr Partner sich ihm entgegenstellte. Als sie ihn nach dem Warum fragte, antwortete er: »Du siehst doch, was mit dir passiert. Du bist die ganze Zeit in einem furchtbaren Zustand, und ich möchte mit einem fröhlichen Menschen zusammensein.«

Nach einer Weile begann sie zu verstehen, daß sowohl ihr Freund als auch ihre Mutter auf unerfreuliche Tatsachen reagierten, indem sie diese unter den Teppich kehrten und jede Form von Traurigkeit mit einem Lächeln kaschierten.

Maureen beschloß, daß sie ein ehrlicheres Leben wollte, in dem schmerzliche Dinge akzeptiert und verarbeitet werden konnten. Nach vielen Debatten trennte sie sich von ihrem Partner und mußte auch seinen Verlust betrauern. Nach etwa einem Jahr spürte sie, daß sie den Fluß überschritten und beide Verluste in ihr Leben integriert hatte.

Für Stan war es ein schwerer Kampf, die Realität seiner Amputation anzunehmen. Als er merkte, daß er wieder weinen konnte, begann er, seinen Verlust zu betrauern. Vieles würde ihm nun nicht mehr möglich sein, doch nach einer Weile konnte er erkennen, daß sich ihm immer noch zahlreiche andere Möglichkeiten boten. Die Tränen des kleinen Mädchens, das er mit seinem Beinstumpf geängstigt hatte, zeigten ihm, daß er doch noch Gefühle hatte. Gemeinsam mit seinem Therapeuten fand er heraus, daß die Amputation für ihn erträglicher wäre, wenn er das Gefühl hätte, immer noch Chancen bei

Frauen zu haben und Liebe geben und empfangen zu können. Sein Therapeut forderte ihn auf, die Möglichkeit in Betracht zu ziehen, daß ihn eine Frau attraktiv finden könnte, und sie trugen viele Beispiele von Menschen zusammen, die trotz Behinderungen Partner hatten und geliebt wurden. Stan faßte seine Erkenntnisse eines Tages mit folgenden Worten zusammen: »Ich glaube, das Unattraktive an mir ist meine Einstellung und nicht mein fehlendes Bein.«

Schuld

Wenn ein Weißer in Afrika zufällig in die Augen
eines Eingeborenen blickt und den Menschen
in ihm wahrnimmt (was zu vermeiden sein
größtes Bemühen ist), dann flammt sein
verleugnetes Schuldgefühl erbittert auf,
und er schlägt mit der Peitsche zu.

Doris Lessing

Was ist Schuld?

Schuldgefühle sind ein starker innerer Gegner, mit dem wir ringen müssen, um unser volles menschliches Potential verwirklichen zu können. Die Fähigkeit, Schuld empfinden zu können, ist ein Zeichen geistiger Höherentwicklung und eng mit dem Gewissen verbunden. Das Gewissen versetzt uns in die Lage, zwischen richtig und falsch unterscheiden und unseren Kurs korrigieren zu können, wenn wir zu weit von ihm abgekommen sind. Durch Gewissensbisse machen wir uns selbst darauf aufmerksam, daß unsere Handlungen nicht mit unseren moralischen Überzeugungen übereinstimmen. Menschen, die man als Psychopathen oder Soziopathen bezeichnet, scheinen nie so etwas wie Schuldempfinden oder Schuldbewußtsein entwickelt zu haben. Dieser Mangel ist es, der ihnen gefühlloses, reueloses Handeln ermöglicht. Viele Massenmörder und Folterknechte sind Psychopathen – allerdings nicht alle, was bis heute ein großes Rätsel darstellt.

Die meisten von uns werden jedoch während des ganzen

Lebens durch Schuldgefühle vor zahlreiche Probleme gestellt. Diese Probleme müssen wir lösen, um uns weiterzuentwickeln. Schuldgefühle können uns dazu ermutigen, unsere Handlungen oder unsere moralischen Überzeugungen oder beides zu revidieren. Eine bewußte Auseinandersetzung mit der Schuld bietet am Ende die Möglichkeit der Vergebung, der Neubeurteilung unserer Werte und eines Neubeginns.

Schuld und Scham sind miteinander verwoben, unterscheiden sich aber auf subtile Weise. Scham bezieht sich auf unsere ganze Persönlichkeit, auf unsere Identität, Schuld dagegen auf unsere Handlungen, Verhaltensweisen und Gedanken. Schamgefühle sagen uns, daß wir schlecht sind, vielleicht sogar unverbesserlich schlecht, während unser Schuldempfinden differenzierter arbeitet und uns sagt, daß das, was wir tun, schlecht ist. Unter dem Gesichtspunkt individueller psychischer Entwicklung ist Scham eine frühere Emotion als Schuld. Wenn ein Kleinkind das Gefühl hat, daß es böse war, wird es sich schämen, während ein nur wenig älteres Kind, das weiß, daß es etwas Schlechtes getan hat, schon Schuld empfindet. Scham hängt mit unserem Wesen, dem Kern unserer Existenz zusammen, Schuld mit der Art und Weise, wie wir uns auf unsere Umwelt beziehen. Schuldgefühle können dazu dienen, Scham zu verdecken, denn sie geben uns paradoxerweise ein besseres Gefühl. Wenn wir uns schuldig fühlen, ist das zwar unangenehm, aber wir können uns immer noch sagen: »Ich bin doch eigentlich ein guter Mensch, weil ich mich so schlecht fühle, ich muß ein sehr feines Gewissen haben.« Oft tauchen Schuld und Scham in unserem emotionalen Leben gemeinsam auf.

Wenn wir aber die Scham von der Schuld getrennt haben, ist es, als hätten wir einen Satz ineinanderpassender chinesischer Schachteln ausgepackt, denn Schuldgefühle sind hochkomplexe Emotionen, die eines genauen Unterscheidungsvermögens bedürfen. Sie haben ein ausgesprochen positives, aber auch ein negatives Potential. Schuldempfinden kann unser Gewissen schärfen und unsere Handlungsbereitschaft und Integrität fördern, aber es kann auch zu einer Falle werden und Untätigkeit und Stagnation rechtfertigen. Um sich zu einem bewußten Menschen zu entwickeln, ist es nötig, Schuld empfinden zu können, doch wir brauchen auch Techniken zur Verarbeitung unserer Schuld, damit wir nicht riskieren, in ihr zu ertrinken.

Dieses Kapitel befaßt sich mit dem, was hinter Schuld und Scham steckt. Es unterscheidet zwischen verschiedenen Formen von Schuldgefühlen und möchte Wege aufzeigen, wie man diese Emotionen für die persönliche Weiterentwicklung nutzen kann.

Wie fühlt sich Schuld an?

Schuld wird oft mit dem Attribut »bitter« versehen oder als nagend und quälend bezeichnet. Auch »Gewissensbisse« ist ein häufig gebrauchter und sprechender Ausdruck für Schuldgefühle. Eine Frau verglich sie einmal mit »einem hungrigen Tier im Innern, das an den lebenswichtigen Organen nagt«. Äußere Anzeichen sind zwanghaft wiederholte Gesten wie Händeringen und Nägelkauen oder auch das Hängenlassen des Kopfes und die Vermeidung von Blickkontakt. Schuldgefühle können sich auch in Form von Übelkeit und Magenschmerzen bemerkbar machen und Ängstlichkeit ähneln. Ein wichtiges Charakteristikum von Schuldgefühlen sind die Vorstellungen, die sie begleiten. Häufig spielen wir unsere Verfehlungen immer wieder im Kopf durch und versuchen, dies oder das nachträglich zu ändern oder umzuinterpretieren. Wir wollen uns läutern, indem wir uns unsere Schuld ständig vor Augen führen. Reue spielt ebenfalls eine Rolle, und typische Äußerungen von Schuldbewußten beginnen mit »hätte« und »wäre«. *Hätte ich doch nur* dieses oder jenes nicht getan. *Wäre doch nur* dies oder das nicht geschehen.

Je schlechter wir uns durch unsere Schuld fühlen, desto eher versuchen wir, die darin enthaltene Botschaft zu vermeiden. Statt etwas an unseren Handlungen oder unseren moralischen Überzeugungen zu ändern, quälen wir uns mit Vorwürfen und Wenn-doch-nur-Phantasien. Doch Schuldempfinden ist als Mittel zur Kurskorrektur und nicht als Strafe gedacht.

Ein Mann wurde zum Beispiel von Schuld gequält, weil seine Freundin eine Abtreibung hatte vornehmen lassen. Obwohl er die Abtreibung nicht gewollt hatte, hatte er seiner Freundin das Recht zugestanden, die Entscheidung allein zu treffen. Dennoch war er indirekt an ihrem Entschluß beteiligt und mußte sich eingestehen, daß er die Beendigung eines Lebens mitverschuldet hatte. Da Abtreibung nach seinen moralischen Überzeugungen eine Form von Mord war, fühlte er sich der Beihilfe zum Mord schuldig. Er sah sich vor zwei Wahlmöglichkeiten gestellt: Er konnte seine moralischen Grundsätze ändern und wie das Gesetz Abtreibung in bestimmten Fällen als zulässig betrachten, oder er mußte sich in gewisser Hinsicht als Mörder ansehen und diese Last tragen. Er entschied sich für den zweiten Weg und versuchte eine Art Wiedergutmachung durch gemeinnützige Aktivitäten und eine Neuausrichtung seines Lebens nach den ihm wichtigen Prinzipien. Das führte zu einer Transformation seiner quälenden Schuld in eine erträgliche Last, die sein Gefühl für die Heiligkeit des Lebens vertiefte, ohne seine Handlungsfähigkeit zu lähmen.

Drei Formen von Schuldgefühlen

Es gibt verschiedene Formen von Schuldgefühlen, die wir auseinanderhalten müssen, weil sie unterschiedlich zu behandeln sind:

- Echte Schuldgefühle, die aus Vergehen oder unangemessenen Handlungen entstehen
- Neurotische Schuldgefühle als Abwehr von Ängstlichkeit oder Furcht
- Existentielle Schuldgefühle als Teil und Last des Menschseins

Jede Form von Schuldgefühlen verläuft in einem eigenen emotionalen Kreislauf und hat unterschiedliche Wurzeln, aber es bestehen auch Verbindungen zwischen ihnen.

Echte Schuldgefühle

Echte Schuldgefühle kennt fast jeder. Wenn ich zum Beispiel jemandem etwas gestohlen habe, fühle ich mich schlecht, bis ich die Sache wieder in Ordnung gebracht habe. Die Schwierigkeiten mit dieser Form von Schuld beginnen dort, wo meine moralischen Grundsätze nicht eindeutig genug definiert sind. Graue Bereiche gibt es immer. Wenn sich im Nachbarzimmer ein Mord anbahnt und ich nichts tue, um ihn zu verhindern, werde ich mich mit Sicherheit schuldig fühlen, weil ich nicht eingreife. Wenn ich dagegen nachts einen Schrei höre, der so klingt, als könnte jemand in Gefahr sein, aber nicht aus meinem warmen Bett aufstehe, um nach dem Rechten zu sehen, fühle ich mich nicht zwangsläufig schuldig.
Mein Schuldempfinden kann von meiner eigenen Verteidi-

gungsfähigkeit abhängen, die wiederum mit Alter, körperlicher Stärke und Geschlecht zusammenhängt, und von meinem Wertesystem. Wenn ich mich grundsätzlich als hilfsbereiten Menschen einschätze und bei dieser Gelegenheit nicht helfe, werde ich mich wahrscheinlich sehr viel schuldiger fühlen, als wenn ich beschlossen habe, daß es nicht meine Aufgabe ist, meine Gesundheit für andere zu riskieren. Echte Schuldgefühle sind eng mit unserem persönlichen Wertesystem verknüpft und lassen uns nur zwei Wahlmöglichkeiten: unser Verhalten oder unsere Wertvorstellungen zu ändern.

Im ersten Fall eröffnen echte Schuldgefühle die Chance, uns durch Wiedergutmachung oder Sühne von der Schuld zu befreien. Die Form, in der das geschieht, hängt von unseren Lebensumständen und von der Tat ab, die unsere Schuldgefühle auslöste. Wir können durch Handlungen und Aktivitäten Wiedergutmachung leisten. Es kann aber auch eine große Hilfe sein, die Tat zu beichten, wie beispielsweise in der katholischen Kirche, in der man seine Sünden einem Priester beichtet, die auferlangte Buße tut und Vergebung erhält. Im weltlichen Bereich übernehmen oft Psychotherapeuten und andere psychologische Berater diese Rolle. Im Grunde kommt es nicht darauf an, wer zuhört, wichtig ist nur, daß wir unsere Schuld ehrlich bekennen. Durch das Aussprechen übernehmen wir Verantwortung für unser Tun und nähern uns der Möglichkeit der Vergebung. Und Vergebung – ob wir sie uns selbst gewähren oder ein Priester – ist der Schlüssel zur emotionalen Heilung von Schuld.

Im Falle echter Schuldgefühle sollten Sie sich folgende Fragen stellen:

- Bin ich für diese Situation verantwortlich? Warum bin ich verantwortlich?

- Welche moralischen Überzeugungen oder Werte habe ich verletzt?
- Kann ich diese Überzeugungen ändern?
- Kann ich mein Verhalten in Zukunft ändern?
- Wie kann ich meinen Fehler wiedergutmachen (ohne neuen Schaden anzurichten)?

Wenn Sie das Gefühl haben, daß Sie durch Verstehen der Ursachen oder wiedergutmachende Handlungen mit Ihrer Schuld fertig werden können, empfinden Sie echte und keine neurotischen Schuldgefühle.

Der Kreislauf echter Schuldgefühle

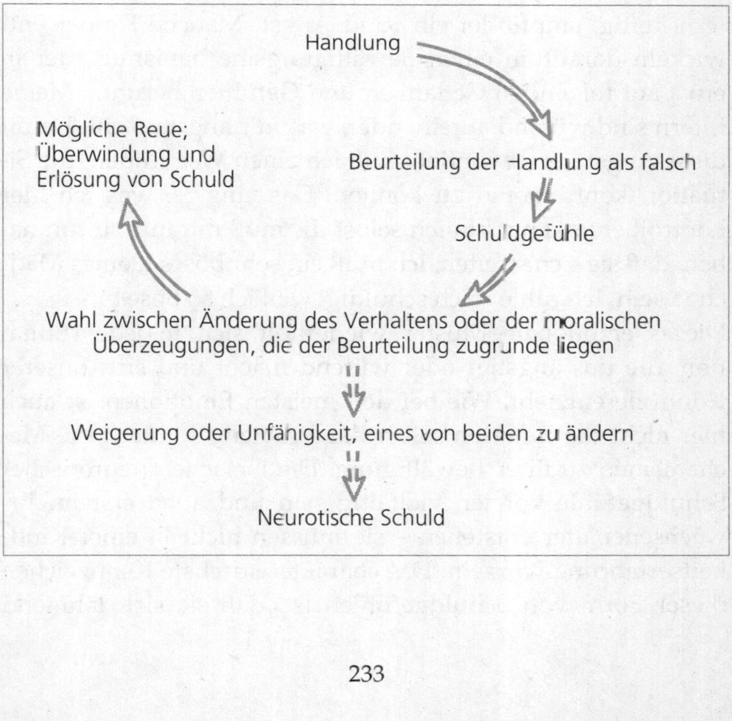

Neurotische Schuldgefühle

Neurotische Schuldgefühle ähneln echten Schuldgefühlen zum Verwechseln, aber es fehlt ihnen der Mittelpunkt. Sie können aus echten Schuldgefühlen entstehen und eine chronische Form davon sein. Oft gehen die gleichen Körperreaktionen und Phantasievorstellungen mit ihnen einher, aber es gibt keine eindeutige Handlungsweise, um sie zu überwinden, und selbst wenn eine wiedergutmachende Handlung unternommen wird, bleiben die Schuldgefühle bestehen. Grundlage dieser emotionalen Sackgasse ist die Tatsache, daß Schuld in unserer Psyche als ein Mittel verankert ist, um mit Ängstlichkeit, Wut oder Furcht fertig zu werden. Als Kleinkinder werden wir beispielsweise ängstlich, wenn unsere Umgebung sich verstörend oder ambivalent verhält. Streiten sich die Eltern heftig, empfindet ein Kind Angst. Manche Kinder entwickeln daraufhin einen Bewältigungsmechanismus, der in etwa auf folgenden Gedanken und Gefühlen beruht: »Meine Eltern sind wütend aufeinander, was mir angst macht. Damit diese Angst verschwindet, muß ich einen Weg finden, die Situation kontrollieren zu können. Das einzige, was ich hier kontrollieren kann, bin ich selbst. Es muß mit mir zu tun haben, daß sie sich streiten. Ich muß ein sehr böses kleines Mädchen sein. Ich fühle mich schuldig, weil ich so böse bin.«

Dieses emotionale Muster wiederholt sich in jeder Situation, die uns ängstigt oder wütend macht und sich unserer Kontrolle entzieht. Wie bei den meisten Emotionen ist auch hier nicht die Emotion selbst das Problem, sondern die Mechanismen zu ihrer Bewältigung. Die Ursachen neurotischer Schuldgefühle können vielfältig sein und auch erst im Erwachsenenalter entstehen – sie müssen nicht in einer Kindheitserfahrung wurzeln. Das charakteristischste Kennzeichen dieser Form von Schuldgefühlen ist, daß sie sich lähmend auswirken. Man kann den Finger nicht auf einen bestimmten moralischen Grundsatz oder eine Handlungsweise legen, die man ändern könnte. Alles ist vage und unklar und hat mehr mit uns selbst und unseren Lebensumständen zu tun als mit bestimmten Verfehlungen, auch wenn wir welche finden, für die wir uns geißeln können.

Menschen, die unter neurotischen Schuldgefühlen leiden, haben ein geringes Selbstwertgefühl, sind oft depressiv und neigen dazu, sich selbst die Schuld an allem zu geben, was um sie herum falsch läuft.

Um unsere neurotischen Schuldgefühle zu überwinden, müssen wir lernen, Verantwortung für unser Handeln zu übernehmen, aber nicht für die ganze Welt. Wir müssen unterscheiden lernen, was wir beeinflussen können und was nicht, und diejenigen Dinge vertrauensvoll akzeptieren, die sich unserer Macht entziehen.

Folgende Fragen sollten Sie sich stellen:

- Rührt meine Schuld von meinem Charakter, meiner Persönlichkeit her (statt von bestimmten Handlungen)?
- Was könnte meine Furcht, meinen Haß oder meine Ängstlichkeit ausgelöst haben?
- Welche Ängstlichkeit oder Furcht könnten meine Schuldgefühle maskieren?
- Kann ich die Verantwortung für meine Schuld übernehmen?

Der Kreislauf neurotischer Schuldgefühle

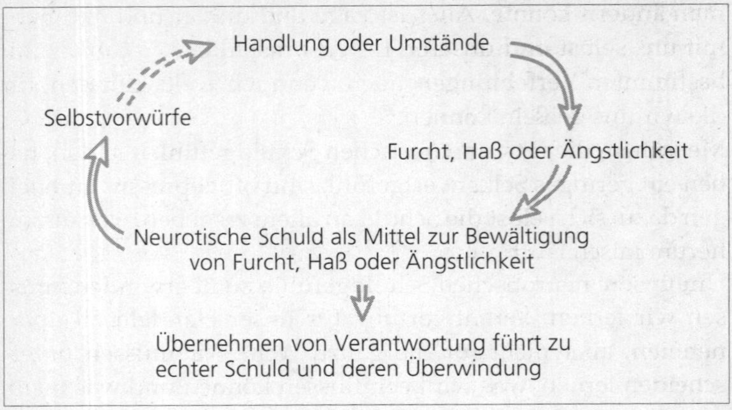

Existentielle Schuldgefühle

Wir alle tragen ein latentes, existentielles Schuldbewußtsein in uns, das durch bestimmte Umstände aktiviert wird. Existentielle Schuldgefühle kreisen ähnlich wie neurotische Schuldgefühle um die Frage von Verantwortung. Wir empfinden existentielle Schuld, wenn wir uns mit den Konsequenzen von Entscheidungen konfrontiert sehen, die wir getroffen haben, als wir nicht alle Fakten kannten. Das ist schwer zu verkraften und läßt uns etwas von der Tragik des Lebens spüren. Doch der tiefere Sinn existentieller Schuld besteht eben darin, daß wir die Fehler und Schwächen akzeptieren lernen, die uns menschlich machen. Dadurch werden wir fähig, in der Gegenwart zu leben, statt über die Vergangenheit nachzugrübeln.
Oft sind wir selbst die Person, die wir am meisten enttäuscht haben, weil wir uns kleiner und armseliger gemacht haben, als wir sind. Wenn wir an einer unglücklichen Ehe oder einem

Job ohne Aufstiegschancen und Entwicklungsmöglichkeiten festhalten, mangelt es uns an Selbstachtung.
Zur menschlichen Existenz gehört es aber auch, zu einem gewissen Grad für die Taten aller anderen mitverantwortlich zu sein. In diesem Sinn tragen wir alle eine Schuld an dem, was mit der Welt nicht in Ordnung ist. Haben wir nicht alle schon Handlungen beobachtet, die wir als schlecht ansahen, und nichts dagegen unternommen? Viele von uns werden zu untätigen Zuschauern bei den Tragödien anderer. Zwar ist ein direktes Eingreifen oft nicht möglich, aber es könnte eine Form von moralischer Empörung oder Protest gefragt sein. Darin liegt der Beweggrund vieler Bürgerinitiativen und Hilfsorganisationen. Ich allein kann zwar nicht die Folter in einem anderen Land abschaffen, aber ich kann zu ihrer Verurteilung beitragen oder mich für die Opferhilfe engagieren. Auf diese Weise erkenne ich meine Schuld als Teil der Menschheit an, ohne mich von den Schuldgefühlen lähmen zu lassen.
Wir können uns von unserer existentiellen Schuld nicht befreien. Während wir den Prozeß emotionaler Selbstentwicklung durchlaufen, werden wir vielleicht sogar feststellen, daß diese Schuld in unserem Bewußtsein immer größer wird. Inwieweit wir Verantwortung für sie übernehmen können, hängt mit unserem Selbstverständnis als reife und emotional intelligente Menschen zusammen. Wir müssen lernen, diese Form von Schuld mit Würde zu tragen und uns weder völlig von ihr loszusprechen noch die Verantwortung für die Probleme der ganzen Welt auf uns zu nehmen. Auf diese Weise verbindet uns unsere existentielle Schuld mit der menschlichen Gemeinschaft und macht uns immer wieder bewußt, daß niemand allein auf der Welt ist.
Zur Bewältigung unserer existentiellen Schuld ist es nötig, das wahre Maß unserer Verantwortung für Handlungen oder Ereignisse, aufgrund deren wir uns schuldig fühlen, zu erken-

nen. Wir mögen feststellen, daß wir nicht in der Lage sind, ein bestimmtes Geschehen aus eigener Kraft zu verändern oder aufzuhalten, aber wir könnten zum Beispiel einer Organisation beitreten, die sich in der betreffenden Sache engagiert. Vielleicht beschließen wir auch, daß eine ganz private Form des Engagements wie Beten oder Meditieren hilfreicher ist. Hier ein paar Vorschläge:

- Einer Organisation beitreten, die sich mit dem Problem, das uns Sorge und Schuldgefühle bereitet, befaßt
- Sich weigern, zu einem gleichgültigen Zuschauer zu werden, die Fähigkeit moralischer Empörung wachhalten, auch wenn kein direktes Einschreiten möglich ist
- Beten
- Einem Menschen oder einem Tier helfen
- Sich an gemeinnützigen Gruppenaktivitäten beteiligen
- Briefe an zuständige Personen, Politiker, Institutionen etc. schreiben
- Friedlich protestieren
- Sich für eine Form von Wiedergutmachung einsetzen

Der Kreislauf existentieller Schuldgefühle

(siehe Abbildung auf der nächsten Seite)

Neinsagen verursacht ihr Schuldgefühle – Jeans Geschichte

Jean ist eine freundliche Frau von Anfang Sechzig. Ihr ganzes Leben lang hat sie versucht, es allen recht zu machen. Sie schlägt fast nie eine Bitte ab, wie ungelegen ihr diese auch kommten mag. Mittlerweile ist sie im Ruhestand und leitet verschiedene gemeinnützige Aktivitäten in ihrer Gemeinde. Jean kann buchstäblich nicht nein sagen, weil dies Schuldge-

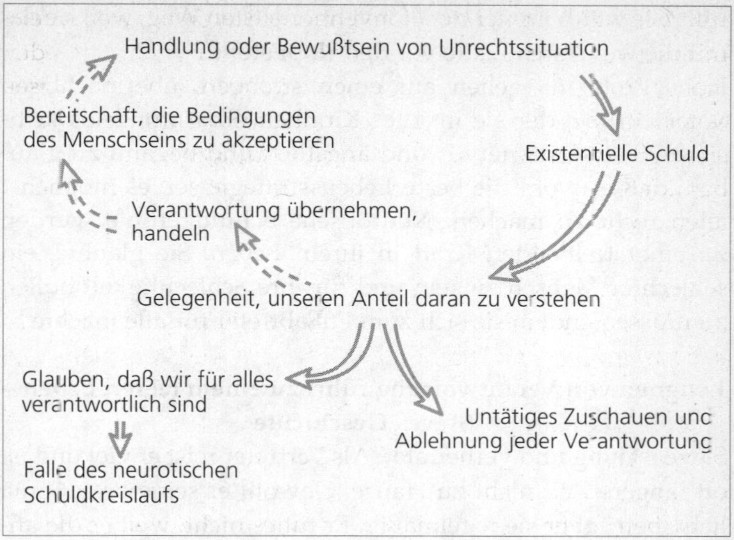

fühle in ihr auslösen würde. Also bekommt sie von anderen immer noch mehr aufgeladen. Doch seit einiger Zeit beschleicht sie die Ahnung, daß es mehr im Leben gibt, als die Aufträge anderer auszuführen, ihre Nichten und Neffen zu hüten und unzählige Kuchen für Wohltätigkeitsbasare zu backen.

Bisher kam sie all diesen Bitten immer nach, um die Wut und den Groll zu vermeiden, die die Ansprüche der anderen in ihr auslösten. Hinter ihrem Verhalten steckt eine Angst vor der Macht und Unkontrollierbarkeit ihrer Gefühle, und um damit fertig zu werden, hat sie sich ein neurotisches Schuldbewußtsein zugelegt.

Jean sagt, sie gebe immer nach, um sich nicht schuldig fühlen zu müssen, trägt aber trotzdem ständig leichte Schuldgefühle mit sich herum. Sie blickt stets nach allen Seiten, um sicherzugehen, daß sie nichts falsch macht und alle Erwartungen er-

füllt. Sie wählt immer den konventionellsten Weg, weil sie damit die wenigsten Leute vor den Kopf stößt.
Jeans Probleme gehen auf einen strengen, übermächtigen Vater zurück, der sie in ihrer Kindheit erbarmungslos kritisierte. Sie wurde nervös und ängstlich und begann zu glauben, daß es wohl die beste Lebensstrategie sei, es möglichst allen recht zu machen. Neurotische Schuldgefühle wurden zu einer treibenden Kraft in ihrem Leben. Sie glaubte, ein schlechter Mensch zu sein und für ihre Schlechtigkeit büßen zu müssen, indem sie sich zum Fußabtreter für alle machte.

Leugnen von Verantwortung führt zu einem leeren Leben – Steves Geschichte

Steve ist jung und verheiratet. Als Vertreter reist er viel und ist oft längere Zeit nicht zu Hause. Obwohl er seine Frau Sonia liebt, betrügt er sie regelmäßig. Er tut es nicht, weil er die anderen Frauen wirklich begehrt, sondern weil »es mir wie eine Verschwendung vorkommt, die Gelegenheit nicht zu ergreifen, wenn sie sich bietet«. Wenn er wieder einmal untreu war, kehrt er zerknirscht zu Sonia zurück. Er läßt den Kopf hängen und macht mindestens einen Monat lang ohne Murren den Abwasch.
Wenn man ihn nach dem Grund für sein Verhalten fragt, sagt er: »Ich weiß es nicht … vielleicht können Sie es mir sagen.« Bringt man dann eine mögliche Erklärung vor, weist er sie sofort zurück und schüttelt den Kopf: »Nein, nein, das ist es nicht. Ich weiß nicht, warum ich es tue.« Steve schiebt Unwissenheit vor, um die Verantwortung für sein Handeln zu leugnen. Mit Tränen in den Augen versichert er, daß er im Grunde ein guter Mensch sei, denn »sonst würde ich mich doch nicht so schuldig fühlen, oder?«.
Steves Leben ist leer und flach. Seine Schuld verhindert eine wirkliche Beziehung zu Sonia. Er gesteht ihr seine außereheli-

chen Aktivitäten nie, weil er sie angeblich nicht verletzen will, aber er vermeidet auf diese Weise auch jede Konfrontation. Sie nimmt sein reumütiges Verhalten kommentarlos hin und genießt die Macht, die es ihr verleiht. Noch bedenklicher allerdings ist, daß Steves Schuldgefühle ihn auch sich selbst entfremden. Er könnte zwar sein Wertesystem verändern und die Überzeugung vertreten, daß eine Ehe nicht notwendigerweise monogam sein muß, aber das würde sein Problem nicht lösen, weil er weiß, daß seine Schuldgefühle andere Ursachen haben.

Immer weniger Dinge motivieren ihn. Auch seine Arbeit leidet unter seiner inneren Leere, und erst als er einen Autounfall hat, der ihn für mehrere Monate ins Krankenhaus bringt, fühlt er sich gezwungen, sein Leben zu überdenken.

Emotionale Arbeit

- Was sind Ihre persönlichen *Hätte-ich-doch-nur*-Gedanken?
- Beziehen sie sich auf echte, neurotische oder existentielle Schuldgefühle?
- Welche moralischen Werte werden durch Ihre Schuld verletzt oder in Frage gestellt?
- Mit wem von beiden hatten Sie nach dem Lesen von Jeans und Steves Geschichten mehr Mitgefühl? Wer rief größere Ungeduld bei Ihnen hervor? Können Sie, eingedenk der Tatsache, daß wir häufig bei anderen ablehnen, was wir bei uns selbst nicht akzeptieren, eine Botschaft für sich daraus ableiten?
- Ist Ihnen aufgefallen, daß Sie bestimmte Dinge vermeiden? Können Sie das mit einem Leugnen von Schuld in Verbindung bringen?
- Können Sie eine negative Stimme in sich ausmachen, die Ihnen sagt, daß Sie kein guter Mensch oder sogar richtig verdorben

sind? Ist es die Stimme Ihrer Mutter, Ihres Vaters, eines Lehrers oder einer anderen Autoritätsperson in Ihrer Kindheit?

- Wenn Sie unter Gewissensbissen leiden, die von echter Schuld verursacht wurden: Was können Sie tun, um die Sache wieder ins Lot zu bringen? (Denken Sie daran, daß Sie mit der Wiedergutmachung niemand anderem schaden dürfen.)
- Wenn Sie von neurotischen Schuldgefühlen geplagt werden: Welche Emotion könnte diesen Schuldgefühlen zugrunde liegen? Wie können Sie anders mit dieser Emotion umgehen?
- Wenn Sie unter existentiellen Schuldgefühlen leiden: Wie können Sie in irgendeiner Form Gutes tun und kein gleichgültiger Zuschauer sein?

Schuld transformieren

Jeans emotionale Arbeit bestand darin, zu erkennen, was sich hinter ihren Schuldgefühlen verbarg. Nur indem sie sich den Gefühlen von Furcht und Wut stellte, die sie seit ihrer Kindheit ständig begleitet hatten, würde sie irgendwann einmal echte Schuld empfinden können. Sie mußte außerdem daran arbeiten, ihr Selbstbewußtsein zu stärken, und sich klarmachen, daß sie ein Recht auf eine eigene Existenz hatte. Dann begann sie, auf die Stimme ihres Vaters in sich zu achten. Ihr Vater war längst tot, doch sie stellte fest, daß seine negative Haltung in ihr weiterlebte. Seine strengen, kritischen Bemerkungen über ihr Äußeres, ihr Verhalten und ihren Charakter waren in ihr Selbstbild eingegangen. Nach und nach lernte sie, diese Stimme von ihrer eigenen zu trennen.

Sie selbst sagt heute: »Zwischendurch hätte ich beinahe aufgegeben. Alles schien so hoffnungslos und verwickelt wie ein

Haufen Spaghetti, die ich nicht auf meine Gabel bekommen konnte.« Jean brauchte sich nicht vorzuwerfen, eine untätige Zuschauerin zu sein, da sie ja eine sehr aktive Rolle in ihrer Gemeinde innehatte. Sie mußte vielmehr einsehen, daß sie das Richtige aus den falschen Gründen tat. Erst als sie nicht mehr aus Schuldgefühlen, sondern aus Freude am Tun und aus Liebe handelte, konnten ihre guten Taten für sie selbst und andere zu einem Segen werden.

Steve arbeitete hart daran, das emotionale Muster seiner Untreue verstehen zu lernen. Als er nach seinem Unfall im Krankenhaus lag, hatte er ausreichend Zeit, über alles nachzudenken. Ein psychologischer Berater der Klinik besuchte ihn regelmäßig, was Steve nach anfänglichem Widerstand sehr hilfreich fand. Er setzte sich mit seinen neurotischen Schuldgefühlen auseinander und machte sich bewußt, wie er sie zur Vertuschung seiner echten und seiner existentiellen Schuldgefühle benutzt hatte. Die Schuldgefühle wegen seines Fremdgehens bildeten eine Art Deckmantel, unter dem er seine andere Schuld verbergen konnte. Er erkannte, daß sich ein bestimmtes Muster herausgebildet hatte: Immer wenn er spürte, daß er weder in seinem Beruf noch in seiner persönlichen Entwicklung sein wahres Potential ausschöpfte, ging er fremd. Dann konnte er sich schuldig fühlen, weil er seine Frau betrogen hatte, und nicht, weil er hinter seinen eigenen Möglichkeiten zurückblieb.

»Irgendwie machten mich meine Schuldgefühle sogar stolz«, sagt er heute. »Durch sie glaubte ich, ein guter Mensch zu sein und alles im Griff zu haben. Sie aufzugeben bedeutete für mich ein wahres Opfer.« Wie Jean mußte auch Steve viel für sein Selbstwertgefühl tun. Wichtig war es außerdem, sich mit seinen Eheproblemen auseinanderzusetzen. Er beschloß, sich ehrlich mit Sonia auszusprechen, auch wenn dies schmerzhaft sein würde und er damit riskierte, daß sie ihn verließ.

Eine solche Aussprache ist nicht in jedem Fall von Untreue notwendig, vor allem nicht, wenn der schuldige Partner aus eigener Kraft mit sich ins reine kommen und sein Verhalten ändern kann. Manchmal würde ein Geständnis dem anderen nur unnötig weh tun, weshalb das Für und Wider sorgfältig abgewogen werden muß. Doch in Steves Fall waren seine Untreue und Sonias stillschweigende Komplizenschaft so eng mit der Dynamik ihrer Beziehung verwoben, daß diese Verhaltensweisen offen zur Sprache gebracht werden mußten. Zuerst widersetzte sich Sonia dieser Offenheit, weil sie die Macht nicht aufgeben wollte, die Steves heimliche Schuldgefühle ihr verliehen. Aber als sie begriff, daß auch sie sich verändern und ein ehrlicheres, erfüllteres Leben führen konnte, begann sie, regelmäßige Aussprachen für eine gute Sache zu halten. Diese Veränderung in ihrer Ehe auszuhandeln und herbeizuführen dauerte viele Monate. Beide beschlossen, daß sie zusammenbleiben konnten, solange jeder die Möglichkeit sah, mehr von seinen Anlagen und Fähigkeiten zu verwirklichen. Dann würde nicht mehr die Dynamik von Schuld und Macht sie aneinander binden, sondern Liebe, Ehrlichkeit und Respekt.

Haß

Wenn wir einen Menschen hassen,
so hassen wir in seinem Bild etwas,
was in uns selber sitzt.
Was nicht in uns selber ist,
das regt uns nicht auf.

Hermann Hesse

Was ist Haß?

Es fällt nicht leicht, über Haß nachzudenken, da es sich um eine ausgesprochen beängstigende und tief verstörende Emotion handelt. Sowohl zu hassen als auch selbst gehaßt zu werden ist äußerst schmerzlich. In seiner reinsten Form wirkt Haß mörderisch und vernichtend. Er kann sich auf eine bestimmte Einzelperson richten, auf Gruppen oder eine ganze Rasse. Die Geschichte der Menschheit ist voll von Beispielen solchen Hasses, der zu Folter, Krieg, Verfolgung und Genozid führte und führt. Haß ist die treibende Kraft bei vielen Fällen von Rassismus und Sexismus. Es würde den Rahmen dieses Kapitels sprengen, Haß in all seinen Formen und Auswirkungen darzustellen und zu untersuchen.

Als erstes müssen wir unseren eigenen Haß fühlen und uns bemühen, ihn zu begreifen – was alles andere als leicht ist. Doch wenn wir beginnen, diese Emotion in uns selbst zu verstehen, werden wir in der Lage sein, uns von kollektiven Haßgefühlen zu lösen. Die folgenden Seiten wollen einige Möglichkeiten aufzeigen, wie wir Haß besser verstehen und lernen können, ihn auf sichere und konstruktive Weise auszudrücken.

Es gibt viele verschiedene Arten, mit Haß umzugehen. Eine davon ist, seine Macht zu mindern, indem man das Wort inflationär gebraucht. Wir verwenden es zum Beispiel häufig, wenn wir wütend sind, weil wir nicht bekommen, was wir wollen. Kleinkinder sagen manchmal: »Ich hasse dich«, wenn sie eigentlich Frustration empfinden. Eine Frau sagt beispielsweise zu ihrem Mann: »Ich hasse es, daß du das dreckige Geschirr immer im Spülbecken stapelst«, wenn sie sich über seine Schlampigkeit ärgert. Weder das Kind noch die Frau meinen, daß sie die andere Person wirklich hassen; sie hassen lediglich, wie sich das Verhalten des anderen im diesem Moment auf sie auswirkt.

Eine andere Möglichkeit, mit Haß fertig zu werden, ist, ihn für eine begrenzte Zeit bewußt zu fühlen und auszuleben, wie beispielsweise nach einer Trennung. »Ich hasse diesen Scheißkerl, weil er mich sitzengelassen hat, und wünschte, er würde tot auf dem Grund eines Sees liegen«, sagte einmal eine Frau zu mir. Doch im nächsten Atemzug fügte sie hinzu: »Ich weiß, daß es mir nächste Woche schon bessergehen und mein Haß nachlassen wird.« Sie konnte ihren Haß intelligent nutzen, indem sie ihren Haßgefühlen auf den verflossenen Liebhaber freien Lauf ließ und dadurch die Bindung an ihn durchtrennte, während sie gleichzeitig erkannte, daß es sich um eine zeitlich begrenzte Emotion handelte. Sie ließ sich von ihrem Haß nicht vollkommen überwältigen, gestattete ihm aber, sie in die nächste Lebensphase zu tragen, in der die Trennung von ihrem Freund vollzogen war. Sie war außerdem ehrlich zu sich selbst und gestand sich ein, wie sehr sie verletzt worden war. Auf diese Weise konnte sie den Haß spüren und sich gleichzeitig seine emotionale Energie zunutze machen.

Im Gegensatz dazu kann uneingestandener Haß schlimmstenfalls nicht nur das Objekt des Hasses zerstören, sondern auch den Hassenden selbst. Uneingestandener Haß fließt wie ein unberechenbarer unterirdischer Fluß unter der Stadt, die wir erbaut haben, um unser Leben darin einzurichten. Wird dieser Fluß nicht kanalisiert, unterspült er mit der Zeit die Fundamente unserer Lebensgebäude. Menschen können von einem Haß, den sie jahrelang, eventuell ein ganzes Leben lang, verleugnet haben, regelrecht zerfressen werden. Manchmal bricht er im hohen Alter plötzlich aus, weil die schützenden Masken, hinter denen die Emotionen verborgen wurden, mit den Jahren brüchig geworden sind und der lange unterdrückte Haß nun um so heftiger zum Vorschein kommt.

Wie fühlt sich Haß an?

Haßgefühle haben ein breites Spektrum und reichen von Frustration und Enttäuschung bis zu unerträglichem, alles durchdringendem Widerwillen und Abscheu. Je leichter wir die Gefühle noch lenken und kontrollieren können, desto eher gestehen wir sie uns ein. Erreicht unser Haß jedoch ein zerstörerisches Niveau, neigen wir dazu, ihn zu unterdrücken. Haß fühlt sich sowohl unangenehm als auch befriedigend an: Unangenehm ist er, weil so viel Wut und Schmerz in ihm stecken, und befriedigend, weil er uns Macht über diejenigen verleiht, die uns verletzt haben. Wie eine Frau es einmal beschrieb: »Wenn ich voll Haß auf meine Mutter und ihr Verhalten mir gegenüber bin, möchte ich um mich beißen und knirsche mit den Zähnen. Vielleicht möchte ich sie ja tatsächlich beißen – jedenfalls fühle ich mich besser, wenn ich sie hasse, als wenn ich deprimiert und hilflos reagiere.«
Wenn wir jemanden hassen, machen wir gern gehässige, ab-

wertende Bemerkungen über die betreffende Person. Oft geschieht das hinter ihrem Rücken, weil wir Angst vor ihr haben. Sind wir dagegen das Objekt des Hasses eines anderen, ist die Situation für uns meist schwer zu durchschauen. Jemand ist im persönlichen Kontakt vielleicht sehr nett und höflich zu Ihnen, aber Sie merken, daß etwas nicht stimmt, ohne dies genauer benennen zu können. Sie spüren nur, daß Sie sich in seiner oder ihrer Gegenwart wertlos oder gelähmt oder irgendwie nutzlos fühlen, obwohl er oder sie vollkommen vernünftige und freundliche Dinge zu Ihnen sagt. Es ist sehr viel Übung nötig, um diese versteckte Form des Hasses ausfindig zu machen. Am besten vertrauen Sie dabei auf Ihre Intuition. Wenn Sie das Gefühl haben, daß eine deutliche Diskrepanz besteht zwischen dem, was gesagt wird, und dem, was Sie empfinden, hören Sie einmal genauer hin. Die Diskrepanz kann natürlich auch mit Ihren eigenen Gefühlen oder Problemen zusammenhängen, darum sollten Sie die Situation sorgfältig durchdenken.

Wir neigen dazu, Haßgefühle bei uns selbst und anderen zu leugnen, weil Haß beängstigend ist. Der Haß verbirgt sich dann in anderen Emotionen, und es kann zu einer Wechselwirkung kommen.

Die folgenden Emotionen sind mögliche Indikatoren für bestehende oder beginnende Haßgefühle:

- Wenn wir merken, daß wir jemanden hassen, löst dies oft *Schuldgefühle* aus. Wenn uns unsere moralische Überzeugung sagt, daß gute Menschen nicht hassen, fühlen wir uns schuldig und verdecken damit unseren Haß.
- *Neid* und Haß sind eng miteinander verbunden. Wir beneiden jemanden, weil er etwas besitzt, nach dem wir uns selbst leidenschaftlich sehnen. Von da aus ist es nur ein kurzer Schritt zum Haß.

- *Aggression* kann sowohl von Liebe als auch von Haß ausgelöst werden. Ist Haß der Ursprung, wird die Aggression auf negative Weise verstärkt. Wenn wir jemanden hassen, können wir damit unser aggressives Verhalten rechtfertigen.
- *Furcht* kann ebenfalls ein Indikator für Haß sein. Es ist schwer, jemanden, den wir fürchten und der Macht über uns hat, nicht zu hassen. Das gilt vor allem für Kinder, die nur wenig Macht über ihre eigenen Lebensumstände besitzen und auf einen tyrannischen Elternteil oder Lehrer tiefen Haß empfinden können.
- *Liebe* und Haß liegen bemerkenswert dicht nebeneinander. Wenn wir lieben, besitzt der geliebte Mensch die Macht, uns zu verletzen. Tut er dies, indem er uns verläßt oder in irgendeiner Form demütigt, kann Liebe schnell in Haß umschlagen.

Selbsthaß

Nicht jede Form von Haß ist nach außen gerichtet. Viele von uns kennen auch eine Art Selbsthaß, der sich darin äußert, daß wir uns selbst herabsetzen. Er wird manchmal mit Depression verwechselt, wirkt aber anders. Während Depression durch einen Mangel an Energie gekennzeichnet ist, gehört zum Selbsthaß ein gewisses Maß an Leidenschaft. Selbsthaß ist häufig auf eine bestimmte Eigenschaft oder einen Körperteil gerichtet, deutlich in Aussagen wie »Ich hasse es, daß ich so langsam bin« oder »Ich hasse meine dicken Beine«. Charakteristisch am Selbsthaß ist, daß man zahlreiche Gründe anführt, warum diese Eigenschaft oder der Körperteil hassenswert sein soll. All dies ist jedoch nur vorgeschoben. In Wirklichkeit ist man mit sich selbst unzufrieden und glaubt, daß man ein wunderbares Leben hätte, wenn nur dieser Fehler behoben werden könnte.

Falls Sie feststellen, daß Sie einen Teil Ihrer selbst über längere Zeit verachten, sollten Sie sich dies einmal genauer ansehen. Wenn Sie zum Beispiel denken, daß Ihre Langsamkeit Sie daran hindert, einen guten Job zu bekommen, überprüfen Sie diesen Gedanken an der Realität. Für viele gute Stellen ist es wichtiger, sorgfältig und zuverlässig zu arbeiten, als durch Schnelligkeit zu glänzen. Vielleicht haben Sie sich nur das falsche Ziel für Ihr berufliches Fortkommen gesetzt? Wenn Selbsthaß richtig verstanden wird, verschafft er uns die Gelegenheit, unsere Ziele neu zu formulieren, und damit wächst die Chance, das Gewünschte zu erlangen.

Die Wurzeln des Hasses

Haß und Liebe sind kein Gegensatzpaar, sondern eng miteinander verflochten. Suchte man nach einem Gegensatz, wäre das für beide wohl am ehesten Gleichgültigkeit. Haß kann als eine pervertierte Form von Liebe bezeichnet werden, als Liebe, die durch Verletzung deformiert wurde. Bei genauer Betrachtung enthält Haß immer auch einen Anteil an Liebe, so wie in Liebe stets auch ein kleines Körnchen Haß steckt.

Liebes- und Haßgefühle setzen schon früh im Leben ein. Als Babys sind wir vollkommen von unseren Eltern (oder deren Vertretern) abhängig und empfinden warme, liebevolle Gefühle, wenn unsere Bedürfnisse gestillt werden. Wenn unsere Eltern uns hingegen fortgesetzt die Befriedigung unserer Bedürfnisse versagen oder uns tief enttäuschen, beginnen wir, sie zu hassen, weil sie uns unsere Verletzlichkeit spüren lassen. Da wir von ihnen abhängig sind, können wir es uns aber nicht erlauben, uns unseren Haß einzugestehen oder ihn gar zu zeigen – wir unterdrücken ihn. Dieser Kreislauf wiederholt sich im Laufe unseres Lebens immer wieder. Der Auslöser ist ein Ereignis, durch das wir uns klein und machtlos fühlen, aber das Entscheidende ist die Abhängigkeitssituation. Wirklich hassen können wir nur Menschen, von denen wir in irgendeiner Form abhängig sind. Manche neigen von Natur aus oder wegen eines Mangels an Fürsorge, den sie als Kinder erfuhren, mehr als andere zu Haßgefühlen als emotionale Reaktion auf eine schwierige Situation. Aber wir alle sind unter Umständen, die Furcht, Wut oder Verletzlichkeit in uns hervorrufen, anfällig für Haß.

Es gibt noch zwei weitere wichtige Wurzeln des Hasses: die Ähnlichkeit und Verschiedenheit. Oft hassen wir bei anderen etwas, das wir an uns selbst nicht mögen. Ein Junge sagt zum Beispiel, daß er einen anderen Jungen in seiner Klasse haßt, »weil er lügt«. Wenn man dem nachgeht, wird man vielleicht entdecken, daß der erste Junge nicht immer die Wahrheit sagt, dies aber nicht zugeben möchte. Also projiziert er diese abgelehnte Eigenschaft auf einen anderen. Der andere Junge ist vielleicht wirklich ein Lügner, doch Haß entsteht nur, wenn wir den Lügner in uns selbst verleugnen. Nicht alle Haßgefühle entstehen durch Projektionen, aber es ist emotional intelligent, dies als möglichen Grund in Betracht zu ziehen.

Eine andere Wurzel von Haß ist die Feststellung von Verschiedenheit. Menschen unterscheiden sich auf vielfältige Weise, zum Beispiel durch ihr Geschlecht, ihre Rasse, Hautfarbe, Religion, Ethik, sexuelle Orientierung, Ernährungsweise, Kultur, Brauchtum, Kleidung. Wenn wir der Überzeugung sind, daß unsere Lebensweise die einzig mögliche und einzig richtige ist, werden wir es als bedrohlich empfinden, daß andere anders leben. Wir beginnen sie zu hassen, weil sie unseren Glauben, daß unser Weg der einzig wahre ist, in Frage stellen. Diese Reaktion geht auf das Schwarzweißdenken unserer frü-

hen Kindheit zurück. Als Kleinkinder waren die Dinge für uns entweder gut oder schlecht, graue Bereiche gab es nicht. Gut war, was uns nährte und pflegte und uns liebte; schlecht war, was uns zurückwies und enttäuschte. Wenn dieses Denken nicht differenziert wird, führt es im Erwachsenenalter zu einer selbstgerechten, intoleranten Haltung, wie zum Beispiel bei religiösen Fundamentalisten oder Rassisten. Der Schaden, den der Haß solcher Fanatiker anrichtet, ist nicht zu übersehen. Weniger offensichtlich ist dagegen, daß sie in irgendeiner Form von den Zielscheiben ihres Hasses abhängig sind, denn sonst könnten sie sie nicht hassen.
Auch bei aufgeklärteren Menschen findet sich diese Form von Haß, nur sehr viel subtiler. Sie fühlen sich vielleicht ebenso von der Andersartigkeit anderer bedroht, können dies aber geschickter verbergen. Ihr Haß äußert sich nicht offen, sondern in Form einer intellektuellen Rechtfertigung oder einfach durch eine herablassende Bemerkung. Oft ist es eine Lebensaufgabe, sich von den Gefühlen zu befreien, die die Verschiedenheit anderer auslösen kann. Wichtig ist es, wachsam zu sein und darauf zu achten, wann Andersartigkeit uns zum Haß auf eine Person oder eine ganze Gruppe verleitet, und uns eine gesunde Auseinandersetzung über unterschiedliche Auffassungen mit ihnen zu erlauben. Indem wir Unterschiede offen anerkennen, vermeiden wir es, andere zu hassen. Es ist ein Zeichen emotionaler Reife, nicht zu hassen, was uns enttäuscht oder bedroht.

Auslöser von Haß

Haß setzt ein auslösendes Moment und eine Situation voraus, in der wir auf irgendeine Weise, meist emotional oder finanziell, von anderen abhängig sind. Haßauslösend sind im allgemeinen Ereignisse und Konstellationen, die uns das Gefühl geben, verletzlich und hilflos zu sein. Daher kann es bei manchen Menschen Haß auslösen, sich zu verlieben, denn in der Liebe geben wir einen Teil unserer Selbständigkeit auf und räumen einem anderen Macht über uns ein. Mißbrauch jeder Art ist ebenfalls ein häufiger Auslöser von Haß, der noch dazu mit einer besonders grausamen Gefühlslast befrachtet ist, da die mißbrauchte Person nicht nur mit den Nachwirkungen des Mißbrauchs fertig werden muß, sondern auch mit den emotionalen Mustern von Haß und Selbsthaß, die dieser hervorgerufen hat.

Auch in vielen Berufssituationen werden Menschen ihrer Autonomie und Unabhängigkeit beraubt. Wenn Freiheit und Selbstwertgefühl bedroht sind, ruft dies leicht Haß auf die Person oder die Institution hervor, von der die Bedrohung ausgeht. Kündigung ist kein Ausweg, da man sich finanziell von dem Job abhängig glaubt. Die Ehe ist ebenfalls ein möglicher und häufiger Auslöser von Haß, denn wenn die Beziehung nicht auf gegenseitigem Respekt beruht, kann sie zur Abhängigkeit führen.

Der einzige Ausweg aus dem Kreislauf des Hasses besteht in der bewußten Wahrnehmung unserer Haßgefühle. Nur so können wir es vermeiden, sie zu leugnen und zu verbergen. Wenn wir unseren Haß eingestehen und ihn nicht auf andere projizieren, können wir die in ihm enthaltene Botschaft suchen und verstehen.

Der Haß-Zyklus

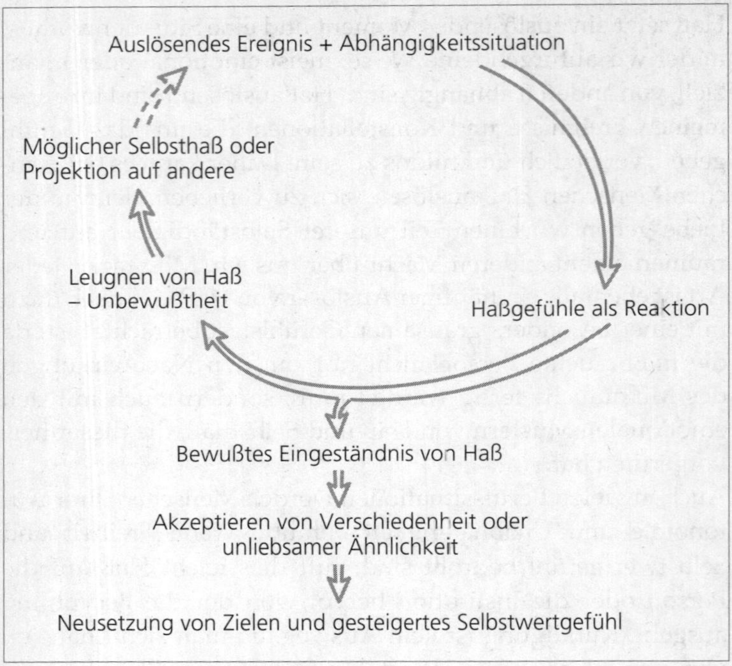

Unentwirrbare Verknüpfung von Liebe und Haß – Vickys Geschichte

Vicky ist Ende Dreißig und seit elf Jahren verheiratet. Sie behauptet, ihren Mann Dick zu lieben, verhält sich die meiste Zeit aber sehr aggressiv ihm gegenüber. Wenn sie allein sind, schreit sie ihn an und beschimpft ihn. Sie sagt: »Er verachtet mich und arbeitet lieber, als mit mir zusammenzusein. Seine Familie ist sehr gebildet und intellektuell und schließt mich aus. Er hilft überhaupt nicht im Haushalt und ist in keiner Hinsicht ein richtiger Partner. Ich habe ihm meine Jugend

und meine Liebe gegeben und fühle mich von ihm ausgenutzt.«
Vicky ist zum zweiten Mal verheiratet, ihre erste Ehe ging sie mit achtzehn ein, die zweite mit siebenundzwanzig. Zwischen den beiden Ehen gab es eine sechsmonatige Single-Phase, die sie als die schlimmste Zeit ihres Lebens beschreibt. »Ich haßte es, allein zu sein«, sagt sie. Als sie Dick kennenlernte und er nach drei Wochen bei ihr einzog, war sie sehr erleichtert. Doch nach und nach begann die Beziehung zu bröckeln. Lange Zeit war Vicky nichts anzumerken, denn sie ist eine sehr kompetente, berufstätige Frau, deren Leben perfekt scheint.
Vicky hat noch nicht gelernt, Liebe und Haß auseinanderzuhalten. Liebe ist bei ihr Bedürftigkeit, sie braucht einen Mann in ihrem Leben. Wenn sie zu Dick sagt: »Ich liebe dich«, meint sie: »Ich brauche dich.« Sie ist von ihrem Mann abhängig und hat deshalb begonnen, ihn zu hassen. Selbst wenn er ihren Wünschen mehr entgegenkommen würde, würde das nichts an ihren Gefühlen ändern. Denn obwohl Dicks Verhalten alles andere als vorbildlich ist, ist es nicht der Grund ihres Hasses.

Ein Rassist, der sich nach Liebe sehnt – Alistairs Geschichte

Alistair haßt Menschen anderer Rassen. Vor allem solche, die reicher sind als er oder in irgendeiner Weise mehr Glück hatten. »Ich hasse sie, weil sie sich die besten Jobs nehmen und unser Geld stehlen«, sagt er. Weil er weiß, daß es nicht politisch korrekt oder sogar strafbar ist, solche Meinungen zu äußern, behält er sie meist für sich, es sei denn, er hat etwas getrunken. Er ist von kleiner Statur, schmuddelig gekleidet und arbeitslos.
Alistair hatte keinen leichten Start ins Leben. Seine alleinstehende Mutter gab ihn als Baby zur Adoption frei, weil sie

glaubte, daß es das beste für ihn sei. Er wuchs bei strenggläubigen Christen auf, die ihn erbarmungslos disziplinierten. Es gab wenig Liebe in dieser Familie, dafür eine Menge Haßgefühle.

Alistair besitzt kaum Selbstachtung und hält sich für wertlos, weil noch nicht einmal seine Mutter ihn haben wollte. Die lieblose Atmosphäre, in der er aufwuchs, verstärkte sein Gefühl des Abgelehntseins und seinen Selbsthaß. Mit diesen zerstörerischen Gefühlen wird er nur fertig, indem er seinen Haß nach außen auf Menschen projiziert, die anders sind als er. Alistairs Ansichten und seine Selbstdarstellung sind so unattraktiv, daß er nur wenige Freunde hat und ihm fast jeder aus dem Weg geht. Seine Isolation verstärkt seinen Haß noch mehr.

Obwohl sich die meisten Leute von ihm abgestoßen fühlen, ist es einer älteren Frau namens Jean gelungen, mit ihm zu reden und Zugang zu ihm zu finden. Sie besitzt so viel Selbstsicherheit, daß sie sich von seinen Gemeinheiten nicht beeindrucken läßt und sie nicht persönlich nimmt. Sie versucht nicht, mit ihm zu streiten, stimmt ihm aber auch nicht zu. Statt dessen ermutigt sie den kleinen Teil von ihm, der trotz allem bereit ist, sich zu verändern, und schenkt seiner Negativität nicht allzuviel Beachtung. Unter ihrer sanften Anleitung hat Alistair begonnen, mehr Wert auf seine äußere Erscheinung zu legen und nach einer Arbeit Ausschau zu halten.

Emotionale Arbeit

- Untersuchen Sie Ihren Selbsthaß, und überprüfen Sie ihn an der Realität. Sind die mit ihm einhergehenden Annahmen und Schlußfolgerungen realistisch? Können Sie Ihre Erwartungen der Realität anpassen?
- Denken Sie an jemanden, den Sie hassen. Projizieren Sie eine

eigene, noch uneingestandene Eigenschaft auf diese Person? Können Sie sich diese Eigenschaft jetzt eingestehen?
- Überlegen Sie, wie Sie an Meinungsverschiedenheiten herangehen. Hassen Sie Leute, die andere Ansichten haben oder sonst irgendwie anders sind?
- Können Sie benennen, was Ihren Haß auslöst?
- Sind Sie sich Ihrer Abhängigkeit bewußt?

Kreative Aufgabe

- Gestehen Sie sich ein, daß Sie jemanden hassen oder von jemandem gehaßt werden oder beides. Treffen Sie die bewußte Entscheidung, daß Sie damit fertig werden wollen, ohne sich selbst oder anderen körperlichen oder emotionalen Schaden zuzufügen.
- Ziehen Sie sich an einen sicheren Ort zurück. Sie sollten dort ungestört sein und idealerweise die Tür abschließen können. Schalten Sie den Anrufbeantworter ein, oder legen Sie den Hörer neben das Telefon. Bereiten Sie sich darauf vor, eine Stunde allein an diesem Ort zu verbringen.
- Zünden Sie eine Kerze an. Diese rituelle Handlung soll verdeutlichen, daß Sie Licht auf Ihre Situation werfen und nicht länger in der Dunkelheit des Hasses leben wollen.
- Erlauben Sie dem Gefühl, Sie ganz zu besitzen, aber handeln Sie nicht danach. Wenn Sie die verhaßte Person am liebsten umbringen wollen, registrieren Sie diesen Impuls, aber tun Sie es nicht. Lassen Sie Ihren Rachephantasien freien Lauf, bis sie von allein aufhören. Manche Leute können ihre Haßgefühle ausleben, indem sie auf ein Kissen einschlagen, für andere ist Malen ein Ventil. Verwenden Sie Farben, um die machtvollen Gefühle darzustellen, die Sie durchströmen.
- Nehmen Sie sich Zeit, Ihren Haß zu untersuchen. Warum hassen Sie diesen Menschen? Was hat er Ihnen getan? Projizieren Sie vielleicht etwas, das Sie an sich selbst nicht mögen, auf ihn? Sie können

die Antworten aufschreiben, aber auch einfach einen inneren Dialog führen.

- Beginnen Sie, zwischen der verhaßten Person und ihrem Verhalten zu unterscheiden. Können Sie erkennen, daß es eher ihr Verhalten ist als die Person selbst, was die Probleme verursacht? Ist es vielleicht notwendig, in irgendeiner Weise Abstand zwischen sich und diese Person zu bringen? Wenn Sie sich gehaßt fühlen, denken Sie über Ihr Verhalten gegenüber dem Menschen nach, der Sie haßt. Können Sie vielleicht etwas daran ändern?
- Wenn Sie das Gefühl haben, daß Sie genug Klarheit gewonnen haben, stellen Sie sich eine große Schere vor. Isolieren Sie Ihren Haß, fassen Sie ihn in Ihrer Vorstellung zu einem Bündel zusammen, und schneiden Sie ihn mit der Schere aus sich heraus. Verschließen Sie nicht die Augen vor den Tatsachen – diese Person hat Ihnen Schaden zugefügt, Sie enttäuscht etc. –, aber lösen Sie sich von Ihrem Haß. Sie brauchen ihn nicht mehr. Er hat Sie bis jetzt beschützt und Sie zu einer Wahrheit gelenkt, deren Erkenntnis für Sie notwendig war.
- Danken Sie der Emotion des Hasses, daß sie Ihnen Erkenntnis brachte, und bitten Sie sie, jetzt zu gehen. Blasen Sie die Kerze aus, öffnen Sie die Fenster, duschen Sie, und wechseln Sie Ihre Kleider.
- Wahrscheinlich werden Sie sich sehr erleichtert und friedvoll fühlen. Sie stellen möglicherweise auch fest, daß Sie wieder mehr Energie haben. Seien Sie nicht enttäuscht, wenn Ihr Haß nach ein paar Tagen oder Wochen zurückkehrt. Erinnern Sie sich einfach an diese Übung, und wiederholen Sie sie, wenn Sie es für nötig halten.
- Sie sollten diese Übung möglichst für sich behalten. Es besteht keine Notwendigkeit, der ehemals gehaßten Person davon zu erzählen – es könnte sie eventuell belasten.
- Versuchen Sie, in Zukunft zwischen einem Menschen und seinen Handlungen zu unterscheiden. Statt »Ich hasse dich« sagen Sie: »Ich hasse das, was du tust, aber nicht dich persönlich.«

Haß transformieren

George Orwells Zukunftsroman »1984« beschreibt ein totalitäres System, das versucht, jegliche Menschlichkeit zu unterdrücken. Ein Instrument dieses Alptraum-Regimes ist die zweiminütige Haß-Zeit, während der von allen erwartet wird, offen ihren Haß auf Staatsfeinde zu bekunden. Dahinter steht die massenpsychologische Erkenntnis, daß Haß für politische Zwecke kanalisiert werden kann. Das ist die große Gefahr im Zusammenhang mit Haß, und nur ein intelligenter Umgang mit dieser Emotion kann auf Dauer eine Wiederholung der furchtbaren Exzesse des zwanzigsten Jahrhunderts verhindern. Dem Haß einfach nur Ausdruck zu verleihen trägt nichts zur Lösung der schmerzlichen Konflikte bei, die ihm zugrunde liegen. Jede Form von Haß enthält eine Komponente, die uns unsere ganz persönliche Schattenseite zeigt.

Als Alistair an sich selbst zu arbeiten begann, mußte er sich vielen Dingen stellen. Sein Neid auf andere, die er vom Glück begünstigter glaubte, hatte in Verbindung mit dem Hintergrund, vor dem er aufgewachsen war, zum Aufkeimen seines Hasses beigetragen. Der Rassismus war ein Ausdruck seiner psychischen Not, nicht deren Ursache. Die Wurzel allen Übels war Alistairs Überzeugung, daß seine Mutter ihn weggegeben hatte, weil sie ihn ablehnte und für wertlos hielt. Ermutigt von Jean, der älteren Frau, die sich mit ihm angefreundet hatte, machte er sich auf die Suche nach seiner Mutter. Statt der haßerfüllten und gleichgültigen Person in seiner Vorstellung fand er eine Frau vor, die sehr darunter gelitten hatte, daß sie ihr Kind zur Adoption freigegeben hatte. Sie war noch sehr jung gewesen, und man hatte ihr eingeredet, es sei das beste für das Kind. Seine Mutter war eine einfache Frau, aber sie konnte ihm ihre Liebe zeigen und ihr Bedauern darüber, daß sein Leben durch ihre Entscheidung überschattet worden war. Die beiden Frauen, seine Mutter und seine Freundin Jean, gaben Alistair einen neuen Halt im Leben. Die Ursache seines Hasses verlor durch die heilende Kraft der Liebe nach und nach an Macht. Mit der Zeit verstand Alistair, daß sein Haß auf andere nichts als sein eigener, nach außen projizierter Selbsthaß war. Als er durch die Zuneigung der beiden Frauen lernte, sich selbst zu mögen und für liebenswert zu halten, begann sich sein Leben zu verändern.

Vickys Reise sah ganz anders aus. Sie mußte nicht Liebe finden, sondern zunächst einmal ein Gefühl von Individualität und Eigenständigkeit. Vor allem mußte sie sich die Tatsache eingestehen, daß ein Teil von ihr ihren Mann haßte. Der nächste Schritt war die Erkenntnis, daß ihr Haß auf ihrer emotionalen Abhängigkeit beruhte. Das war ein hartes Stück Arbeit, weil die damit einhergehenden Gedanken und Gefühle sehr bedrohlich für sie waren, doch als sie es bewältigt hatte, fühlte sie sich stärker. Sie hörte allmählich auf, ihrem Mann ständig seine Unzulänglichkeiten vorzuhalten, indem sie erkannte, daß er sich nur aus eigenem Antrieb verändern würde und nicht, weil sie an ihm herumnörgelte. Sie mußte etwas von ihrer tüchtigen Schale ablegen und ihre Schwächen anerkennen. Sie begann ihre Überzeugung, daß sie nicht allein zurechtkommen könne, in Frage zu stellen, und hielt nach Beispielen von Leuten Ausschau, die ihr Leben erfolgreich allein bewältigten. Vicky mußte außerdem lernen, sich von ihren Eltern zu lösen, ein psychischer Prozeß, den sie nie durchlaufen hatte. Sie hatte sich zwar äußerlich von ihnen getrennt, aber von beiden Ehemännern erwartet, ihr eine Art Elternersatz zu sein. Sie mußte eine eigenständige und erwachsene Form von Liebe entwickeln, die weniger von Bedürftigkeit und Abhängigkeit geprägt war.

Haß und Liebe liegen sehr eng beieinander. Die Überwindung von Haß wird möglich, wenn wir die Schwierigkeiten erwachsener Liebe akzeptieren. Solange wir klein sind, leben wir eine vollkommen symbiotische Form der Liebe, doch wenn wir heranwachsen, müssen wir dieses Paradies der frühen Kindheit verlassen. Reife Liebe akzeptiert die Fehler und Unzulänglichkeiten des anderen. Alistairs emotionale Heilung begann, als er sah, daß er sich ein falsches Bild von seiner Mutter gemacht hatte und daß sie ihn in Wirklichkeit liebte. Sie hatte ihre Entscheidung im besten Glauben getroffen. Vickys Leben nahm eine Wendung zum Besseren, als sie erkannte, daß sie sich selbst lieben konnte. Sie sah, daß der Haß ihr einen Weg eröffnete, sich aus ihrer Abhängigkeit zu befreien. Ihr Fazit lautet heute: »Ich glaube, Konfuzius hatte recht, als er sagte, daß nur ein guter Mensch zu lieben und zu hassen versteht. Mein Haß hat mir die Kraft gegeben, den infantilen Kokon, den ich Liebe nannte, zu verlassen und erwachsen zu werden.«

Hoffnung

In der Fabrik stellen wir Kosmetik her,
doch im Laden verkaufen wir Hoffnung.
Charles Revson

Was ist Hoffnung?

Hoffnung ist eine wunderbare Emotion, die allerdings sehr viel Weisheit erfordert. Sie kann Spannung und Schönheit in unser Leben bringen und eine ungeheuer motivierende Kraft sein. Hoffnung ist von zentraler Bedeutung für die Entwicklung emotionaler Kompetenz, denn sie zeigt uns, was wir wirklich wollen.

Im besten Falle ist sie eine lebenserweiternde Energie, die Möglichkeiten, Veränderung, Anregung und Erfüllung mit sich bringt. Im schlimmsten Falle kann sie in Enttäuschung und Verzweiflung umschlagen, wenn das Erhoffte sich nicht erfüllt oder uns nicht die erwartete Befriedigung bringt. Enttäuschung ertragen und mit diesem Gefühl leben zu können ist eine Voraussetzung für neue Hoffnung. Wiederholte Enttäuschungen lassen uns manchmal verzweifeln, was eine Verweigerung jeder Hoffnung darstellt. Oder wir nehmen eine zynische Haltung ein, um uns vor dem Schmerz neuer enttäuschter Hoffnungen zu schützen.

Dieses Kapitel will Ihnen helfen, das zwischen Hoffnung und Verzweiflung existierende Spannungsfeld zu verstehen. Sie können lernen, eine hoffnungsvolle Einstellung zu entwickeln und Ihre Hoffnungen gezielter auf die Dinge zu richten, die Sie wirklich wollen.

Warum hoffen wir?

Hoffnung in ihren verschiedenen Ausprägungen ist ein essentieller Bestandteil des Lebens. Es ist praktisch unmöglich, nicht zu hoffen. Selbst jemand, der vorhat, sich umzubringen, hofft, durch den Tod dem Leid des Lebens zu entkommen. Im entgegengesetzten Fall, wenn wir das Leben in vollen Zügen genießen und rundum zufrieden sind, ertappen wir uns bei der Hoffnung, daß dieser Zustand anhalten möge, und können uns nicht vollständig auf das Glück einlassen.
Hoffnung ist eine Projektion unseres Lebens in die Zukunft. Wir möchten, daß etwas geschieht, und investieren meist einige Energie, um es geschehen zu lassen. Hoffnung impliziert eine *Veränderung* der gegenwärtigen Situation und auch eine versteckte Kritik an ihr. Wir hoffen, daß etwas geschieht, zum Beispiel, daß wir das lang ersehnte Kind bekommen, daß an dem Tag, für den wir eine Grillparty organisiert haben, die Sonne scheint oder daß wir in die engere Auswahl für die großartige Stelle, um die wir uns beworben haben, kommen. Oft hoffen wir auch, daß etwas *nicht* geschieht, zum Beispiel, daß der Krebstest einer Freundin nicht positiv ausfällt, daß der oder die Geliebte uns nicht verlassen wird oder daß das Flugzeug, in dem wir sitzen, nicht abstürzen wird. Egal ob unsere Hoffnungen positiver oder negativer Art sind, sie enthalten immer auf die Zukunft gerichtete Wünsche und Erwartungen.
Wenn wir hoffen, denken und empfinden wir im Grunde folgendes:

- Etwas in meinem gegenwärtigen Leben macht mich unzufrieden.
- Ich bin ängstlich wegen etwas, das in der Zukunft passieren könnte.
- Es würde mich glücklich machen, wenn etwas Bestimmtes passierte (oder nicht passierte).
- Wenn dieses Bestimmte nicht eintritt (oder eintritt), werde ich enttäuscht, verzweifelt, unglücklich oder ängstlich sein.

Es gehört Mut zur Hoffnung, denn wir sagen damit deutlich, was wir uns wünschen, und öffnen uns gleichzeitig zwei unangenehmen Möglichkeiten: Das Erhoffte tritt nicht ein, und wir müssen mit dieser Situation leben, oder es tritt ein, und wir stellen fest, daß es doch nicht das ist, was wir wollen.

Hoffnung und Verzweiflung

Um 1890 malte der viktorianische Maler G. F. Watts ein Bild mit dem Titel »Hoffnung«, das einige Jahre lang weltberühmt war. Sogar Picasso hatte eine Reproduktion davon in seinem Atelier hängen. In fein abgestuften Blau-, Braun- und Grautönen stellt es eine junge Frau mit verbundenen Augen und gesenktem Kopf dar. Sie sitzt auf dem halbverdeckten Erdball, um dessen Äquator sich Wolken oder Sturmwellen ranken. In der Hand hält sie eine Lyra, deren Saiten bis auf eine gesprungen sind.
Als man Watts fragte, warum er das Bild nicht »Verzweiflung« getauft hatte, antwortete er: »Verzweiflung gibt auf, aber Hoffnung gibt niemals auf, wie mißlich die Lage auch ist. Sie versucht, soviel Musik wie möglich hervorzubringen, auch mit nur einer Saite.«

Neben dem »Hoffen, daß« und »Hoffen, daß nicht« gibt es noch eine dritte Form der Hoffnung, die nicht an ein bestimmtes Ergebnis gebunden ist, sondern eine Lebenseinstellung umfaßt. Bei dieser Art Hoffnung orientiert sich das Herz mutig auf die Zukunft, auch wenn der Verstand sagt, daß alles hoffnungslos ist. Watts' Gemälde zeigt eine wirklich düstere, schwierige, ausweglos scheinende Lage, in der trotzdem der Mut zum Weitermachen besteht.

Verzweiflung ist eine rationale Emotion, die sich einstellt, wenn eine bestimmte Hoffnung sich zerschlagen hat und es nach unserer Analyse der Situation sehr unwahrscheinlich ist, daß wir unser Ziel noch erreichen. Eine hoffnungsvolle Einstellung ist dagegen irrational, denn sie besteht trotz aller gegenteiligen Anzeichen darauf, daß immer noch die Möglichkeit besteht, die Situation könne sich verbessern. Die hoffnungsvolle Einstellung löst sich von dem speziellen, erhofften Ergebnis, man erhält eine langfristige, aus Geduld erwachsene Perspektive.

Mit Hoffnung assoziierte Emotionen

Verzweiflung und Enttäuschung werden am häufigsten mit Hoffnung assoziiert. Doch es gibt noch eine Reihe von anderen Emotionen und Gemütszuständen, die mit ihr in enger Verbindung stehen:

- *Wünschen* – Unsere Hoffnungen enthalten unsere Wünsche.
- *Erwartung* – Wenn eine Hoffnung konkret wird und wir mit ihrer Erfüllung rechnen.
- *Sehnsucht* – Sie ist vager und weniger zielgerichtet als ein Wunsch.

- *Panik* – Sie ist eine verschwommenere Variante der Furcht, die sich nicht auf ein konkretes Ereignis richtet.
- *Furcht* – Wenn das Erhoffte sich nicht einstellt, fürchten wir uns häufig vor der Alternative.
- *Ängstlichkeit* – Wenn wir sehr stark auf etwas hoffen, sind wir oft ängstlich und nervös, besonders wenn wir uns vor dem fürchten, was eintreten könnte, wenn die Hoffnung sich nicht erfüllt.

Ihre fünf größten Hoffnungen

Bevor Sie weiterlesen, machen Sie folgende Übung:
Nehmen Sie sich einen Moment Zeit, und listen Sie Ihre fünf größten Hoffnungen auf. Bewerten Sie jede mit einer Punktzahl zwischen eins und zehn, und machen Sie dazu einen Zeitplan, bis wann Sie diese Hoffnungen gerne erfüllt haben möchten. Tragen Sie in eine zweite Spalte neben jede Hoffnung ein, was Sie befürchten, wenn diese Hoffnung nicht verwirklicht wird. Bewerten Sie auch diese Befürchtungen mit einer Punktzahl zwischen eins und zehn.

Hoffen entgegen jeder Hoffnung – Annas Geschichte

Anna ist eine attraktive Frau von Anfang Dreißig und seit einigen Jahren mit Ian liiert. Ian verkörpert alles, was Anna sich von einem Partner wünscht: Er ist unterhaltsam, zärtlich, humorvoll, interessant, erfolgreich und attraktiv. Leider ist er auch verheiratet und hat eine Familie, aber er versichert Anna, daß er sie liebt und mit ihr zusammenleben möchte. Allerdings legt er sich nicht auf einen bestimmten Zeitpunkt fest und redet nur vage über eine gemeinsame Zukunft. Zwischen einer Verabredung und der nächsten lebt Anna von Hoffnung.
Im Gegensatz zu manchen anderen Singles, die eine Beziehung mit einem bereits gebundenen Partner haben, möchte Anna gerne heiraten. Sie freut sich darauf, endlich ein gemeinsames Alltagsleben mit Ian führen zu können. »Wenn wir erst einmal

richtig zusammen sind, können wir wirklich glücklich sein«, sagt sie. Sie hofft auf diese Zukunft und hofft (und erwartet), daß Ian seine Familie bald verlassen und ein neues Leben mit ihr beginnen wird. Sie hängt oft Tagträumen nach und hat sich ein privates kleines Kino im Kopf konstruiert, in dem sie imaginäre Filme über eine imaginäre Zukunft laufen läßt.

All ihre Energie ist auf das Erreichen dieses einen Ziels gerichtet. Seit sie Ian kennt, läßt sie die anderen Bereiche ihres Lebens nach und nach verkümmern. Sie hat kein richtiges Interesse mehr an ihrem Beruf, ihren kreativen Neigungen und ihrem Freundeskreis – alles wird dieser einen Hoffnung untergeordnet. Ihre engsten Freundinnen haben es allmählich satt, daß sie bei jedem Treffen irgendwelche angeblich bedeutsamen Details ihrer Beziehung mit Ian durchkauen will. Er hat dies gesagt, er hat das gesagt – ist das nicht ein gutes Zeichen? Könnte es nicht dies oder das bedeuten?

Wenn eine Freundin sie auf den Boden der Tatsachen zurückholt – daß Ian immer noch mit seiner Frau zusammenlebt und keine konkreten Pläne macht, daran etwas zu ändern –, reagiert Anna verärgert. Den Freundinnen bleiben nur zwei Möglichkeiten: sich aus der Freundschaft zurückziehen oder immer halbherziger in Annas Hoffnungen einstimmen. Die meisten Freundinnen entscheiden sich für eine Kombination aus beidem, was den Beziehungen nicht guttut, die nicht länger auf Ehrlichkeit beruhen.

Wenn Anna einmal versucht, sich von ihrer Hoffnung zu lösen, fällt sie in ein tiefes Loch der Verzweiflung. Um sich daraus zu »erretten«, malt sie sich weitere hoffnungsvolle Szenarios in ihrem Kopf aus. Sobald die Filme laufen, fühlt sie sich wieder besser. Ihr fällt allerdings auf, daß es immer größerer Phantasieanstrengungen bedarf, um die Verzweiflung fernzuhalten. Vielleicht wird ihre Hoffnung ja wirklich einmal erfüllt – aber wie lange soll sie noch warten? Die Jahre vergehen, und sie gibt zu, daß sie es manchmal satt hat, fürchtet sich aber davor, ohne Hoffnung zu leben.

Eine hoffnungsvolle Einstellung – Karens Geschichte

Karen ist vierundfünfzig Jahre alt und geschieden. Vor siebzehn Jahren hatte sie einen schweren Autounfall und ist seitdem querschnittsgelähmt. Ihr Mann, der nur leichte Verletzungen davontrug, verließ sie, nachdem sich herausgestellt hatte, daß Karen für immer gelähmt bleiben würde. Er heiratete kurz darauf wieder und zog in eine andere Stadt. Karen blieb allein in einer Situation zurück, die tägliche Betreuung erforderte und enormen Mut, um das Leben unter diesen schwierigen Bedingungen zu meistern.

Die ersten Jahre nach dem Unfall schwankte Karen ständig zwischen Hoffnung und Verzweiflung. Trotz ihres großen Kummers hoffte sie immer noch auf eine Heilung. Doch nachdem alle möglichen Behandlungsmethoden und Therapien erprobt worden waren, mußte sie einsehen, daß sie für immer gelähmt sein würde, wenn nicht ein Wunder geschähe. Wie Anna gab sich auch Karen Phantasien über die Zukunft hin – eine Zukunft, in der das Wunderheilmittel gefunden worden war.

Nach einer Weile beschloß sie jedoch, daß sie nicht auf dieses erhoffte Wunder warten konnte. Entweder würde es eintreten – und dann würde sie ihre Chance natürlich ergreifen – oder eben nicht. Und dann war es sowieso sinnlos, darüber nachzudenken. Trotz aller Schwierigkeiten und Verluste entschied sie, daß ihr gegenwärtiges Leben zu wertvoll war, um einfach ignoriert zu werden. Sie erkannte, daß sie den Unfall nicht ohne Grund überlebt hatte und daß ihr Leben immer noch für sie selbst und andere wertvoll sein konnte.

Nach dieser Einsicht lernte Karen, mehr im Augenblick zu leben und nicht zuviel Energie in Wunschgedanken über die Zukunft zu investieren. Sie hofft immer noch auf eine Heilmethode (was bei den gegenwärtigen Fortschritten von Medizin und Technik nicht ganz unrealistisch ist), aber sie erwartet sie nicht mehr. Sie übt sich darin, auf kleine Dinge zu hoffen, wie einen sonnigen Tag, den Besuch einer Freundin, ein gutes, fesselndes Buch. Das sind erreichbare, naheliegende Dinge, die ihr emotionale Zufriedenheit bringen. Sie sagt heute: »Erwartung und Verzweiflung sind die beiden Seiten einer Medaille, beide stellen vergebliche Versuche dar, das Leben zu kontrollieren. Aber es läßt sich nicht kontrollieren … man muß sich für es öffnen.«

Reaktionen auf Enttäuschungen

Anna und Karen mußten beide mit enttäuschten Hoffnungen fertig werden: Anna würde Ian nicht heiraten und Karen nicht wieder laufen können. Sie haben sehr unterschiedlich auf ihre Enttäuschungen reagiert. Anna klammerte sich an hoffnungsvolle Phantasien, die sie vor der reinen Verzweiflung bewahrten. Karen konnte sich dagegen ihrer Verzweiflung und der Realität ihrer Situation stellen, sie gab ihre Erwartungen auf und entwickelte eine hoffnungsvolle Lebenseinstellung.

Es gibt mehrere Gründe für diese unterschiedlichen Reaktionsweisen. Zum einen ist jeder anders und lebt und entwickelt sich auf individuelle, einzigartige Weise. Zum anderen unterscheiden sich die Situationen. So ist Karens Situation wesentlich eindeutiger – es gibt medizinische und sichtbare Beweise –, während Anna immer noch die vage Möglichkeit bleibt. Außerdem erhält Annas Hoffnung durch jeden Kontakt mit Ian immer wieder neue Nahrung. Wenn er ehrlich zu ihr wäre und sagen würde: »Ich habe nicht die Absicht, meine Familie zu verlassen, aber ich schätze die Zeit, die wir miteinander verbringen, sehr und möchte, daß unsere Beziehung unter diesen Bedingungen so lange wie möglich fordauert«, wäre Anna zuerst am Boden zerstört. Doch dann würde sie darüber hinwegkommen und müßte nicht länger darauf hoffen, daß Ian sich einmal ganz für sie entscheidet.

Eine andere Reaktion auf Enttäuschungen ist, uns überhaupt nicht mehr zu gestatten, auf die Erfüllung eines Herzenswunsches zu hoffen. Oft ist es Furcht, die uns zurückhält. »Wenn ich auf etwas hoffe, an dem mir wirklich viel liegt, und es dann nicht bekomme, wäre das zu schrecklich«, denken wir. Um uns vor einer derart katastrophalen Enttäuschung zu schützen, hoffen wir lieber auf etwas, das dem Gewünschten irgendwie nahekommt, aber nicht das Eigentliche ist.

Eine weitere mögliche Reaktion ist Zynismus. Die zynische Haltung leugnet jegliche Hoffnung oder tut sie als etwas vollkommen Naives ab. »Alles geschieht zufällig, also hat es keinen Zweck zu hoffen«, behaupten Zyniker. Was sie meinen, ist: »Wenn ich keine Kontrolle über die Erfüllung meiner Wünsche habe, ist sowieso alles wertlos.«

Hoffnung und Phantasie

Hoffnung ist eng mit Phantasie verbunden. Wir stellen uns eine Situation vor, in der unsere gegenwärtigen Probleme gelöst sind oder sein werden.

Angenommen, Sie kommen nicht gut mit Ihrem Chef klar. Er kritisiert Sie ständig, was Sie nervös macht. In dieser Streßsituation geben Sie sich möglicherweise Phantasievorstellungen folgender Art hin: Der Chef wird versetzt oder entlassen. Man bittet Sie, seinen Posten zu übernehmen. Das tun Sie mit Bravour und erhalten dickes Lob von allen Seiten. Sie fühlen sich kompetent und sind selbstbewußt und beliebt. Wenn Sie

wieder einmal einen schlechten Tag mit Ihrem Chef haben, flüchten Sie in diese hoffnungsvolle Phantasie.
Da das Erhoffte sich Ihrer Macht und Kontrolle entzieht, hält das Phantasieren Sie allerdings davon ab, realistische, positive Schritte zu unternehmen. Sie bauen eine imaginäre Zukunft um eine Reihe von Umständen, die Sie nicht beeinflussen können.
Manchmal ist es jedoch auch ganz gut, uns ein wenig Zeit für Tagträumereien zu nehmen. Die Wirklichkeit ist oft ziemlich hart, und solange die Phantasievorstellungen sich in Grenzen halten, kann es nicht schaden, uns durch sie ein wenig Erleichterung zu verschaffen. Aber auch in Annas Fall halten ihre Phantasien sie von der Wahrnehmung der Wirklichkeit ab. Solange sie nicht die Augen für die Wahrheit öffnet und sich der Verzweiflung stellt, werden ihre Phantasien sie nur einschränken und behindern.

Unsere wahren Hoffnungen finden

Irgendwann im Leben haben wir die Überzeugung gewonnen, daß eine bestimmte Sache, ein Ereignis oder ein Mensch notwendig ist, um uns ein gewünschtes Gefühl zu vermitteln. Darauf gründet sich Hoffnung. Sie entsteht immer aus einer Unzufriedenheit mit einem Aspekt der Gegenwart und dem Glauben, daß die Zukunft Besseres bringen kann. Entscheidend beim Umgang mit dieser Emotion ist jedoch, sich bewußtzumachen, *warum* wir etwas Bestimmtes wollen. Oft kommt uns das ganz offensichtlich vor, aber hinter der konkreten Hoffnung steht immer der Wunsch nach einem bestimmten Lebensgefühl. Wir hoffen also auf etwas Konkretes, Greifbares, aber worum es uns wirklich geht, ist das damit verbundene Gefühl. Ein Weg, herauszufinden, was dieses Gefühl sein könnte, ist der folgende. Stellen Sie sich zwei Fragen. Sie können auch einen Freund oder eine Freundin bitten, Ihnen diese Fragen zu stellen. Erstens: Worauf hoffst du? Zweitens: Was würde dir das bringen? Wiederholen Sie die zweite Frage so oft wie nötig. Ein Beispiel:

Worauf hoffst du?
Ich hoffe, viel Geld mit einer neuen Geschäftsidee zu verdienen.
Was würde dir das bringen?
Ich wäre reich und hätte die Freiheit, zu tun und zu lassen, was ich möchte.
Was würde dir das bringen?
Die Freiheit? Nun, ich müßte mich nicht mehr von meinem Chef herumkommandieren lassen.
Was würde dir das bringen?
Ich hätte mehr Macht, mehr Selbstbestimmung. Ich könnte ihm mal ordentlich die Meinung sagen. Und ich könnte anderen Menschen helfen. Ich würde das Geld nicht nur für mich verwenden.
Was würde dir das bringen?
Vermutlich das Gefühl, daß ich ein guter Mensch bin.
Was würde dir das bringen?
Es würde meinem Leben einen Sinn geben – ich hätte das Gefühl, daß ich nicht umsonst hier bin. Und ich könnte selbst entscheiden, was ich tue und wann und wie. Das wäre schön. Ich glaube, das sind die eigentlichen Gründe, weshalb ich reich sein möchte.

Es ist interessant zu verfolgen, wie schnell die Hoffnung sich in zwei Gefühle verwandelt: den Wunsch nach Freiheit und das Bedürfnis nach einem persönlichen Lebenssinn.
Jetzt stellt sich eine weitere Frage: Gibt es andere Möglichkeiten, sich freier zu fühlen und dem Leben einen Sinn zu geben? Was könnten Sie in Ihrer gegenwärtigen Situation unternehmen, um das Gewünschte zu erreichen?

Vielleicht könnte es Ihnen auch ein Gefühl von Freiheit geben, wenn Sie sich täglich eine halbe Stunde Zeit nehmen, um zu meditieren, zu lesen oder einfach nachzudenken. Eine halbe Stunde, die nur Ihnen allein gehört. Das ist natürlich viel unspektakulärer als Ihre Hoffnung, aber es kann trotzdem wertvoll sein und beträchtliche emotionale Befriedigung verschaffen.

Manchmal haben wir Glück, und eine bestimmte Hoffnung erfüllt sich. Doch dann wieder werden wir enttäuscht und müssen kreativ nach anderen Möglichkeiten suchen, um unsere Sehnsüchte zu stillen.

Emotionale Arbeit

- Nehmen Sie sich die Liste mit Ihren fünf größten Hoffnungen noch einmal vor.
- Gehen Sie Ihre Hoffnungen noch einmal durch, und überprüfen Sie, ob die Bewertung noch stimmt. Nehmen Sie sich dann die beiden mit der höchsten Punktzahl vor, und führen Sie mit ihnen die oben beschriebene Frage-Antwort-Übung durch: *Was erhoffst du? Was würde dir das bringen?* (Die zweite Frage so oft wie nötig wiederholen.) Sie können die Übung allein oder mit einem Freund/einer Freundin machen.
- Wenn Sie herausgefunden haben, welche ersehnten Gefühle den Hoffnungen zugrunde liegen, denken Sie gründlich über diese Gefühle nach. Gibt es andere Wege, wie Sie das Ersehnte erlangen können? Machen Sie ein Brainstorming, und suchen Sie nach Alternativen. Legen Sie eine lange Liste von allem an, was Ihnen einfällt. Viele Ideen werden verrückt und nicht zu verwirklichen sein, aber schreiben Sie sie ruhig auf, und zensieren Sie sich nicht. Verwahren Sie die Liste danach an einem sicheren Ort, möglichst unterm Kopfkissen, damit Sie darüber

schlafen können. Sehen Sie sich die Ideen auf der Liste am nächsten Morgen noch einmal an, und überlegen Sie, was Sie davon verwirklichen können und möchten. Vielleicht ist es möglich, einige Ideen oder Pläne schon jetzt in die Tat umzusetzen.

- Sehen Sie sich nun die Spalte an, in die Sie zuvor eingetragen haben, was Sie befürchten, wenn Ihre Hoffnung enttäuscht wird. Hat sich etwas verändert? Erscheinen Ihnen die Befürchtungen geringer?
- Wenn Sie beginnen, einige der Alternativen in Ihrem Alltag zu verwirklichen, werden Sie feststellen, daß Sie weniger Angst vor den möglichen Folgen einer nichterfüllten Hoffnung haben. Und geben Sie die Hoffnung nicht auf!

Kreative Aufgabe

In vielen Ländern gibt es den Brauch, Hoffnungen, Wünsche und Gebete auf einen Zettel zu schreiben und diesen an einen Wunschbaum zu binden. Die zusammengefalteten Papierstücke flattern im Wind und sind ein Zeugnis der Hoffnung in der Welt.
Basteln Sie sich Ihren eigenen Wunschbaum. Dazu können Sie einen schönen Ast oder interessant geformte Stöckchen nehmen oder ein Stück Treibholz. Sie können Ihren Baum auch malen oder zeichnen oder ihn aus Papier ausschneiden. Oder ihn mit Bleistift direkt auf die Wand zeichnen. Schreiben Sie danach Ihre Hoffnungen auf kleine Zettel, und befestigen Sie diese am Wunschbaum.
Dieser symbolische Akt hat einen tieferen Sinn, denn indem Sie Ihre Hoffnungen an den Baum binden, lassen Sie sie los. Sehen Sie sich die Hoffnungen nach ein paar Monaten wieder an, und lassen Sie sich davon überraschen, wie sie sich erfüllen.

Hoffnung transformieren

Hoffnung zeigt uns, was wir wirklich fühlen wollen. Wenn wir das verstehen und bei jeder Hoffnung herauszufinden suchen, was wir wollen, wird sich unser Leben verändern.

Karen erkannte irgendwann, daß sie sich aus Angst vor dem Alleinsein an die Hoffnung klammerte, eines Tages wieder laufen zu können (eine Hoffnung, die sie immer noch hat und immer haben wird). Sie glaubte anfangs, daß sie nur neue Leute kennenlernen und Freundschaften schließen könne, wenn sie wieder in der Lage wäre zu gehen. Doch zum Glück hat sie eine ausgezeichnete medizinische Betreuung und ist mit ihrem Rollstuhl sehr beweglich. Noch wichtiger ist allerdings, daß sich durch ihre positive Ausstrahlung viele zu ihr hingezogen fühlen. Weil ihre hoffnungsvolle Einstellung auch nach außen wirkt, suchen die Menschen ihre Nähe und fühlen sich von ihr inspiriert.

In Annas Leben hat sich noch nichts verändert. Es gibt viele mögliche Erklärungen dafür, weshalb sie an einer Beziehung zu einem Mann festhält, der das eine sagt und das andere tut. Eine davon wäre, daß sie selbst Angst vor einer festen Bindung hat und den Ernstfall scheut. Eventuell wiederholt sie auch ein tiefsitzendes familiäres Muster. Vielleicht war ihr Vater während ihrer Kindheit oft von zu Hause weg, und sie vermißte ihn sehr und träumte davon, daß er eines Tages immer bei ihr sein würde. Doch eine solche Erkenntnis läßt sich nicht erzwingen. Wenn Sie in einer ähnlichen Situation sind wie Anna, warten Sie geduldig darauf, daß sich etwas verändert. Eines Tages werden Sie aufwachen und merken, daß sich eine neue Tür geöffnet hat, die Veränderung möglich macht. Sie können diese Tür nicht mit Gewalt aufstoßen, aber wenn Sie aufmerksam darauf warten, daß es von selbst geschieht, werden Sie die Gelegenheit nicht verpassen.

Einsamkeit

Wir brauchen eine Form von Freizeitgestaltung,
die Gelegenheit zu Kontemplation
und Meditation gibt.
Voraussetzung dafür ist jedoch
der Mut zur Einsamkeit.
Viktor Frankl

Was ist Einsamkeit?

Wenn man über Einsamkeit nachdenkt, muß man sich als erstes klarmachen, daß es sich um einen sehr verbreiteten, wahrscheinlich universellen emotionalen Zustand handelt. Tückischerweise kann man sich im akuten Zustand der Einsamkeit nicht vorstellen, daß man sein Los mit vielen anderen teilt, und glaubt, der einzige einsame Mensch auf der Welt zu sein. Daher ist es so wichtig, sich vor Augen zu halten: *Sie sind nicht allein in Ihrer Einsamkeit*. Viele andere sind ebenfalls einsam oder sind es dann und wann schon gewesen.

Einsamkeit kann uns in jedem Lebensabschnitt überkommen. Sie kann durch eine Vielzahl von Anlässen ausgelöst werden, die von schlichter körperlicher Erschöpfung bis zu einem schweren persönlichen Verlust reichen. Variationen dieser Emotion sind Traurigkeit über die Abwesenheit eines geliebten Menschen, ein Gefühl des Ausgeschlossenseins bei einem wichtigen gesellschaftlichen Ereignis oder ein herzzerreißendes, alles durchdringendes Gefühl der Trostlosigkeit und Verlassenheit. Jeder kann von Einsamkeit betroffen werden: ob verheiratet oder alleinlebend, reich oder arm, jung oder alt. Die Ehe ist kein Heilmittel dagegen, aber das Verstehen der Ursachen und Auslöser von Einsamkeit kann Ehen zu reiferen, erfüllenderen Partnerschaften machen.

Viele Menschen leugnen ihre Einsamkeit. Man könnte sogar sagen, daß unsere Konsumgesellschaft auf einem kollektiven Verleugnen dieser Emotion beruht. Durch Konsum jeder Art können wir die Gefühle von Leere und Verlassenheit, die Einsamkeit mit sich bringt, vorübergehend lindern oder kaschieren. Jemand sagte einmal zu mir: »Heutzutage zuzugeben, daß man einsam ist, gibt einem das Gefühl, ein Aussätziger zu sein.« Traurig, aber wahr – viele Menschen geben deshalb nicht zu, daß sie einsam sind oder es irgendwann in ihrem Leben schon einmal waren. Wenn wir dagegen offen über unsere eigene Einsamkeit und die von anderen sprechen können, verliert diese Emotion automatisch viel von ihrer negativen Macht.

Eine Bekannte von mir fragt sich bei Einsamkeitsgefühlen immer, wer in ihrem Freundeskreis ebenfalls einsam sein könnte. Wenn ihr intuitiv ein Name einfällt und sie die betreffende Person anruft, ist ihr Anruf meist hochwillkommen. Auf diese Weise hat sie die Isolation der Einsamkeit durchbrochen und eine Verbindung hergestellt. Verbindungen herzustellen ist der entscheidende Schritt, um über die Einsamkeit hinaus zu einem neuen emotionalen Zustand zu gelangen.

Wie fühlt sich Einsamkeit an?

Wir erfahren Einsamkeit auf unterschiedliche Weise, aber die typischsten Empfindungen dabei sind:

- Sich mutterseelenallein fühlen
- Sich von anderen verlassen fühlen

- Innere Leere
- Glauben, daß man von anderen Menschen (denen es bestens geht) abgeschnitten ist
- Nicht mit anderen kommunizieren wollen
- Glauben, daß andere einem aus dem Weg gehen

Verwandte Emotionen sind:

- Verzweiflung
- Trauer
- Furcht
- Depression
- Neid
- Scham

Einsamkeit in extremer Form ist eine der schmerzlichsten Emotionen überhaupt und kann von Depression und Selbstmordgedanken begleitet sein. Selbstmordgedanken sind meistens ein Ausdruck für ein tiefgreifendes Bedürfnis nach Veränderung. Damit habe ich mich ausführlicher im Kapitel »Depression« befaßt.

Skala Ihrer Einsamkeitsgefühle

Ordnen Sie Ihre Einsamkeitsgefühle auf einer Skala von eins bis zehn ein. Eins bezeichnet dabei eine ganz leichte Form, zehn Ihre schlimmste Einsamkeitserfahrung. Notieren Sie sich Ihre Einschätzung, und nehmen Sie diese erneut vor, wenn Sie das Kapitel zu Ende gelesen und alle Übungen gemacht haben.

Lernen, seine Verluste zu verwinden – Johns Geschichte

John ist Mitte Fünfzig und hat vor kurzem seinen Job verloren. Er war dreißig Jahre lang bei der Firma beschäftigt. Im vergangenen Jahr ist sein Bruder gestorben, der ihm sehr nahestand. Seine Arbeit hatte ihm ein Gefühl von Kameradschaft und Sinnhaftigkeit vermittelt, und der Verlust des Jobs brachte den vergrabenen emotionalen Schmerz im Zusammenhang mit dem Tod seines Bruders an die Oberfläche.

Er sagt: »Ich fühle mich furchtbar einsam und habe keine Hoffnung, daß es mir je wieder richtig gutgehen könnte. Ich bin zu alt, um eine neue Stelle zu finden, und selbst wenn ich eine finden würde, würde mir das nicht die langjährige Kameradschaft mit den alten Kollegen ersetzen. Ich habe versucht, mich mit ihnen auf ein Bier zu treffen, aber das hat keinen Zweck. Sie wollen nichts mehr mit mir zu tun haben.«

John ist mit seiner Frau Denise seit dreißig Jahren verheiratet. Seit die Kinder groß und aus dem Haus sind, haben sie sich nicht mehr viel zu sagen. Trotz des ehelichen Zusammenlebens fühlt John sich vollkommen allein.

John erkennt nicht, daß sich in seine Einsamkeit noch andere Emotionen mischen. Er beneidet Menschen, von denen er glaubt, daß sie ein erfülltes Leben haben. Er schämt sich seiner Einsamkeit und geht Freunden und Bekannten aus dem Weg. Dieses Verhalten rationalisiert er, indem er behauptet, daß sie nichts mit ihm zu tun haben wollen. Doch in Wirklichkeit ist das Gegenteil der Fall – er will nichts mit ihnen zu tun haben, weil sie ihn an eine Welt erinnern, die er verloren hat.

Keine Atempause – Julias Geschichte

Die zweiunddreißigjährige Julia arbeitet in einer PR-Agentur. Sie ist schick, clever und dynamisch. Ihr Terminkalender ist stets randvoll, und sie selbst sagt, daß sie nie eine freie Minute habe. Sie muß von Berufs wegen oft mit Kunden ausgehen und hat überdies einen großen Bekanntenkreis, den sie »die Gang« nennt. Es gibt keinen Abend und kein Wochenende, an dem sie allein ist. Ihr Liebesleben besteht aus einer Abfolge von Affären mit verheirateten Männern.

Wenn man Julia fragt, ob sie sich einsam fühle, antwortet sie knapp: »Ich habe überhaupt keine Zeit zum Einsamsein.« Das ist allerdings wahr. Indem sie sich keine Zeit für das Gefühl läßt, vermeidet sie beinahe erfolgreich, es zu empfinden. Doch ihre Einsamkeit ist eine Realität, die sich in schlaflosen, allein verbrachten Nächten bemerkbar macht. Um so mehr füllt Julia ihre Tage mit zahllosen Aktivitäten aus, um der Wahrheit nicht ins Gesicht sehen zu müssen.
Julia hat als kleines Mädchen ihre Mutter verloren und danach jahrelang unter einer kalten, feindseligen Stiefmutter gelitten. Vor zehn Jahren verliebte sie sich dann in Terry, der sie nach einer kurzen gemeinsamen Zeit jedoch wieder verließ. Sie hatte all ihre Hoffnungen in diese Beziehung gesetzt und war am Boden zerstört, als sie in die Brüche ging. Danach beschloß sie, sich nie wieder verletzbar zu machen und sich nur noch auf unverbindliche, austauschbare Liebschaften einzulassen.
Unter ihrem attraktiven und tüchtigen Äußeren ist Julia sehr einsam, leugnet dies aber aus Stolz. Eine Krise zwingt sie schließlich, ihr geschäftiges Leben aufzugeben und sich mit ihren Einsamkeitsgefühlen auseinanderzusetzen. Das ist zwar sehr schmerzhaft, aber der erste Schritt zu ihrer Überwindung.

Zwischen diesen beiden Geschichten über Einsamkeit liegen zwar Welten, aber John und Julia haben dennoch etwas gemeinsam. Beide haben einen schmerzlichen Verlust erlitten und darauf mit der Verweigerung enger menschlicher Beziehungen reagiert, um zu verhindern, daß sie noch einmal verletzt werden. Doch ohne die Fähigkeit, Bindungen eingehen zu können, werden wir einsam. Wir müssen uns dabei nicht unbedingt an einen Menschen binden; enge Verbindungen können auch zu Tieren, zur Natur oder zu Hobbies bestehen. Wir können mit uns selbst verbunden sein und mit unserem

Lebensinhalt, mit unserer Arbeit oder dem Dienst an einer Gemeinschaft.

Warum fühlen wir uns einsam?

Das Gefühl der Einsamkeit entsteht, wenn eine grundsätzliche Veranlagung, die unterschiedliche Ursachen haben kann, mit einem Auslöser zusammentrifft. Auslöser können alle möglichen Ereignisse sein, die an frühere Erfahrungen rühren. Diese Erfahrungen bilden die Grundlage, sind die Ursache für unsere Veranlagung. Man könnte es mit einer Allergie vergleichen – wenn Sie bei einer Pollenallergie mit bestimmten Pollen in Kontakt kommen, ist Heuschnupfen die Folge, auch wenn es Ihnen ansonsten gesundheitlich gutgeht. Die Pollen sind die Auslöser, die Allergie die Veranlagung.

Es ist wichtig, das Wirken der Auslöser zu verstehen, weil sie für jeden von uns anders aussehen können. Erwarten Sie nicht, daß eine Freundin sofort versteht, *warum* Sie sich einsam fühlen – sie hat andere Erfahrungen, und bei ihr lösen ganz andere Ereignisse und Umstände Einsamkeit aus.

Die Wurzeln der Einsamkeit

Die Wurzeln der Einsamkeit liegen in unseren psychischen Mustern und frühen Lebenserfahrungen. In der biblischen Geschichte vom Sündenfall werden Adam und Eva aus dem Paradies vertrieben, wo sie in harmonischer Einheit mit Gott und der Schöpfung lebten. Nach der Vertreibung waren sie plötzlich auf sich gestellt und mußten die Einsamkeit des Ausgeschlossenseins und des Exils ertragen. Dieser Mythos wird häufig als symbolische Darstellung des Schmerzes interpretiert, den ein Neugeborenes empfindet, wenn es von seiner Mutter getrennt wird. In der Gebärmutter war es vollkommen versorgt und aufgehoben und nie allein. Jetzt muß es manchmal warten, bis jemand mit ihm schmust, es füttert oder ihm die Windeln wechselt. Selbst eine kurze Wartezeit kann schon bewirken, daß es sich verlassen fühlt. Das Baby erfährt, daß es nicht länger Teil eines anderen Wesens ist, sondern getrennt existiert. Das ist der Beginn unserer existentiellen Einsamkeit und der Preis für unsere Individualität.

Die innere Fürsorgergestalt entwickelt sich

Mit der Zeit lernt das Baby, sich die Anwesenheit eines fürsorglichen Elternteils oder einer anderen Bezugsperson vorzustellen, wenn diese Person nicht anwesend und das Baby allein ist. Während wir heranwachsen und uns weiterentwickeln, wird diese Vorstellung zu unserer inneren Fürsorgergestalt. Diese Gestalt ist der Teil von uns, mit dem wir uns um uns selbst kümmern, und stellt eines der wichtigsten Bollwerke gegen die Einsamkeit dar. Sie haben sicher auch schon zu sich selbst gesagt: »Komm, ist doch nicht so schlimm«, oder: »Ich werde mir einfach eine schöne Tasse Tee machen, ein heißes Bad einlassen und früh zu Bett gehen.« Das ist die Stimme der inneren Fürsorgergestalt – sie tröstet uns und gibt uns Wärme und Geborgenheit.

Doch da die Fürsorge unserer Eltern in den meisten Fällen nicht perfekt war, ist auch das Bild der Fürsorgergestalt nicht perfekt. Manchmal ist sie da, wenn wir sie brauchen, manchmal aber auch nicht. Manchmal ertragen wir es, allein zu sein, und manchmal nicht. Wenn wir daran arbeiten, diese innere Fürsorgergestalt zu stärken, werden wir zunehmend fähiger, auch allein glücklich und zufrieden zu sein.

Julia verlor ihre Mutter früh und hatte nie die Chance, eine liebevolle Beziehung zu einer anderen erwachsenen Person aufzubauen. Das machte sie sehr verwundbar. Als sie sich in Terry verliebte, erwartete sie von ihm eher die Fürsorglichkeit einer Mutter als die Zuwendung eines Liebhabers. Als er nicht in der Lage war, ihr diese Fürsorge zu geben, und sie verließ, fühlte sie sich buchstäblich, als habe er ihr das Herz gebrochen. Sie begriff nicht (weil ihr niemand durch diese Zeit hindurchhalf), daß ihr Schmerz durch den des früheren Verlusts beeinflußt und verstärkt wurde. Als man ihr dieses Muster erklärte, war sie erleichtert und konnte endlich richtig um ihre Mutter trauern. Sie verstand, daß kein Liebhaber ihr je die Mutter ersetzen würde, daß aber die Liebe zwischen Erwachsenen auf eigene Art wertvoll und wichtig ist.

Johns Mutter starb zwar erst, als er längst erwachsen war, aber sie hatte keinen starken Einfluß auf das Leben ihrer Kinder. Seine Eltern waren Flüchtlinge, und obwohl sie sich alle Mühe bei der Erziehung gaben, litten sie zu sehr unter der Vertreibung aus ihrem Heimatland, um ihren Kindern eine stabile emotionale Basis bieten zu können. Als sein Bruder starb, hatte John das Gefühl, die letzte Verbindung mit seiner Familie verloren zu haben. Dann wurde ihm auch noch die Ersatzfamilie in Gestalt der Arbeitskollegen genommen. Im Laufe seiner emotionalen Arbeit begann er zu verstehen, daß die Entlassung nur der Auslöser für seine Einsamkeit gewesen war.

Auslöser von Einsamkeit

Einsamkeit beginnt wie viele andere Emotionen mit einem Auslöser. Das kann alles mögliche sein, zum Beispiel das Ende einer Partnerschaft, der Verlust eines Arbeitsplatzes, einer Freundschaft oder eines wichtigen Besitztums. Es muß

sich aber nicht unbedingt um einschneidende Ereignisse handeln. Manchmal fühlen wir uns einsam nach einer großen Anstrengung, die all unsere Energie aufgezehrt hat, oder während einer langen Krankheit.
Der Auslöser steht immer im Zusammenhang mit einem Verlust: dem eines geliebten Menschen, eines Jobs, der Routine und des Gerüsts des Alltags. Dieser Verlust bewirkt, daß wir uns abgelehnt fühlen, was wiederum dazu führen kann, daß wir andere um uns herum ablehnen. Dann geraten wir in einen existentiellen Einsamkeitszustand, in dem die Einsamkeitsgefühle nach dem Verlust der perfekten, bedingungslosen Liebe unserer frühen Kindheit zurückkommen. Wir ziehen uns zurück und verlieren die Verbindung mit dem Rest der Welt, wir glauben, daß wir allein und isoliert sind. Wir lassen unsere schlimmsten Befürchtungen Wirklichkeit werden.
Es ist sehr wichtig, den Kreislauf an diesem Punkt zu unterbrechen. Dies kann nur durch eine neue Verbindung mit etwas außerhalb von uns selbst geschehen. Das muß nicht unbedingt eine Person sein. Auch ein Haustier oder eine Aktivität wie ein Hobby kommen in Frage. Wenn wir den Kreislauf nicht unterbrechen, wird er sich ständig selbst erneuern, weil immer wieder neue Auslöser unseren Weg kreuzen.
Manchmal versuchen wir, uns von dem Gefühl »freizukaufen«, statt emotional intelligent damit umzugehen. Das können wir wortwörtlich tun durch einen Einkaufsrausch, durch Alkohol, Drogen, übermäßiges Essen oder andere Dinge, mit denen wir kurzfristig unsere Stimmung heben. Doch diese Strategie funktioniert nicht dauerhaft, denn sobald die Wirkung des Weins nachläßt oder die Einkäufe zu Hause ausgepackt sind, kehrt die Einsamkeit zurück. Andere Bemäntelungen von Einsamkeit sind aggressives Verhalten oder Arbeitssucht, also alles, was betäubt und uns innerlich abstumpfen läßt.

Der Einsamkeits-Zyklus

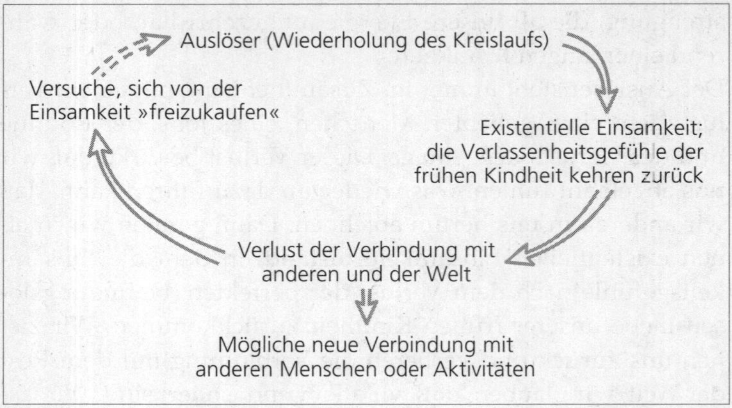

Es ist einfacher, mit den Auslösern von Einsamkeit zu arbeiten als mit den Wurzeln. Niemand von uns hat perfekte Eltern gehabt – obwohl einige schmerzlichere Erfahrungen machen mußten als andere. Wenn Sie feststellen, daß es sehr schmerzlich ist, wenn Sie über die Ursachen Ihrer Einsamkeit nachdenken, sollten Sie Hilfe und Unterstützung bei einer anderen Person suchen. Das kann eine Therapeutin, ein psychologischer Berater oder eine verständnisvolle Freundin sein. Es ist häufig sehr schwer, sich mit diesen tiefverwurzelten Gefühlen auseinanderzusetzen – denken Sie vor allem daran, daß Sie jederzeit auf die innere Fürsorgergestalt zurückgreifen können, egal wie Ihre tatsächlichen Kindheitserfahrungen ausgesehen haben. Die emotionale Arbeit mit Einsamkeitsgefühlen ist eine Übung in Phantasie und Mut und hat nicht zum Ziel, Schuldzuweisungen vorzunehmen.

Vielleicht möchten Sie mit den Auslösern auch auf eine ganz praktische Weise umgehen, indem Sie sich zum Beispiel ausreichend Schlaf gönnen, auf eine Party gehen, einen Freund besuchen oder sonst etwas tun, das gut für Sie ist. Das ist ein ausgezeichneter Ansatz, denn indem Sie sich um sich selbst kümmern, stärken Sie Ihre fürsorglichen Anteile.

Emotionale Arbeit

- Was fühlen Sie in diesem Moment? Lassen Sie sich Zeit, und beschreiben Sie Ihre Gefühle in Ihrem Tagebuch. Denken Sie daran, daß es rein privat und Ihr Freund ist.
- Was hat dieses momentane Gefühl ausgelöst?
- Welche anderen Emotionen fühlen Sie oder haben Sie gerade gefühlt (z. B. Trauer, Neid, Furcht, Depression, Scham)? Denken Sie daran, daß es ihnen den Stachel nimmt, wenn Sie sie benennen.
- Haben Sie sich als Folge dieser Emotionen von anderen Menschen oder bestimmten Lebensbereichen zurückgezogen? Auf welche Weise?
- Haben Sie beim Lesen von Julias und Johns Geschichten bemerkt, daß Sie an bestimmten Stellen Wut, Ungeduld, Mitleid oder etwas anderes empfanden? Liegt darin eine mögliche Botschaft für Sie?
- Mit wem hatten Sie größeres Mitgefühl – mit Julia oder mit John? Warum?
- Welche praktischen Möglichkeiten gibt es, durch die Sie wieder eine Verbindung zur Welt herstellen könnten?
- Vielleicht möchten Sie über die Beziehung zu Ihren Eltern nachdenken. Wie haben Sie sie erlebt? Sie müssen dabei nicht in die Tiefe gehen, es genügt schon anzuerkennen, daß Ihre Eltern wie alle Menschen Fehler gemacht haben oder machen.

Belohnen Sie sich, wenn Sie diese Übungen gemacht haben, so wie gute Eltern ihr Kind belohnen, wenn es eine schwierige Aufgabe bewältigt hat. Üben Sie während der nächsten Tage, sich selbst eine wunderbare Mutter oder ein großartiger Vater zu sein. Auf das dabei entstehende Gefühl der Wärme und Sicherheit können Sie Ihr ganzes Leben lang immer wieder zurückgreifen.

Wenn Sie eine Verbindung zu der inneren Fürsorgergestalt herstellen und engere, vertrautere Beziehungen mit Freunden, Partnern oder Liebhabern eingehen, können Sie auch das Alleinsein genießen und werden es nicht mehr als Einsamkeit empfinden. Durch den inneren Halt, den Ihnen die Verbundenheit mit anderen gibt, fühlen Sie sich nicht mehr einsam – selbst wenn Sie allein sind.

Als Julia sich ihre Einsamkeit eingestand, empfand sie ungeheure Erleichterung. Sie lag im Krankenhaus und hatte zum ersten Mal seit vielen Jahren nichts zu tun. Sie begegnete einem psychologischen Betreuer, der ihr vorschlug, mit ihren Gefühlen zu arbeiten, und da sie sehr einsam war, stimmte sie zu. Durch ihre emotionale Arbeit konnte Julia den Schmerz über den frühen Verlust ihrer Mutter zulassen und ihn schließlich überwinden. Sie begann, die Verbindung zwischen diesem Schmerz und ihrer Beziehung zu Terry zu erkennen, und verstand, warum diese Beziehung scheitern mußte.

Zum ersten Mal in ihrem Leben konnte sie es aushalten, allein zu sein, und diese Zeit nutzen, um sich selbst besser kennenzulernen. Julia bemerkte, daß sie zu niemandem eine wirklich enge, vertraute Beziehung hatte. Eine ihrer ersten Aufgaben bestand darin, sich die Zeit zu nehmen, öfter mit ein paar wenigen guten Freundinnen und Freunden zusammenzukommen und die Dinge mit ihnen zu teilen, die ihr wichtig sind. Sie erkannte außerdem, daß ihre wechselnden Affären nicht die Art von Beziehung waren, die sie sich wünschte, und beschloß, von nun an lieber nach einem Mann Ausschau zu halten, dem ebenfalls an einer dauerhaften, engen Partnerschaft gelegen war.

Als John mit seiner emotionalen Arbeit begann, machte er mehrere interessante Entdeckungen. Er erkannte, daß sein älterer Bruder ihm mehr Liebe gegeben hatte als seine Eltern. Weil der Bruder dadurch zu einer Art Elternersatz geworden war, hatte sein Tod John besonders hart getroffen.

Ihm wurde außerdem bewußt, daß sich seine Ehe immer nur um Hypotheken, die Kinder und die ewigen Alltagsprobleme gedreht hatte. So wichtig diese Dinge sein mochten – er merkte auf einmal, daß er die Frau, mit der er seit so vielen Jahren zusammenlebte, kaum kannte. Er und Denise hatten ein konventionelles Leben gelebt und sich nie weiter um ihre Gefühle gekümmert, weder um die eigenen noch die des Partners. John begann mit seiner emotionalen Arbeit und schlug Denise vor, einige Themen gemeinsam anzugehen. Sie war sehr erfreut darüber, und die beiden unterhielten sich endlich über Dinge, die ihnen wirklich am Herzen lagen.

Weil er einsah, daß seine emotionalen Bedürfnisse nicht von einem einzigen Menschen gestillt werden konnten, traf John sich auch wieder mit anderen und stellte zu seiner Überraschung fest, daß sie sich über seine Gesellschaft freuten. Er begann, neue Pläne zu machen, und arbeitete ehrenamtlich bei einem örtlichen Wohltätigkeitsverband mit. Dort waren seine beruflichen Kenntnisse von großem Nutzen, so daß er neben den neuen Freundschaften, die er schloß, auch das gute Gefühl bekam, einen Beitrag für das Gemeinwohl zu leisten. All das half ihm, sich wieder mit der Welt verbunden zu fühlen.

Kreative Aufgabe

Schreiben Sie einen Brief an Ihre innere Fürsorgergestalt. Erklären Sie ihr, warum Sie sich verlassen fühlen, und bitten Sie sie um Hilfe. Es kann eine Mutter- oder Vaterfigur oder auch eine geschlechtslose Gestalt sein – was immer Ihnen am natürlichsten vorkommt. Vielleicht müssen Sie auch mehrere Briefe schreiben. Legen Sie die Briefe in eine Schublade, und lesen Sie sie nach sechs Monaten wieder. Sie werden überrascht sein, welche Veränderungen in Ihnen stattgefunden haben.

Einsamkeit transformieren

Die Erfahrung der Einsamkeit bietet uns eine Chance zu persönlicher Entwicklung und innerem Wachstum. Wenn wir diese Emotion bewußt durchleben, werden wir feststellen, daß sie uns bereichert und verändert. Wir können von einer oberflächlichen Lebensweise zu einer tiefen Verbindung mit den Menschen und Ereignissen um uns herum gelangen. Die Früchte dieser emotionalen Arbeit sind sowohl beglückende persönliche Beziehungen als auch Freude am Alleinsein.

John und Julia haben sich zu reiferen und großherzigeren Menschen entwickelt. Wie John heute sagt: »Es war, als ob ich auf einer kleinen Insel lebte und nicht begriff, daß ich eine Welt in mir trug.« Wenn wir den Mut haben, uns unsere Einsamkeit einzugestehen und bewußtzumachen, kann das zu einem reicheren und erfüllteren Leben führen, als wir je zu hoffen wagten. Statt unserem verlorenen Paradies nachzutrauern, werden wir beginnen, neue Verbindungen mit der Welt herzustellen und kreativ in und mit ihr zu handeln. Wenn die Einsamkeit wiederkehrt, was dann und wann unvermeidlich ist, wird sie trotz aller Niedergeschlagenheit eine Einladung zu neuen Erfahrungen sein.

Liebe

Verliebte und Verrückte
Sind beide von so brausendem Gehirn,
So bildungsreicher Phantasie, die wahrnimmt,
Was nie die kühlere Vernunft begreift.

William Shakespeare

Was ist Liebe?

Die Frage nach der Liebe beschäftigt Dichter und Philosophen seit vielen tausend Jahren. Daher kann dieses kleine Kapitel keinen Versuch darstellen, definitive Antworten auf eines der größten Rätsel des menschlichen Lebens zu geben. Liebe entzieht sich grundsätzlich der menschlichen Erkenntnis. Man kann sie mit einem schroffen Bergmassiv vergleichen, das von Nebelschwaden umwabert wird, die sich hin und wieder teilen und einen Blick auf phantastische Felsformationen und schräg über Abgründen wachsende Bäume freigeben. Dann schließt sich die Nebelwand wieder, und der Berg ist nur als gewaltiges, unbekanntes Gebilde zu erahnen. Wir stehen an seinem Fuß und wissen, daß er uns mit dem Himmel verbinden kann, aber wenn Liebe falsch verstanden wird oder eine pervertierte Form annimmt, wirft sie uns zurück in den Schlund der Hölle.

Liebe ist als motivierende Kraft bei den meisten unserer emotionalen Zustände präsent. In allen steckt eine unterschwellige Sehnsucht nach der absoluten Liebe. Einsamkeit enthält ganz offensichtlich ein Bedürfnis nach Liebe – während Ablehnung das Ergebnis fehlgeschlagener Liebe ist. Furcht fürchtet den Verlust von Liebe, Haß ist die Kehrseite der Medaille, und bei Depression und Langeweile sehnen wir uns nach der Leidenschaft der Liebe. Trauer betrauert den Verlust von Liebe, Aggression versucht vergebens, sie zu vertreiben, und Wut flammt auf, wenn wir sie scheinbar nirgends finden können.

Stolz wünscht sich Liebe, ist aber zu stolz, um sie hinter seinen Schutzwall zu lassen, Hoffnung sehnt sich nach ihr, und Ängstlichkeit ist so ängstlich, weil die Liebe unsicher oder abwesend scheint. Liebe ist also das eigentliche Innere, der Kern aller Emotionen.

Es gibt viele verschiedene Arten von Liebe, die jedoch eines gemeinsam haben: Wenn Liebe aus ganzem Herzen kommt, gehen zwei (oder auch mehr) Menschen dabei eine innige wechselseitige Beziehung ein. Das Wesen der Liebe besteht nicht darin, den anderen als Lösung der eigenen Probleme zu betrachten, als Figur im Drama unseres Lebens. Lieben heißt, den geliebten Menschen in seiner Einzigartigkeit zu respektieren und zu schätzen und ein Kraftfeld in Form einer Beziehung entstehen zu lassen. Liebe läßt dieses Kraftfeld jede gewünschte Form annehmen und geht jedes nötige Risiko ein. Das erscheint unserem rationalen Denken als Wahnsinn, weshalb wir oft versuchen, die Macht der Liebe zu begrenzen und sie im Sinne unserer bewußten Ziele und Absichten zu kontrollieren. Lassen wir uns aber nicht mit ganzem Herzen, mit unserem ganzen Sein auf eine Liebesbeziehung ein, beginnen wir die Liebe bald als eine Art Handel anzusehen. Wir achten darauf, daß wir genug zurückbekommen, und werden gierig und bedürftig. Das führt, wie wir sehen werden, zu endlosen Problemen und dem Leid der negativeren emotionalen Zustände. Die ideale, reine Liebe kommt natürlich äußerst selten vor, aber das ist kein Grund, nicht

nach ihrer potentiellen Größe zu streben, wann immer wir können.
Liebe ist der elementarste Bestandteil persönlicher Veränderung, denn sie führt uns aus den engen Grenzen unseres Egos hinaus in den weiteren, großzügigeren Bereich einer Beziehung zu einem oder mehreren Menschen. Richtig lieben zu lernen ist eine ähnlich anspruchsvolle Aufgabe, wie ein Musikinstrument konzertreif spielen zu wollen. Nur sehr wenige werden es zu internationalem Ruhm bringen. Doch selbst wenn wir nur Amateure der Liebe bleiben, werden wir doch den einen oder anderen schönen Klang hervorzaubern können.
Dieses Kapitel befaßt sich hauptsächlich mit der Emotion der romantischen Liebe. Es will Ihnen eine Vorstellung davon vermitteln, wie die romantische Liebe mit den anderen Formen der Liebe zusammenhängt und wie man emotional intelligent lieben kann.

Die verschiedenen Formen von Liebe

Unterschiedliche Beziehungen bringen unterschiedliche Formen von Liebe hervor, die im Kern jedoch alle miteinander verbunden sind. Unsere Liebesfähigkeit baut auf unserer Erfahrung der Elternliebe auf, auf unserem Verständnis von brüderlicher Liebe und unserer Hingabe an die Selbstliebe.
Diese Liebesformen sind keine festgelegten Größen, sondern veränderlich wie die Gezeiten. Unsere Liebesfähigkeit bewegt sich zwischen zwei Polen: einem positiven und einem negativen. Wenn zum Beispiel alles gut läuft, fühlen wir uns sehr positiv, und es fällt uns leicht, uns selbst zu lieben, doch nach einer Woche voller Niederlagen sind unsere Empfindungen

eher negativ. Unser Selbstwertgefühl beruht zu einem großen Teil auf der Verstärkung von positiven Aspekten. Zur Entwicklung der emotionalen Intelligenz gehört es allerdings, auch die Botschaft der negativeren Tage und Erlebnisse nicht zu verachten. Wenn es Ihnen gelingt herauszufinden, warum Sie sich zu einer bestimmten Zeit negativ fühlen, können Sie sich emotional anpassen und gelassener auf bessere Tage warten.

Elternliebe

Die erste Liebe, die wir erfahren, ist die unserer Eltern. Als hilflose Kleinkinder werden wir (wenn wir Glück haben) bedingungslos geliebt. Unsere körperlichen Bedürfnisse werden fraglos gestillt, man liebt uns nicht für bestimmte Leistungen oder Eigenschaften, sondern einfach, weil wir da sind. Doch unsere Bedürfnisse gehen über das Körperliche hinaus, wir brauchen das Gefühl, daß es schön ist, am Leben zu sein, und bekommen diese Liebe zum Leben im Idealfall von unseren Eltern vermittelt.

Wie Erich Fromm einmal bemerkt hat, brauchen wir nicht nur Milch, also Nahrung und Bestätigung, sondern auch Honig, das heißt einen Sinn für die Süße und die Gaben, die das Leben für uns bereithält. Nur Eltern, die selbst den Honig der Lebensfreude kennen, können diesen auch an ihre Kinder weitergeben. Die meisten von uns haben trotzdem auch den Essiggeschmack der negativeren elterlichen Stimmungen und Einstellungen im Mund.

Die beiden Pole der Elternliebe sind:

Positiver Pol: »Das Leben trägt mich, und alles ist voller Liebe.«

Negativer Pol: »Das Leben ist gefährlich und Liebe sehr schwer zu finden.«

Brüderliche Liebe

Während die Liebe zwischen Eltern und Kindern ungleiche Machtverhältnisse umfaßt, besteht brüderliche Liebe im wesentlichen zwischen Gleichrangigen. Sie ist ihrer Art nach ähnlich bedingungslos und sieht im anderen, egal ob arm oder reich, den Bruder oder die Schwester, einen Mitreisenden auf dem Weg durchs menschliche Leben. Das Hauptmerkmal der brüderlichen Liebe ist das Anerkennen und Akzeptieren von Unterschieden. Wir lieben jemanden nicht, weil er genauso ist wie wir, sondern weil es ihn gibt und wir ihm begegnet sind. In reiner Form ist die brüderliche Liebe sehr warmherzig und durch spontane Zuneigung und eine großzügige Geisteshaltung gekennzeichnet.

Brüderliche Liebe erwächst aus den Schwierigkeiten, die die üblichen Geschwisterrivalitäten mit sich bringen. Fast niemand ist mit seinem Geburtsrang zufrieden. Ältere Kinder beneiden die jüngeren oft um ihre sorglose Verantwortungslosigkeit und die größere Aufmerksamkeit, die sie als Schoßkinder von der Mutter bekommen. Die jüngeren beneiden die älteren dagegen um ihre Privilegien und ihre Vorbildfunktion. Jeder, der Geschwister hat, kennt diese Rivalitäten, denn in Familien herrscht nun einmal keine Gleichheit. Mit Glück gibt es dennoch genug Zuneigung unter den Geschwistern, um später die Fähigkeit zu einer reifen brüderlichen beziehungsweise schwesterlichen Liebe zu ermöglichen.

Die beiden Pole der brüderlichen Liebe sind:

Positiver Pol: »Das ist mein Bruder/meine Schwester. Ich liebe ihn/sie und sehe in allen Menschen Brüder und Schwestern.«

Negativer Pol: »Vor Brüdern/Schwestern muß man sich hüten, weil sie einen nur ausnutzen.«

Romantische Liebe

Die romantische Liebe unterscheidet sich von den bisher erwähnten beiden Formen, indem sie sich ausschließlich auf eine Person richtet. Sie strebt nach der Vereinigung mit einem anderen Menschen und ist das naheliegendste Gegenmittel gegen Einsamkeit. Diese Vereinigung erinnert an die paradiesische Zeit im Bauch unserer Mutter, als wir völlig eins mit ihr waren. Das Gefühl des Verliebtseins wird häufig von dem Drang nach Verschmelzung begleitet, der auf körperlicher Ebene zum Sex führt, darüber hinaus aber auch Ausdruck einer tieferen emotionalen Sehnsucht nach Vereinigung ist. Sex gilt oft als die einzige Brücke zu dieser Vereinigung, weshalb er in vielen Beziehungen eine übermäßige Bedeutung hat.

Wenn wir uns verlieben, projizieren wir einen noch nicht anerkannten Teil von uns selbst auf die andere Person. Sich zu verlieben ist daher auch ein Mittel, ein vollständigeres Bild von sich selbst zu gewinnen. Wenn wir jedoch zu einer reiferen Art von Liebe gelangen wollen, müssen wir die Projektionen wieder von unserem Partner abziehen und in uns selbst eingliedern. Erst dann können wir die andere Person so lieben, wie sie ist. Wenn Menschen sich häufig ver- und wieder entlieben, bedeutet das gewöhnlich, daß sie niemand anderen als sich selbst oder, besser gesagt, daß sie überhaupt nicht lieben können.

Die beiden Pole der romantischen Liebe sind:

Positiver Pol: »Ich liebe diesen Menschen trotz seiner (und meiner) Fehler und Schwächen für seine Einzigartigkeit und Menschlichkeit.«

Negativer Pol: »Ich liebe diesen Menschen, weil er meinen Bedürfnissen entgegenkommt.«

Wenn wir uns selbst genug lieben, laufen wir nicht Gefahr, selbstsüchtig zu werden. Dieses scheinbare Paradox steht dem entgegen, was die meisten von uns als Kinder beigebracht bekommen. Man sagt uns, daß wir zuerst an andere denken sollen, aber in Wahrheit können wir uns nur richtig um andere kümmern, wenn wir uns zuvor ausreichend um uns selbst gekümmert haben. Sich selbst zu lieben heißt nicht, sich alles zu erlauben; es bedeutet keine endlose Abfolge von Vergnügungen und Belohnungen. Selbstliebe ist vielmehr eine liebevolle Haltung gegenüber sich selbst und der eigenen notwendigen Entwicklung. Wenn wir uns selbst lieben, können wir uns selbst vergeben, uns selbst anleiten und auch selbst antreiben, wenn es nötig ist. So wie ein Lehrer einem Schüler immer schwerere Aufgaben stellt, um ihn zu fördern, müssen wir uns auch selbst auf liebevolle Weise fördern. Nur Menschen, die sich wahrhaft selbst lieben, erreichen ihr volles Potential. Selbstliebe ist nötig für das Gleichgewicht in der romantischen Liebe und macht uns stark und großzügig genug, um brüderliche Liebe und Elternliebe geben zu können.
Die beiden Pole der Selbstliebe sind:
Positiver Pol: »Ich liebe mich selbst und sorge gut für mich, damit ich auch andere lieben und für sie sorgen kann.«
Negativer Pol: »Ich bin nicht liebenswert, solange ich nicht von jemand anderem geliebt werde.«

Wie fühlt sich Liebe an?

Romantische Liebesgefühle machen sich meist auch körperlich bemerkbar. Verliebte Menschen haben oft einen leichten Schlaf und wenig Appetit, sie machen einen geistesabwesen-

den, manchmal sogar besessenen Eindruck. Es ist etwas Manisches und doch Wunderbares an dieser Form von Liebe. Die Hormone spielen verrückt und können ein extremes Hochgefühl erzeugen, man »schwebt auf Wolken«. Ein Mann beschrieb sein Verliebtsein so: »Es ist ein vollkommen verrückter Zustand, der total ungelegen kommt und für den ich eigentlich keine Zeit habe. Aber ich möchte ihn um keinen Preis missen, denn durch ihn wird das Leben erst lebenswert.«
Mit der romantischen Liebe verbundene Emotionen sind:

- *Furcht:* »Ich hoffe, er/sie hat nicht gemerkt, wieviel mir an ihm/ihr liegt.« Oder: »Ich habe große Angst, ihn/sie wieder zu verlieren, er/sie bedeutet mir so viel.«
- *Hoffnung:* »Ich hoffe, daß aus dieser Beziehung etwas Festes wird.« Oder: »Ich hoffe, der/die andere liebt mich auch, sonst wäre ich verzweifelt.«
- *Ängstlichkeit:* »Liebt er/sie mich?«
- *Stolz:* »Ich darf mir nicht anmerken lassen, wie sehr ich diesen Menschen liebe, sonst werde ich mich gedemütigt fühlen, wenn er mich ablehnt.«
- *Schuld:* »Wie kann ich mich verlieben, ich bin doch verheiratet!«

Diesmal ist es die Richtige (eine Zeitlang) – Bills Geschichte

Bill behauptet von sich selbst, ein Romantiker zu sein. Er ist sechsunddreißig und war schon einmal für kurze Zeit verheiratet. Er sagt von sich selbst: »Ich möchte wieder heiraten, aber diesmal muß es die Richtige sein.« Seine Suche führt immer wieder zu kurzen, aber stürmisch-romantischen Affären. Obwohl Bill nicht gerade der klassische Adonis ist, sind die meisten Frauen von seiner charmanten Art hingerissen. Es macht ihm Spaß, eine Frau zu umwerben, und er verwöhnt seine neueste Eroberung gern mit Blumen und ausgefallenen, romantischen Abenteuern. Vor allem aber hat er den Bogen raus, im Gespräch auf Frauen einzugehen. »Er ist sehr einfühlsam«, sagte eine seiner Exfreundinnen über ihn. »Er will alles über einen wissen, erzählt aber sehr wenig von sich selbst.«

Nach ein paar Wochen zieht er sich jedoch plötzlich zurück, und die Frauen sind verwirrt und wütend, weil er ihre Anrufe nicht mehr erwidert. Inzwischen jagt Bill schon einem neuen Objekt seiner Begierde nach. Meistens verschwinden die verlassenen Freundinnen sang- und klanglos aus seinem Leben und denken, daß es irgendwie an ihnen gelegen haben muß. Ist aber eine hartnäckig und stellt ihn zur Rede, reagiert er so herablassend und gemein, wie er vorher aufmerksam und charmant war.

Der wirkliche Bill ist in diesen Affären nirgends zu finden. Er versteckt sich hinter der Maske des romantischen Liebhabers, aber in Wahrheit projiziert er nur einen Teil seiner selbst auf jede Frau, mit der er sich einläßt. Das Gefühl der Verliebtheit füllt eine Lücke in seinem Leben, doch sobald der erste Zauber sich legt, verliert er das Interesse. Er ist nicht in der Lage, die romantische Verliebtheit zu einer reiferen Form von Liebe, die auch die brüderliche Liebe umfaßt, weiterzuentwickeln. Dann nämlich würde er die Frau als eigenständige Persönlichkeit achten und die Unterschiede zwischen sich und ihr anerkennen und zu schätzen wissen.

Bis jetzt lebt er ganz gut mit seinem Verhaltensmuster, obwohl es ihn im Grunde nicht befriedigt. Wird er auf Dauer etwas daran ändern?

Ein emotionales Dilemma – Sallys Geschichte

Sally ist Mitte Fünfzig, sieht aber wesentlich jünger aus. Sie hat einen interessanten Beruf und führt seit siebenundzwan-

zig Jahren eine glückliche Ehe. Ihr Mann ist im Ruhestand, die Kinder sind aus dem Haus und leben ihr eigenes Leben. Sie freut sich darauf, in ein paar Jahren Großmutter zu werden, und ist mit ihrem Leben rundum zufrieden. Um so größer ihr Erstaunen, als sie sich leidenschaftlich in einen zwanzig Jahre jüngeren Mann verliebt.
Sie hat ihn bei der Arbeit kennengelernt und teilt viele Interessen mit ihm. Sally sagt über diese Beziehung: »Nat und ich sind Seelenverwandte. Das Ganze ist so verrückt, denn ich liebe auch meinen Mann immer noch. Soll ich ihn wegen Nat verlassen? Doch dann wird Nat mich wahrscheinlich in ein paar Jahren verlassen, weil ich so viel älter bin als er und er eine eigene Familie gründen möchte. Aber so kalt berechnend kann ich nicht entscheiden! Ein paar Stunden oder Tage mit Nat sind alles, was ich möchte, und dafür würde ich jeden Preis bezahlen … oder etwa nicht?«
Sally steckt in einem emotionalen Dilemma. Soll sie ihre Ehe aufrechterhalten oder der Intensität ihrer romantischen Liebe zu Nat nachgeben? Die Liebe zu ihrem Mann hat sich zu einer brüderlichen Liebe entwickelt, der Liebe zwischen zwei Menschen, die einen langen Weg miteinander zurückgelegt haben. Die Liebe zu Nat scheint Sally dagegen auf eine neue Weise zu beflügeln.
Es gibt keine Garantien für Sally, sie könnte in jedem Fall am Ende allein und ohne Partner dastehen. Sie muß auf andere Weise entscheiden, was zu tun ist.

Die Wurzeln der Liebe

Das einzig Sichere an der Liebe ist ihre Unsicherheit. Wir wissen oft nicht, ob ein geliebter Mensch uns wiederliebt, ob die Liebe halten wird oder ob der andere vor uns sterben wird. Die Gefahr, einen möglichen Verlust verkraften zu müssen, ist also untrennbar mit der Emotion der Liebe verbunden. Wer sich nach absoluter Sicherheit sehnt, sollte sich besser gar nicht erst mit der Liebe abgeben, sie wird ihn nur enttäuschen. Im Anfangsstadium des Verliebtseins liegen solche Gedanken allerdings fern. Wir sehen nur die Freuden der Vereinigung, die unserer Isolation und Einsamkeit ein Ende setzen.

In der ersten Verliebtheit wiederholt sich ein frühes emotionales Muster, das der Elternliebe. Wir suchen die Sicherheit des Einsseins, die wir bei fürsorglichen Eltern einst spürten. Wenn Sie Frischverliebte im Restaurant beobachten, werden Sie feststellen, daß sie sich gegenseitig bespiegeln wie eine Mutter mit ihrem Baby. Der eine lächelt, der andere lächelt zurück. Die Körpersprache ist ebenso aufeinander abgestimmt, und oft unterhalten sie sich in einer Art Babysprache. Es werden auch alle möglichen Zufälle und Übereinstimmungen entdeckt. »Das Schicksal hat uns zusammengeführt«, hört man in diesem Stadium oft, oder: »Das sollte so sein.« Der oder die andere scheint das lang gesuchte Pendant zu sein, und man fragt sich verwundert: »Warum haben wir uns nicht schon viel früher kennengelernt?«

In diesem seligen Zustand blickt man sowohl zurück als auch nach vorne. Wir blicken zurück auf unsere früheste Kindheit und zugleich nach vorn auf einen wunderbaren, zukünftigen Zustand, in dem alle menschliche Isolation aufgehoben sein wird.

Die typische Hochstimmung der ersten Verliebtheit entsteht durch die Projektion von Wünschen und Sehnsüchten auf den anderen. Früher oder später tritt jedoch zwangsläufig die eigene Natur zutage. Wenn die ersten Krisen auftreten oder der Alltag einsetzt, zeigen beide Partner ihr wahres Gesicht. Auf einmal hören wir uns sagen: »Du bist überhaupt nicht der Mensch, für den ich dich gehalten habe.« Wo wir vorher Schönheit, Edelmut oder Tapferkeit sahen, entdecken wir plötzlich das Gegenteil. Dem anderen ergeht es mit uns natürlich genauso.

Manchmal hält ein Partner noch an dem Illusionsstadium fest, während der andere die Beziehung weitertragen und an ihr wachsen möchte. Das Festhalten ist verständlich, denn wenn ich meine eigenen Wünsche und Eigenschaften auf den anderen nicht mehr übertragen kann, wird die Partnerschaft auf eine harte Probe gestellt. Bei manchen Paaren ist das schon nach ein paar Wochen der Fall, bei anderen kann es Jahre dauern.

Irgendwann sehen wir uns mit der Andersartigkeit des anderen konfrontiert. Vielleicht möchten wir am liebsten weglaufen und nach einer neuen »Projektionsfläche« suchen, also den Partner ablehnen und verlassen. Doch wenn wir diese Phase durchstehen und an der Beziehung festhalten, kann die brüderliche Liebe zur Leidenschaft hinzukommen. Wir sehen den anderen dann nicht mehr als Verlängerung unserer selbst, sondern als eigenständigen Menschen. Seine Fehler, Schwächen und enttäuschenden Verhaltensweisen können mit etwas Übung in einem milderen Licht betrachtet werden. Haben wir dazu den in der Kindheit erworbenen geschwisterlichen Neid überwunden, werden wir in der Lage sein, in dieses neue, reifere Stadium der Liebe einzutreten.

Wenn die Übertragung eigener Anteile auf unseren Partner nicht mehr möglich ist, müssen wir die Projektionen zurücknehmen und in uns selbst integrieren. Das gilt sowohl für die guten als auch die schlechten Eigenschaften. Statt also dem anderen zu sagen, wie wunderbar oder unmöglich er ist, müssen wir uns mit uns selbst auseinandersetzen. Hier ist unsere Selbstliebe gefragt, denn auch wenn wir in der ersten Phase sehr mit unserem Partner beschäftigt sind, ist es wichtig, an der eigenen Weiterentwicklung zu arbeiten. Dies um so mehr,

je mehr uns am anderen liegt, weil wir ja schließlich auch für ihn der bestmögliche Partner sein wollen.
Vermutlich werden wir es nie schaffen, all unsere Projektionen zurückzunehmen; es ist recht tröstlich, sich ein paar Illusionen zu bewahren. Aber im großen und ganzen werden wir den anderen so sehen können, wie er ist. Die Belohnung für unsere Mühe und unser Durchhaltevermögen ist der Eros einer echten partnerschaftlichen Beziehung. Wir erblikken im anderen nicht länger die Antwort auf unsere Wünsche, sondern ein eigenständiges menschliches Gegenüber, dessen Selbsterfüllung und Glück uns sehr am Herzen liegt. In diesem Stadium können wir auch wieder ein paar Risiken eingehen und die Beziehung neu erproben, weil Ehrlichkeit in der Partnerschaft wichtiger geworden ist als die Befriedigung unserer Bedürfnisse.

Der Liebes-Zyklus

Im wirklichen Leben folgen diese Stadien nicht so ordentlich aufeinander wie hier dargestellt. Manche Seiten unserer Persönlichkeit eilen der Entwicklung voraus, andere bleiben zurück. In der Hauptsache sieht der Verlauf der romantischen Liebe jedoch so aus (siehe Abbildung auf der nächsten Seite):

Entwicklung reifer Liebe: Die Geschichte von Eros und Psyche (II)

Im Kapitel über den Neid haben wir uns den ersten Teil dieses klassischen Mythos angesehen. Psyche wird mit dem Gott Eros verheiratet, dessen Identität sie jedoch nicht kennt, weil er nur im Dunkeln zu ihr kommt. Sie lebt in einem Zustand

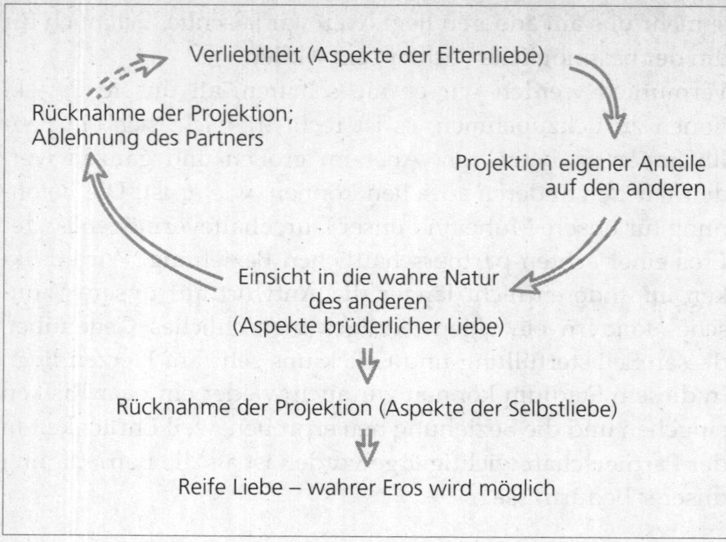

leidenschaftlicher Liebesseligkeit, bis der Neid ihrer Schwestern sie dazu veranlaßt, ein Licht anzuzünden. Das war ihr allerdings streng verboten worden, und als sie Eros ins Gesicht sieht, läuft dieser zornerfüllt davon. Um ihn zurückzugewinnen, muß Psyche vier scheinbar unlösbare Aufgaben bewältigen. Diese werden ihr von der Liebesgöttin Venus gestellt, die Psyche mit Verachtung behandelt und von ihren beiden Dienern, Kummer und Traurigkeit, peinigen läßt.
Die erste Aufgabe besteht darin, eine riesige Menge verschiedener Saatkörner zu sortieren, bevor die Sonne des nächsten Tages aufgeht. Psyche weiß, daß sie das niemals schaffen kann, doch als ihre Verzweiflung am größten ist, kommen Ameisen herbei und helfen ihr. Es ist die Aufgabe jedes Liebenden, die eigenen Persönlichkeitsanteile und die des anderen zu erkennen und auseinanderzuhalten. Die Ameisen symbolisieren unsere Intuition, die Kraft des Unbewußten, das

diese Arbeit erledigt, wenn wir es zulassen. Am nächsten Morgen ist alles in ordentliche Haufen sortiert – manchmal machen wir diese Erfahrung, wenn wir nach einem erholsamen Schlaf morgens mit klarem Kopf erwachen und genau wissen, was als nächstes zu tun ist.

Venus ist sehr erstaunt über den Erfolg und stellt Psyche gleich die nächste Aufgabe: Sie soll Wolle vom Fell der goldenen Sonnenwidder sammeln, die so wild und böse sind, daß kein Sterblicher sich ihnen zu nähern wagt. Psyche will gerade aufgeben und sich in einen Fluß stürzen, als ein Schilfrohr am Ufer ihr zuflüstert, daß sie den Widdern nicht bei Tag gegenübertreten darf, sondern bis zur Nacht warten muß, wenn ihre Energie geschwächt ist. Dann kann sie die hängengebliebene Wolle von den Büschen und Hecken absammeln, die die Tiere bei ihrem wütenden Vorbeistampfen gestreift haben. Oft müssen wir geduldig auf den richtigen Moment warten, weil wir sonst von widrigen Kräften überwältigt werden und nichts ausrichten können. Das Schilfrohr weiß als Teil der Natur, wie man neben wilden und gefährlichen Energien bestehen kann.

Venus ist wütend, als Psyche erneut erfolgreich zurückkehrt, und stellt ihr eine dritte Aufgabe: Sie soll Wasser von dem eiskalten Wasserfall des Flusses Styx holen – eine unmögliche Aufgabe aus menschlicher Sicht. Psyche will gerade wieder aufgeben, da kommt ihr ein Adler zu Hilfe und fliegt das Wasser in einem Pferdehuf herbei. Das Wasser des Styx ist todbringend und lebenspendend zugleich, Schöpfung und Zerstörung gehören untrennbar zusammen. Wir können nicht mit den normalen Mitteln der bewußten Willensanstrengung an dieses Wasser gelangen, aber wir können es uns von einem Adler bringen lassen, dem König der Vögel, der die Seelenkräfte symbolisiert.

Schließlich wird Psyche die vierte und letzte Aufgabe gestellt:

Sie soll in die Unterwelt reisen und von dort ein Kästchen mit einer Schönheitssalbe von Persephone holen. Interessanterweise versagt Psyche bei dieser Aufgabe, weil sie der Versuchung erliegt, das Kästchen zu öffnen, bevor sie es Venus übergibt. Neugier und der Wunsch, noch schöner für ihren Geliebten zu sein, haben sie verführt. Die Salbe ist zu stark für Sterbliche, und Psyche fällt in einen todesähnlichen Schlaf. Doch Eros, der sich die ganze Zeit über beleidigt zurückgezogen hatte, sieht das und rettet sie. Auch im Leben und in der Liebe kann es so aussehen, als ob alles schlecht für uns verläuft, doch letztlich erweist es sich als positiv.
Im Drama von Eros und Psyche geht es nicht einfach um eine Frau, die die Liebe eines Mannes gewinnen will. Es ist vielmehr die Geschichte der Seele, die den Mut hat, sich auf eine innige, schöpferische Liebe einzulassen – dafür steht der Name Eros. Die Frucht dieser Liebe ist Freude – so heißt die Tochter, die Psyche und Eros zeugen, als sie wieder miteinander vereint sind. Die Aufgaben, die Psyche bewältigen mußte, verweisen auf die inneren Reichtümer, über die wir verfügen können, um eine reife, fruchtbringende Liebe wachsen zu lassen.

Emotionale Arbeit

– Sehen Sie sich die positiven und negativen Pole in den Abschnitten über die verschiedenen Formen von Liebe noch einmal an. Stellen Sie die beiden Aussagen jeweils auf einer Skala von eins bis zehn einander gegenüber. Dabei befindet sich der negative Pol auf Platz eins der Skala, der positive Pol auf Platz zehn. Nun ordnen Sie Ihre Haltung ebenfalls auf dieser Skala ein: bei eins, bei zehn oder irgendwo dazwischen.

- Wiederholen Sie diese Übung von Zeit zu Zeit, und beobachten Sie, wie sich Ihre Einstellung von Tag zu Tag, manchmal sogar von Stunde zu Stunde, verändert.
- Denken Sie über eine vergangene Liebesbeziehung nach. Welche schönen Seiten hatte sie? Warum ging sie zu Ende? Was haben Sie auf Ihren damaligen Partner projiziert (und was hat er auf Sie projiziert)? Was können Sie daraus lernen?
- Haben Sie bei Bills oder Sallys Geschichten Parallelen zu Ihrem eigenen Leben entdeckt? Welche sind das?
- Erinnern Sie sich an die Beziehung zu Ihren Eltern. Was haben Sie von Ihrem Vater und/oder Ihrer Mutter über die romantische Liebe gelernt?
- Denken Sie an Ihre Beziehung zu Ihrem Bruder/Ihrer Schwester/Ihren Geschwistern. (Wenn Sie ein Einzelkind waren, denken Sie an ein Kind, zu dem Sie ein enges Verhältnis hatten, vielleicht Cousin/Cousine, Freund/Freundin.) Was haben Sie über die brüderliche Liebe gelernt?
- Was können Sie aus der Geschichte von Eros und Psyche lernen?
- Was wünschen Sie sich von Ihrer gegenwärtigen (oder zukünftigen) Beziehung, das Sie bisher noch nicht bekommen haben? Was wollen Sie tun, um es zu bekommen?

Liebe transformieren

Als Bill sich sein Verhaltensmuster »Werbung und Flucht« bewußtmachte, war er über sich selbst entsetzt. Er erkannte, wie kaltherzig sein Benehmen war und wie grausam gegenüber den Frauen, die sich in ihn verliebt hatten. Er begann, über das Verhältnis zu seinen Eltern nachzudenken, und es wurde ihm klar, daß seine Mutter immer sehr kühl zu ihm gewesen war. Sie war eine sehr schöne Frau, die man »die Eiskönigin« nannte. Wenn sie ein Zimmer betrat, bezauberte sie alle Anwesenden mit ihrem Charme, aber sie verbreitete keine Wärme. Manchmal sprach sie tagelang nicht mit Bill, um ihn für angebliche Vergehen zu bestrafen. Sie war sehr auf sich selbst bezogen und empfand wenig Mitgefühl oder echtes Interesse an anderen. Bill hatte als Kind nicht genug Zuwendung bekommen, so daß er ständig auf der Suche nach der Erfahrung von Verschmelzung und Intimität war. Wenn seine romantischen Beziehungen mehr zu werden drohten als ein Echo der ersehnten Elternliebe, bekam er Panik und rannte davon.

Bills Mutter ist schon vor langer Zeit gestorben, so daß er nicht mehr mit ihr sprechen konnte. Statt dessen mußte er sich an seine innere Mutter wenden und ihr erklären, daß sie ihn tief verletzt hatte. Er sah ein, daß keine Frau der Welt ihm die Wärme der Mutterliebe ersetzen konnte und daß auch die perfekteste Freundin ihn nicht retten würde. Wie Psyche verstand er jedoch schließlich, daß er über viele innere Kraftquellen verfügte, von denen er zuvor nichts geahnt hatte. Menschliche Wärme, ob sie von Männern oder Frauen kam, wurde ihm wichtiger als diese endlose Jagd nach romantischer Liebe. Als er diese Jagd aufgab, wurde er allmählich wirklich fähig zu lieben.

Sallys Aufgabe ist eine ganz andere. In ihrer Ehe hatte sie die Transformation der Liebe von einer leidenschaftlichen Romanze zu einer brüderlichen (und dennoch auch sexuellen) Beziehung erfolgreich vollzogen. Doch ihr neuer Liebhaber Nat brachte Seiten in ihr zum Vorschein, die sie vorher nicht gekannt hatte. Sie mußte nun verstehen lernen, daß die Energie und all das Wunderbare, was sie in Nat sah, Teil ihrer selbst war. Selbst die sanften und starken Seiten seiner Männlichkeit konnte sie als eigene Anteile erkennen.

Sally befindet sich in einem Niemandsland, in dem es keine vorgezeichneten Wege gibt. Soll sie ihre Ehe aufgeben und mit Nat zusammenleben, oder Nat aufgeben und sich wieder ganz auf ihre Ehe konzentrieren? Es gibt noch eine dritte Möglichkeit: verheiratet zu bleiben und sich trotzdem mit Nat zu treffen. Das ist der Weg, den sie im Moment beschreitet, aber sie weiß, daß sie sich der Ehrlichkeit halber und aus Respekt vor beiden Partnern irgendwann entscheiden muß. Sallys Dilemma ist im Grunde eines der Selbstliebe. Bedeutet Selbstliebe Treue zu einer Person oder zur eigenen Entwicklung? Gibt es da einen Konflikt, und wenn ja, wie kann man ihn lösen? Es gibt keine allgemeingültige Antwort, jeder muß seine eigene darauf finden.

Die Liebe wird immer ein Rätsel bleiben. Alles, worum wir uns bemühen können, ist eine reife, lebendige Beziehung. Wie Bill es ausdrückte: »In der Vergangenheit hatte ich zu Frauen ein Ich-Es-Verhältnis. Sie waren das Objekt, ein fehlender Teil meiner selbst. Heute möchte ich jemanden kennenlernen, um eine Ich-Du-Beziehung eingehen zu können. Die andere Person wird anders sein als ich und nicht in mein Puzzle passen, aber ich möchte sie um ihrer selbst willen kennenlernen. Nur dann kann ich sie auch lieben.«

Stolz

Hochmut kann auch nach dem Fall kommen –
die lebensverändernde Botschaft des Falls
wird dadurch gemindert.

Diogenes Small

Was ist Stolz?

Stolz hat eine positive und eine negative Seite. Einerseits kann er Freude über eine bestimmte Leistung oder Errungenschaft widerspiegeln und unser Selbstbewußtsein stärken. Andererseits kann er eine insensible, selbstgefällige Arroganz ausdrücken. Die erste Form verbindet uns mit unseren Leistungen und denen von uns nahestehenden Menschen, die zweite trennt uns von anderen und macht uns zu Gefangenen einer sterilen, starren Welt. Stolz gehört nach christlichem Glauben zu den sieben Todsünden, und doch können wir uns nur schwer ein Leben vorstellen, in dem wir nicht stolz auf uns selbst und andere sein dürfen. Es hängt ganz von unserem Umgang mit dieser Emotion ab.

Wenn wir uns völlig mit ihr identifizieren, glauben wir, daß wir das, worauf wir stolz sind, ganz allein, aus eigener Kraft geschafft haben. Dadurch werden wir länger an unserem Stolz festhalten, als gut für uns ist. Wir können Stolz aber auch als einen Botschafter betrachten, der uns die gute Nachricht bringt, daß wir selbst oder Menschen, die uns nahestehen, auf dem richtigen Weg sind. Dann verstehen wir, daß Stolz eine Ermu-

tigung zum Weitermachen darstellt und keinen dauerhaften Zustand.
Die schädliche Starrheit des Stolzes hat schon vielen Menschen das Leben vergällt. Er hindert Verliebte daran, sich ihre Liebe zu gestehen und zueinanderzufinden, er hält alte Freunde davon ab, einen schmerzlichen Streit beizulegen, er bringt Karrieren und alle möglichen Formen der persönlichen Weiterentwicklung zum Stillstand. Der Stolz von Ärzten beispielsweise hat wahrscheinlich schon einige Patienten das Leben gekostet. Kollektiver Stolz, den wir alle kennen, trägt immer wieder zu Kriegen und blutigen Konflikten aller Art bei, unter deren Auswirkungen die beteiligten Seiten noch lange zu leiden haben.
Doch ob Stolz im positiven oder im negativen Sinne: Wie alle Emotionen enthält auch Stolz eine Handlungsweisung und ist ein Hinweis auf Haltungen und Einstellungen, die verändert oder durch andere ersetzt werden müssen. In diesem Kapitel werden die komplexen Aspekte des Stolzes untersucht, und Sie erhalten eine Art Orientierungshilfe zum Umgang mit dieser Emotion.

Wie fühlt sich Stolz an?

Sehr sprechend ist der Ausdruck »stolzgeschwellt«. Manche Menschen behaupten, sich tatsächlich körperlich größer, stärker, breiter zu fühlen, wenn sie stolz sind. Bei anderen wirkt sich die Erfahrung eher mental aus. Die meisten von uns fühlen sich jedenfalls besser oder gar in Hochstimmung, unser Selbstbewußtsein nimmt zu, und wir sind glücklich, weil wir mit uns zufrieden sind. Es ist fast ein wenig so, als ob uns nichts wirklich berühren könnte, als ob die Sorgen der anderen uns nichts mehr angingen. Wenn wir es oft schwer hatten

im Leben und viele Schicksals- und Rückschläge bewältigen mußten, können Stolzgefühle besonders angenehm sein und geradezu süchtig machen. Ist unser Stolz dagegen mit dem Familiennamen oder ererbtem Reichtum verbunden, kann auch ein unterschwelliges Gefühl des persönlichen Ungenügens mit ihm einhergehen.
Mit Stolz verbundene Emotionen sind:

- *Einsamkeit:* »Ich habe recht, alle anderen unrecht.«
- *Furcht:* »Ich habe Angst, das, worauf ich so stolz bin, wieder zu verlieren.«
- *Langeweile:* »Ich habe alles erreicht – was jetzt?«

Obwohl Stolz im allgemeinen bewirkt, daß wir uns besser fühlen, kann er häufig auch zu Isolation und Einsamkeit führen. Langeweile ist eine mit Stolz assoziierte Emotion, die durch das Gefühl entsteht, einen Gipfelpunkt erreicht zu haben, nach dem nichts Besseres mehr kommen kann.

Stolz verhindert ein erfülltes Leben – Georges Geschichte

George ist Mitte Vierzig und ein Einzelgänger, seit seine Ehe vor einigen Jahren in die Brüche ging. Nach außen hin wirkt er kühl und reserviert, vielleicht auch schüchtern. Doch in Wirklichkeit ist er furchtbar stolz. Er sagt: »Ich würde gern wieder eine Frau kennenlernen und eine feste Beziehung haben, aber ich bin viel zu stolz, als daß ich das Risiko eingehen würde, sitzengelassen zu werden – deshalb mache ich immer als erster Schluß, wenn ich mir ihrer Gefühle nicht ganz sicher bin.«
Als es in seiner Ehe zu kriseln begann, ließ er sich auf eine Affäre ein, die jedoch nicht lange anhielt. Danach wollte er zu seiner Frau zurückkehren, die allerdings fand, daß sie schon

lange nicht mehr glücklich miteinander gewesen seien, und eine Eheberatung oder Paartherapie vorschlug. Er war jedoch zu stolz, sich dem »Urteil eines Außenstehenden« zu beugen, wie er es empfand, und verweigerte sich dem Angebot. Später bereute er diese Entscheidung, aber da war es schon zu spät, weil seine Frau inzwischen einen neuen Partner gefunden hatte.

Das Muster von Reserviertheit und Stolz zeigt sich auch in anderen Bereichen von Georges Leben. An seinem Arbeitsplatz ist er zu stolz, Informationen oder Hilfe zu erbitten. Er hat Angst, daß andere ihn für unwissend oder inkompetent halten könnten. Das wirkt sich hinderlich aus, weil er viel Zeit damit zubringt, seinen wahren Wissensstand zu verbergen. Auch kann er keine Arbeiten delegieren, weil sein Stolz ihn davon abhält, andere um Unterstützung zu bitten. Unnötig zu sagen, daß dieses Verhalten seine Karriere und das Verhältnis zu den Kollegen nicht gerade positiv beeinflußt. Das schlimmste aber ist, daß George nicht die persönliche und berufliche Erfüllung findet, nach der er sich sehnt.

Seit einiger Zeit wird ihm immer klarer, daß sein Stolz eher hinderlich als hilfreich für sein Leben ist. Er sagt: »Ich habe gedacht, daß mein Stolz mich davor bewahrt, dumme Fehler zu begehen, aber jetzt verstehe ich allmählich, daß er mich davon abhält, meinen Wünschen und Zielen näher zu kommen.«

Ist sie, wer sie vorgibt zu sein? – Jos Geschichte

Jo präsentiert sich als gutsituierte Frau von vornehmer Herkunft. Ihre Kleidung ist stets ein wenig ausgefallen, ihr Verhalten hat etwas Übermütiges, Verwöhntes. Ohne dies ausdrücklich zu sagen, gibt sie anderen zu verstehen, daß sie in der Welt des englischen Landadels und der Herrenhäuser auf-

gewachsen ist. Ihr Zuhause beschreibt sie nur mit verbalen Schrappschüssen: »Die Auffahrt ist furchtbar lang«, oder: »Die Rosen im Garten meiner Eltern sind so schön zu dieser Jahreszeit.« Sie gibt nie präzise, nachprüfbare Informationen, sondern deutet nur vage an, daß das Haus irgendwo in Westengland liege.
Die meisten Leute fallen auf Jo herein, weil sie sehr überzeugend ist. Indem sie keine genauen Einzelheiten liefert, überläßt sie es der Phantasie ihrer Gesprächspartner, sich diese auszumalen und eine Umgebung zu erzeugen, die sie nur andeutet. In Wirklichkeit stammt Jo aus einer Mittelschichtsfamilie und ist in einem Londoner Vorort aufgewachsen. Sie hat sich diesen falschen Hintergrund ausgedacht, weil sie sich ihrer wirklichen Familie schämt. Dafür zeigt sie großen Stolz auf ihre Phantasiefamilie, und viele Leute sind sehr beeindruckt oder geradezu eingeschüchtert von ihr.
Jos Strategie ist eine Weile sehr erfolgreich gewesen. Sie hat es ihr ermöglicht, der Falle der Scham zu entkommen und Bewunderung und Respekt von denjenigen zu erlangen, die sie beeindrucken möchte. Doch je mehr ihr das gelingt, desto mehr fällt sie der negativen Seite des Stolzes zum Opfer. Je mehr ihre Freunde und Bekannten sie für etwas mögen, was sie gar nicht ist, desto weniger, fürchtet sie, würden sie sie mögen, wenn sie über ihre wirkliche Herkunft Bescheid wüßten. Ihre Strategie hindert sie daran, ihr wahres Ich zu zeigen und echte Nähe zu anderen herzustellen.

Die Wurzeln des Stolzes

Die negative und die positive Seite des Stolzes haben unterschiedliche Wurzeln. Der negative Stolz beruht auf einer falschen Grundlage und untergräbt nach und nach das Selbstbewußtsein. Scham und ein mangelndes Selbstwertgefühl fördern negativen Stolz. Echtes Selbstbewußtsein, das, auf wirklichen Werten beruht, fördert dagegen den positiven Stolz. Um uns emotional intelligent verhalten zu können, müssen wir unterscheiden lernen, worauf unser Stolz beruht.

Negativer Stolz und Scham

Wenn man den negativen Aspekt des Stolzes verstehen will, muß man sich auch mit seinem scheinbaren Gegenteil beschäftigen, mit der Scham. Manchmal verbirgt sich hinter Stolz eine so tiefe Scham, daß diese gar nicht mehr bewußt empfunden wird. Die Scham flüstert: »Du bist nicht gut genug, du bist häßlich und dumm, ein Versager.« Die meisten von uns haben diese Stimme vermutlich schon einmal vernommen. Wenn wir auf sie reagieren, indem wir ihr sinngemäß entgegnen: »Ist ja interessant, was du da sagst, kannst du mir vielleicht auch erklären, warum?« oder: »Ich glaube nicht, daß ich dir zustimme – könntest du dich etwas genauer ausdrücken?«, werden wir uns nicht hoffnungslos in die Schamgefühle verstrikken. Meist endet ein solcher innerer Dialog damit, daß die Scham es aufgibt, uns beherrschen zu wollen, weil wir sie durchschauen und ihr bewußt entgegentreten. Ihre Stimme wird schließlich leiser werden und dann ganz verstummen.
Als Erwachsene können wir diese Form des Dialogs üben und die Scham dadurch vertreiben. Doch manchmal liegen ihre Ursachen in der frühen Kindheit – gehen vielleicht sogar auf die Zeit zurück, als wir noch nicht sprechen konnten. Wenn uns als kleines Kind vermittelt wird, daß wir nicht so intelligent oder hübsch sind, wie unsere Eltern es sich erhofften, oder daß wir nicht das gewünschte Geschlecht haben, kann uns das ein umfassendes, tiefsitzendes Schamgefühl einpflan-

zen. Da niemand ganz den elterlichen Vorstellungen entsprach, tragen wir alle auf irgendeiner Ebene eine gewisse Scham in uns. Meist können wir damit leben oder die Scham sogar konstruktiv als Ansporn zur Selbstverbesserung nutzen. Doch wenn sie zu tief sitzt, fehlt uns ein Fundament an Selbstwert- und Identitätsgefühl, auf dem wir aufbauen können, wir können nicht stolz auf uns sein. Die destruktive Kritik der Eltern wird zu einer inneren Stimme, die noch lange Macht über uns hat, nachdem wir aus dem Elternhaus ausgezogen oder die Eltern gestorben sind. Diese Negativität wird mit den Jahren durch Kritik von Lehrern, Vorgesetzten oder anderen Personen mit Macht und Autorität noch verstärkt. Am Ende blenden wir die positiven Meinungen möglicherweise ganz aus und hören nur noch die Kritik, weil wir nichts anderes gewohnt sind.

Scham beginnt also mit einem Mangel an Selbstwertgefühl und Stolz. Weil wir aber ein gewisses Maß an Stolz brauchen, um in der Welt funktionieren zu können, versuchen wir dann, ihn aus einer anderen Quelle zu beziehen. Dafür gibt es verschiedene Strategien:

- *Identifikation mit einer bewunderten Eigenschaft*
  Wenn Eltern sich beispielsweise einen Jungen wünschten, aber ein Mädchen bekamen, versucht dieses möglicherweise, sich sogenannte männliche Eigenschaften und Verhaltensweisen zuzulegen. Der Stolz der Frau hängt dann davon ab, wie erfolgreich sie die Unterschiede zwischen den Geschlechtern überwinden kann, und wenig von ihren persönlichen Leistungen und Eigenschaften.

- *Bildung einer Allianz mit etwas Stärkerem*
  Wenn ein Junge klein und schwächlich ist, in seiner Familie aber körperliche Stärke bewundert wird, schließt er

sich später eventuell einer starken Gruppe an. Das kann eine politische Partei, eine Bürgerbewegung etc. sein. Dadurch macht er sein Selbstwertgefühl jedoch stark von der Gruppe abhängig und schwächt seine persönliche Selbstachtung.

- *Erzeugung einer falschen Identität*
  Bei manchen Menschen ist die Scham so groß, daß sie sich eine erfundene Identität zulegen. Dazu ziehen sie vielleicht sogar in ein anderes Land oder verleugnen ihre gesellschaftliche oder ethnische Herkunft. Ihr Stolz ist von ihrem vorgetäuschten oder angenommenen Selbst abhängig, und ihr wahres Selbst wird immer brüchiger.

Diese Strategien wenden wir alle gelegentlich und in harmloser Form an. Sie werden erst dann zu einem Problem, wenn wir den Sinn für unser wahres Selbst verlieren und unseren Stolz auf Dauer aus geliehenen Eigenschaften beziehen. Dieser Art von Stolz haftet etwas Zerbrechliches an, denn ein solcher falscher Stolz kann zu einem gewaltigen Sturz führen. Arroganz bezieht ihre Stärke aus einem unechten, phantasierten Selbst. Das Korrektiv dazu ist jedoch nicht Scham, sondern eine Neubewertung unserer wirklichen Fähigkeiten und die Entdeckung unseres wahren Selbst.

Positiver Stolz und Selbstbewußtsein

Diese Form von Stolz ist fest in unserem Selbstbild und unseren persönlichen Wertvorstellungen verankert. Wir können nur stolz auf etwas sein, das wir für wertvoll erachten. Wenn ich sage, daß ich stolz auf meine körperliche Fitneß bin, kann das bedeuten, daß ich sehr viel Wert darauf lege, fit zu sein,

und diese Eigenschaft bewundere. Oder ich bin stolz auf die Anstrengungen, die ich unternommen habe, um diesen Fitneßstandard zu erreichen, der vielleicht gar nicht sehr hoch ist. Stolz kann sich also sowohl auf ein Ergebnis als auch auf eine Aktivität beziehen. Menschen mit geringem Selbstbewußtsein konzentrieren sich oft zu sehr auf das Ergebnis und schenken ihren Handlungen und persönlichen Qualitäten zu wenig Beachtung. Wenn beispielsweise ein hochintelligenter Mensch ein gutes Examen ablegt, war das zu erwarten, aber wenn jemand mit Lernschwierigkeiten einen Studienplatz erringt, zeigt dies noch viel mehr als rein akademische Fähigkeiten. Es beweist Mut, visionäre Kraft, Entschlossenheit und Selbstvertrauen. Der Betreffende bekommt vielleicht nicht so gute Noten wie akademisch begabte Menschen, aber seine Leistung ist dennoch bedeutender.
In unserer Gesellschaft werden die Resultate eines Leistungsprozesses im allgemeinen höher bewertet als der Prozeß selbst. Das ist sehr bedauerlich, da vielen von uns dadurch ein legitimer Stolz auf ihre Anstrengungen versagt wird.

Worauf sind Sie stolz?

Denken Sie an etwas, das Sie erreicht oder zu erreichen versucht haben und auf das Sie stolz sind. Welche persönlichen Qualitäten waren dazu erforderlich? Konzentrieren Sie sich eher auf den Weg dorthin als auf das Ergebnis. Hier ein paar Vorschläge:

Mut, Klugheit, Rückgrat, Einsicht, Entschlossenheit, Takt, Geduld, Bescheidenheit, Scharfblick, Cleverneß, Kontaktfreudigkeit, Kreativität, Einfühlungsvermögen, Integrität, moralische Stärke, Phantasie, Schlauheit, Teamfähigkeit, Freundlichkeit, Urteilsvermögen.

Sie können dieser Liste beliebig viele Qualitäten hinzufügen. Denken Sie daran, daß Sie die festgestellten Qualitäten auch dann gezeigt haben, wenn ein Projekt nicht zu dem gewünschten oder geplanten Ergebnis führte. Gehen Sie ruhig kreativ mit dieser Übung um. Wenn Sie stolz auf etwas sind, das Sie ererbt statt selbst erreicht haben, fragen Sie sich, ob Sie diesem Erbe nicht eine persönliche Leistung hinzufügen konnten. Zum Beispiel haben Sie das Haus Ihrer Eltern so gut gepflegt oder renoviert, daß Sie es wiederum an Ihre Kinder vererben können.

Positiver Stolz erwächst also immer aus einem Gesamtbild und bezieht die persönlichen Qualitäten und Werte mit ein, die zu einem Ergebnis beigetragen haben. Positiver Stolz wird sich von einem Fehlschlag nicht beirren lassen und ihn nicht wichtiger nehmen als nötig. Er wird daraus lernen und beim nächsten Mal erfolgreicher sein. Das Aufspüren und Verstärken unseres positiven Stolzes ist der Ausweg aus dem negativen Stolz.

Der Stolz-Zyklus

Wie wir festgestellt haben, beginnen wir alle unser Leben mit einer gewissen tiefverwurzelten Scham, die wir findig zu verdecken suchen. Das kann durch Identifikation mit einer starken oder bewunderten Person oder Institution oder durch Schaffung einer falschen Identität geschehen. Diese Reaktion führt zu einer negativen Form von Stolz, die am Kern unserer Selbstachtung nagt, weil wir Stolz auf etwas empfinden, das nicht aus uns selbst hervorgegangen ist. Um aus diesem Dilemma zu entkommen, müssen wir uns auf unsere persönlichen Werte besinnen und Selbstbewußtsein aus unseren eigenen Qualitäten beziehen. Dann werden wir die positive Form des Stolzes entdecken.

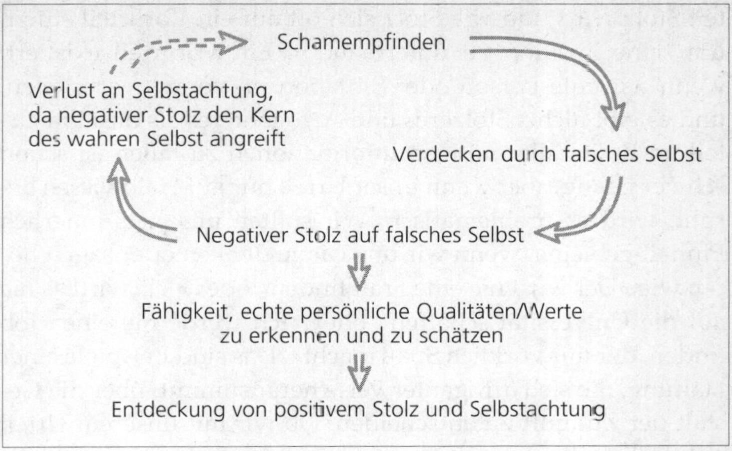

Stolz und Vorurteil

Stolz kann sowohl bei uns selbst als auch bei denen, die mit unserem Stolz konfrontiert werden, äußert kontraproduktive Reaktionen hervorrufen. Jane Austen hat dieses Phänomen in ihrem Roman »Stolz und Vorurteil« ausführlich beschrieben. Zu Beginn der Handlung ist Mr. Darcy furchtbar arrogant und behandelt die meisten Menschen, die ihm begegnen, mit herablassender Geringschätzung. Statt in der Heldin, Elizabeth Bennett, die schöne und interessante Frau zu sehen, als die sie beschrieben wird, tut er sie als »bloß mittelmäßig« ab. Sein Hochmut verstärkt bei ihr einen schon vorhandenen Hang zum Vorurteil, so daß sie in ihm nur den stolzen Mann sieht und all seine anderen Eigenschaften ausblendet. Der Roman endet mit der Hochzeit zwischen seinem durch Demut und Bescheidenheit gemilderten Stolz und ihrem als eindimensional erkannten Hang zum Vorurteil.

In dem Roman können wir beobachten, wie aus einem Vorurteil Stolz wird und wie Stolz sich oft auf ein Vorurteil stützt, um seine Position zu untermauern. Ein Vorurteil existiert, wenn wir eine Person oder Situation im voraus verurteilen, und es gibt nichts Stolzeres und Arroganteres als das. Ein Urteil im Besitz aller nötigen Informationen zu fällen ist schon schwer genug, aber wenn unser Urteil nur auf Halbwissen beruht, wird es problematisch. Wir sollten uns stets innerlich Einhalt gebieten, wenn wir uns Dinge denken oder sagen hören wie »Der wird nie eine Frau finden« oder »Die wird es nie auf die Universität schaffen« oder »Ich werde nie einen Job finden, der mir wirklich Spaß macht«. Das sind Beispiele einer Haltung, die sich arroganterweise herausnimmt, über die Gestalt der Zukunft zu entscheiden. Ob wir mit unserem Urteil richtig liegen oder nicht, ist irrelevant, wir haben jedenfalls unserem Stolz erlaubt, die wunderbaren Möglichkeiten des Augenblicks zu negieren.

Emotionale Arbeit

- Verschließen Sie sich durch Ihren Stolz Chancen und Möglichkeiten im Leben? Was sind das für Möglichkeiten? Was würden Sie gewinnen, wenn Sie ein wenig von Ihrem Stolz aufgäben?
- Neigt ihr Stolz mehr dem positiven oder mehr dem negativen Ende des Spektrums zu? (Denken Sie daran, daß die meisten von uns beide Formen aufweisen, jedoch zu unterschiedlichen Anteilen.)
- Worauf sind Sie stolz? Können Sie die persönlichen Qualitäten benennen, die Ihnen das Erreichte ermöglichten?
- Besitzen Sie Qualitäten, die (bis jetzt) noch kein sichtbares Ergebnis hervorgebracht haben? Können Sie trotzdem stolz auf sie sein?

- Haben Sie beim Lesen von Georges oder Jos Geschichte Mitgefühl oder Wut empfunden? Liegt darin vielleicht eine Botschaft für Sie?
- Erkennen Sie für sich persönlich einen Zusammenhang zwischen Stolz und Vorurteil?
- Verbergen Sie eine Eigenschaft, die Sie an sich nicht mögen, unter einem Panzer aus Stolz? Wie könnten Sie lernen, diese Eigenschaft zu akzeptieren?

Familienmärchen

Jo legte sich eine erfundene Herkunft zu, weil sie sich ihrer wahren Identität schämte. Es wäre nutzlos, ihr zu sagen, daß ihre Eltern wunderbare Menschen sind und sie stolz auf sie sein sollte, denn ihre Scham beruht nicht nur einfach auf dem Wunsch, einer höheren Gesellschaftsschicht anzugehören. Sie hat sich eine Familie erfunden, weil sie glaubt, in ihre wirkliche nicht hineinzupassen. Ihre Verwandten sind einfache, bodenständige Leute, die sich vernünftig kleiden und die Dinge beim Namen nennen. Ihre Eltern schrien sich manchmal an und waren grob zueinander, ohne es wirklich böse zu meinen. Aber Jo war von Anfang an ein sensibles Kind und konnte dieses Verhalten nicht ertragen.
Wenn wir uns unseres familiären Hintergrunds sehr schämen, liegt es nahe, sich eine andere Herkunft zu erfinden. Viele von uns haben wahrscheinlich schon einmal davon geträumt, wie es wäre, aus einer anderen – reichen oder berühmten – Familie zu stammen. Doch jemand, der sich ein Familienmärchen erfindet, gibt diese Phantasie als Wirklichkeit aus, weil er sich seiner ursprünglichen Familie nicht zugehörig fühlt. Häufig treten dabei auch Schuldgefühle auf, weil die Betreffenden

ihre Andersartigkeit als eine indirekte Ablehnung der Eltern und anderer Verwandter empfinden.
Jo hat sich ein Familienmärchen geschaffen, um ihrem Gefühl des Andersseins Ausdruck zu geben. Ihr Stolz verbietet es ihr, den Leuten die Wahrheit über sich zu sagen, und sie lebt in ständiger Angst vor Entdeckung. Sie fürchtet, die Demütigung nicht zu überleben, wenn ihre wahre Herkunft je ans Licht käme. Je mehr sie sich vor einer Demütigung fürchtet, desto starrer wird ihr Stolz. Es gibt zwei mögliche Ereignisse, die sie dazu zwingen würden, ihren falschen Stolz aufzugeben. Das eine wäre die öffentliche Bloßstellung, wenn jemand die Wahrheit über sie herausfindet. Dann könnte sie sich nicht mehr hinter ihrer Phantasie verstecken. Das zweite und positivere wäre die Erkenntnis, daß sie ein besseres Verhältnis zu sich selbst entwickeln und ihre Selbstachtung stärken muß. Wenn sie sich selbst als wertvollen Menschen sehen kann, der einen inneren Adel besitzt, braucht sie die geborgte, vornehme Familie nicht mehr.
Wie wird es weitergehen? Es ist unmöglich, dies vorauszusagen. Wir sollten jedoch daran denken, daß das Leben uns oft durch einen Schock oder eine Krise dazu zwingt, unsere emotionale Arbeit zu beginnen, wenn wir es nicht freiwillig tun.

Stolz transformieren

George befindet sich in einem anderen Lebensstadium als Jo. Er ist bereit, mit seiner emotionalen Arbeit zu beginnen. Er hat erkannt, daß sein tyrannischer Stolz auf einem Mangel an Selbstachtung beruht. Die Übung zur Entdeckung seiner Qualitäten und Werte war eine Offenbarung für ihn. »Ich hatte ja keine Ahnung, daß sich so viele gute Eigenschaften in mir verbergen«, sagte er hinterher. Er hat erfahren, daß wahre

Selbstachtung uns die Kraft und die Gelassenheit gibt, Fehler begehen, aus ihnen lernen und schließlich über sie lachen zu können.

Die Verbindung zwischen Stolz und Vorurteil zu entdecken war für George von besonderer Bedeutung. Er sagte: »Ich hatte die Zukunft in meinem Kopf genauestes festgelegt, und wenn die Dinge dann nicht liefen wie geplant, gab ich anderen die Schuld. Auch bei den geringsten Nebensächlichkeiten war ich furchtbar pingelig, weil ich mir ein Vorurteil über die Situation gebildet hatte und alles genau nach meinen Vorstellungen ablaufen mußte. Kein Wunder, daß es niemand mit mir aushalten konnte, weder privat noch beruflich!«

Negativer Stolz verweist auf eine innere Einstellung, die emotional intelligent verändert werden muß. Das wahre Gegenteil von Stolz ist nicht Scham, sondern Demut. Demut verurteilt nicht, sie ist geduldig, realitätsnah und flexibel. Demut und positiver Stolz ergänzen sich wunderbar, indem sie jeweils einen anderen Aspekt derselben Wahrheit widerspiegeln. George faßte seine Erfahrungen so zusammen: »Ich wählte den Stolz, weil ich Angst vor Demütigung hatte, aber falscher Stolz führt nur zu endloser, heimlicher Scham. Eine bescheidene Haltung wirkt vielleicht nicht besonders heldenhaft, aber sie ermöglicht es einem schließlich, wirklich stolz auf sich selbst zu sein.«

[illegible]

[illegible]

Ablehnung

Niemals sind wir ungeschützter
gegen das Leiden, als wenn wir lieben,
niemals hilfloser unglücklich,
als wenn wir das geliebte Objekt
oder seine Liebe verloren haben.
Sigmund Freud

Was ist Ablehnung?

Der schlimmste Fall ist eingetreten: Sie sind abgelehnt worden. Gerade haben Sie die bittere Nachricht per Brief, E-Mail oder Fax bekommen. Oder, schlimmer noch, die Ablehnung wurde Ihnen nicht schwarz auf weiß mitgeteilt, sondern mündlich schonend beigebracht. Vielleicht ging es um eine heißbegehrte Stelle, um einen Platz in einem Fortbildungskurs, an dem Ihnen sehr viel lag, um ein Haus, an das Sie Ihr Herz verloren hatten, oder um die Frage, ob jemand, in den Sie sehr verliebt sind, Sie wiederliebt. Vielleicht hat Ihnen auch ein langjähriger Freund oder eine Freundin die Freundschaft aufgekündigt. Sie kommen sich fallengelassen, zurückgestoßen, ausgeschaltet, gestrandet, kaltgestellt vor. Sie fühlen sich als totaler Versager. Ablehnung beziehungsweise ihre passive Form, das Abgelehntwerden, ist ein häufiger Auslöser für Selbstmord und Absturz in tiefste Verzweiflung. Wir glauben, den schlimmsten Moment unseres Lebens zu erleben. Möglicherweise trifft das sogar zu, aber paradoxerweise ist dies gleichzeitig ein Moment mit höchstem lebensverändernden Potential. Das Ende eines bestimmten Traums oder einer Leidenschaft kann sehr viel Kraft und Energie freisetzen.

Das ist schwer einzusehen, weil Abgelehntwerden nach allgemeiner Überzeugung negativ und schmerzlich ist, doch in Wirklichkeit eröffnet es uns eine neue Situation mit unzähligen, ungeahnten Möglichkeiten. Wir sehen nur den Schmerz und nicht das Potential, weil wir Ablehnung als Kontrollverlust erfahren. Wenn es uns wichtig ist, stets die Kontrolle über unser Leben zu behalten, wird eine erfahrene Ablehnung schwer zu verkraften sein. Wenn wir uns dagegen vom Leben tragen und leiten lassen können, wird uns die Ablehnung eher wie eine sich öffnende Tür auf unserer Lebensreise vorkommen, hinter der neue Erfahrungen und Abenteuer warten. Wir haben die Wahl. Aber natürlich ist das nicht so einfach, denn eine Ablehnung ruft die Geister vergangener Ablehnungen herbei. Um uns weiterzuentwickeln, müssen wir verstehen lernen, wie die Ablehnungen der Vergangenheit unsere gegenwärtigen Einstellungen und Überzeugungen beeinflussen.

Ablehnung und Abgelehntwerden sind zwei Seiten derselben Medaille, und die folgenden Abschnitte möchten Ihnen einige Richtlinien an die Hand geben, mit deren Hilfe Sie beide Seiten auf neue Weise betrachten können. Dazu gehört auch eine Einsicht in die Selbstablehnung und die Entstehung sich wiederholender emotionaler Muster. Sie werden lernen, Ihre inneren persönlichen Überzeugungen neu zu programmieren, um das Beste aus einer Ablehnung zu machen, sich von ihr nicht lähmen zu lassen und zur nächsten Phase übergehen zu können.

Eine Ablehnung beruht auf einer Entscheidung, und wenn wir uns selbst und anderen Entscheidungsfreiheit zugestehen wollen, müssen wir auch die Möglichkeit einer Ablehnung akzeptieren. Beide an einer Ablehnung beteiligten Parteien treffen eine Entscheidung. Der Ablehnende scheint die Kontrolle zu haben, aber es gibt auch eine Reihe von Entscheidungen, die der Abgelehnte getroffen hat oder treffen kann. Die erste besteht darin, einem anderen Macht über die eigene Liebe und Energie einzuräumen. Solange wir nicht beschlossen haben, uns einem anderen gegenüber verletzlich zu machen, können wir auch nicht abgelehnt werden. Die zweite wichtige Entscheidung bezieht sich auf die Art, wie wir die Ablehnung auffassen. Menschen mit einer optimistischen Einstellung sind hier im Vorteil, aber wir alle können eine positive Sichtweise entwickeln. Die dritte Entscheidung schließlich ist, ob wir eine Ablehnung als beschämend und demütigend ansehen oder nicht. Es nicht zu tun erfordert Übung, aber letztlich treffen wir selbst die Wahl.

Wie fühlt sich Abgelehntwerden an?

Eine Ablehnung schlägt sich manchmal auch als körperlicher Schmerz nieder, aber der psychische Schmerz ist meist größer. Wir können von Enttäuschung und Wut überwältigt werden, und wenn die Ablehnung unerwartet kam, stehen wir vielleicht sogar unter Schock. Wir fühlen uns wie »ausgehöhlt«, »am Boden zerstört«, »ausgelöscht«. Eine Welt ist zusammengebrochen, und alles um uns herum ist grau. Wir fühlen uns plötzlich von allem abgelehnt – sogar Busse und Züge fahren uns vor der Nase weg, und wenn es irgendwo ein Gedränge gibt, kommen wir als letzte dran. Natürlich ist es nicht wirklich so, aber die traumatische Erfahrung der Ablehnung kann zu einer alles überlagernden Emotion werden. Manche weinen sich die Augen aus, andere können überhaupt nicht weinen. Wenn wir schon oft im Leben abgelehnt wurden, wird

der Schmerz uns vertraut vorkommen und dadurch um so schlimmer sein. Man sagt sich: »Da haben wir's wieder – warum werde ich immer abgelehnt, wann hört das jemals auf?«
Mit Ablehnung verbundene Emotionen sind:

- *Wut:* »Wie konnte er/sie mir das antun?«
- *Trauer:* »Ich habe etwas Unersetzliches verloren, das Leben wird nie wieder sein, wie es war.«
- *Depression:* »Ich kenne dieses furchtbare Gefühl schon – vielleicht ist es besser, mir überhaupt keine Hoffnungen mehr zu machen und mich der Verzweiflung zu überlassen.«
- *Haß:* »Ich hasse ihn/sie dafür, daß er/sie mir das angetan hat.«
- *Furcht:* »Was soll jetzt aus mir werden?«

Selbstablehnung

Eine Ablehnung kann sehr deutlich sein, aber auch so subtil, daß man sie zuerst gar nicht als solche wahrnimmt. Die Bereiche, in denen offensichtliche Formen am häufigsten sind, wurden bereits erwähnt: Liebe, Freundschaft, Beruf, Chancen aller Art. Manchmal lehnen wir jemanden oder etwas ab, weil wir uns selbst abgelehnt fühlen. Die Macht scheint dann in unserer Hand zu liegen, doch in Wirklichkeit reagieren wir nur auf eigene Ohnmachtsgefühle.
Es gibt noch eine weitere wichtige Kategorie von Ablehnung: die Selbstablehnung. Jede Form von Selbstablehnung rührt von einem ursprünglichen Gefühl des Abgelehntseins in einem frühen Entwicklungsstadium her. Der Grund kann eine direkte Ablehnung durch die Eltern sein, die ihr Kind verlas-

sen oder weggegeben haben, so wie in manchen Ländern extreme Armut Eltern dazu bringt, ihre Kinder zu verkaufen. Auch eine Adoption kann als Ablehnung von seiten der leiblichen Eltern empfunden werden, selbst wenn diese glaubten, zum Besten des Kindes zu handeln. Manchmal sind die Ursachen nicht so leicht zu erkennen. Vielleicht hatten wir eine depressive Mutter, die emotional nicht auf uns eingehen konnte, weil sie zuviel mit sich selbst zu tun hatte. Oder der Vater war Alkoholiker und emotional nie präsent, auch wenn er körperlich zugegen war. Wenn wir eine solche frühe Ablehnung erfahren haben und es keinen anderen Menschen gibt, der durch Liebe und Zuwendung diese negativen Gefühle mildert, wachsen wir sehr wahrscheinlich mit einem Gefühl der Selbstablehnung heran. Diese kann sich auf verschiedene Weise äußern, zum Beispiel durch Wiederholungszwang, selbstzerstörerisches Verhalten oder bewußtes Häßlichmachen.

Es ist fast unmöglich, jemanden zu lieben, der sich durch Alkohol oder Drogen selbst zerstört. Seine Sucht verhindert jede echte Bindung. Natürlich sind die Ursachen von Suchtverhalten noch wesentlich vielschichtiger, aber Selbstablehnung ist ein wichtiger Faktor. Auch Menschen, die sich absichtlich häßlich machen, die ihr Äußeres sehr vernachlässigen, stoßen andere ab. Ihre Selbstablehnung drückt sich darin aus, daß sie sich noch nicht einmal die grundlegendste Pflege zukommen lassen. Sowohl selbstzerstörerisches Verhalten als auch bewußtes Häßlichmachen treiben andere Menschen in die Flucht oder halten sie von vornherein fern. Äußert sich Selbstablehnung in Wiederholungszwang, ist das schwieriger zu durchschauen.

Der Wiederholungszwang

Für die meisten von uns ist Abgelehntwerden eine sehr schmerzliche Erfahrung. Der Grad dieses Schmerzes kann jedoch verringert werden, indem wir das Phänomen des Wiederholungszwangs verstehen lernen. Wenn wir eine Erfahrung machen, die für uns keinen Sinn ergibt und die wir deshalb nicht verarbeiten können, neigen wir dazu, unbewußt oder halbbewußt, eine Wiederholung dieser Erfahrung anzustreben. Im Prinzip ist dies ein sinnvolles Verhalten, es wirkt sich jedoch negativ auf unser Leben aus, wenn wir es uns nicht irgendwann bewußtmachen.

Ein klassisches Beispiel für einen Wiederholungszwang ist die Frau, deren Vater die Familie verließ, als sie sieben Jahre alt war. Er wollte den Kontakt zu seiner kleinen Tochter zwar nicht absichtlich abbrechen, aber sein Beruf führte ihn ins Ausland, und er fand es nach einer Weile zu mühsam, die Verbindung aufrechtzuerhalten. Als die Tochter erwachsen wurde, begann sie, sich unbewußt immer wieder Männer auszusuchen, die sie verließen. Wenn man ihre Geschichte hört, denkt man: Die arme Frau hat wirklich viel Pech gehabt! Die Männer haben sie nur enttäuscht. Wie grausam das Leben doch sein kann.

Ursache allen Unglücks ist jedoch, daß diese Frau nie die erste erlittene Ablehnung von seiten ihres Vaters verstehen und bewußt verarbeiten konnte. Keiner ihrer beiden Eltern erklärte ihr die Situation oder half ihr, damit fertig zu werden. Sie sagt heute, daß sie gar nicht mehr an diese Zeit denkt, doch tief im Innern ist sie immer noch verwirrt und leidet darunter. Ohne sich dessen bewußt zu sein, wiederholt sie also immer wieder eine Situation, in der sie von einem männlichen Partner abgelehnt wird. Dazu sucht sie sich stets Männer aus, die sie wegen eigener Probleme und innerer Konflikte nicht lieben können, oder sie verhält sich auf eine Weise, die es einem Mann geradezu unmöglich macht, bei ihr zu bleiben. Es kommt nicht wirklich darauf an, wie die Ablehnung herbeigeführt wird – daß sie herbeigeführt wird, ist der springende Punkt. Von außen betrachtet wirkt dieses Verhalten unsinnig und selbstschädigend, doch in Wahrheit stellt es einen Versuch dar, den ursprünglichen Verlust zu verarbeiten.

Wir können dieses unglückliche Muster in eine emotional intelligente Reaktion verwandeln, wenn wir uns bewußtmachen, was wir da tun. Unser Verhalten ist nicht allein eine blinde, zwanghafte Wiederholung, sondern ein verzweifelter Versuch, zu lernen und zu verstehen. Ein Wiederholungszwang ist nicht dasselbe wie eine Pechsträhne, die jeder mal haben kann. Es ist nicht immer einfach, zwischen den beiden zu unterscheiden, aber wenn Sie oft ein Gefühl der Wiederholung haben, lohnt es sich, etwas genauer nachzuforschen.

Der Wiederholungszwang setzt nicht nur bei Liebesbeziehungen ein, sondern kann sich bei allem, was uns wichtig ist, bemerkbar machen. Dazu gehört das Streben nach einem guten Job, einem Studienplatz, einem Haus, einer Wohnung etc. Überall, wo ein Element von Wettbewerb vorhanden ist, also die Möglichkeit zu verlieren besteht, kann das Muster sich wiederholen. Das gilt auch für Situationen, deren ungewisser Ausgang uns ängstlich macht, über die wir keine Kontrolle haben. Manche wiederholen die Erfahrung der Ablehnung in einem Bereich ihres Lebens und gestatten sich Erfolg auf einem anderen Gebiet, bei anderen ist der Wiederholungszwang so stark, daß sie sich jeden Erfolg versagen.

Um den Wiederholungszwang zu verstehen und zu durchbrechen, sind folgende Schritte nötig:

- Erkenntnis des sich wiederholenden Musters. Das bedeutet, sich zu sagen: »Ja, ich unterliege diesem Zwang. Ich hatte zwar Pech, aber zum Teil habe ich es mir selbst ausgesucht.«

- Wunsch, dem Muster zu entkommen. Das ist schwerer, als es den Anschein hat, weil wir unser Verhalten so lange unbewußt nach diesem Muster ausgerichtet haben. Es ist zwar eine Quelle des Leids, bietet aber auch einen gewissen Halt und Trost.
- Einsicht, daß wir das Muster erzeugen, weil wir unter einem bitteren Verlust leiden, der uns möglicherweise nicht oder nur zum Teil bewußt ist.
- Bereitschaft, sich mit der ursprünglichen Ablehnung auseinanderzusetzen (wenn wir sie herausfinden können) oder zu akzeptieren, daß die Ablehnung, vor der wir so große Angst haben, bereits geschehen ist. Da sie schon geschehen ist und wir sie überlebt haben, können wir auch die nächste überleben.
- Loslassen des Bedürfnisses nach Kontrolle und Sicherheit im Leben; uns gestatten, den Ausgang einer Situation nicht zu kennen. Uns außerdem die Erlaubnis geben, mit anderen zu konkurrieren und eventuell dabei zu verlieren.
- Ablehnung der Ablehnung, Akzeptieren der Realität.

Der Ablehnungs-Zyklus

(siehe Abbildung auf der nächsten Seite)

Zu häßlich, um geliebt zu werden – Peters Geschichte

Peter ist achtundzwanzig Jahre alt. Er hat eine lange Narbe im Gesicht, die er sich als Teenager bei einem Autounfall zuzog. Obwohl diese Entstellung nicht behindernd oder körperlich schmerzhaft ist, glaubt er, daß sie sein Leben ruiniert hat.

Peter wohnt noch bei seinen Eltern, weil er bisher nicht den

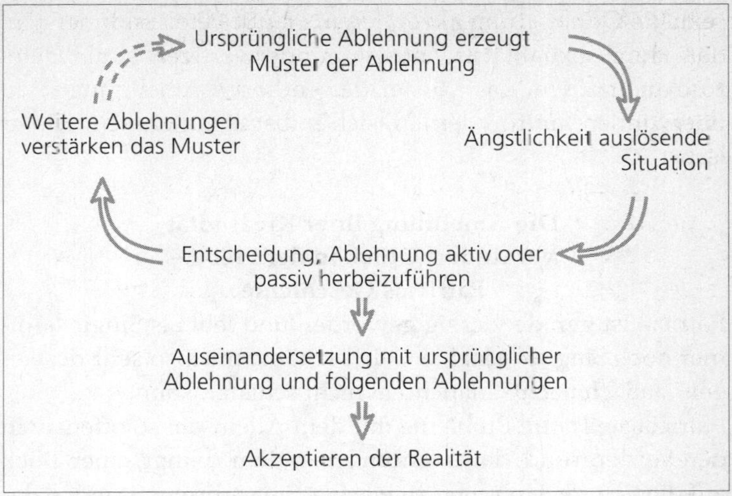

Mut gefunden hat, ein eigenes, unabhängiges Leben zu beginnen. Er ist schwul und verliebt sich immer wieder in Männer, die ihn früher oder später ablehnen. »In der Schwulenszene ist gutes Aussehen sehr wichtig, ohne das hat man eben Pech«, sagt er. Er glaubt, daß seine bisherigen Liebhaber sich aus Mitleid mit ihm einließen und dann wieder Schluß machten, weil sie ihn doch zu abstoßend fanden. Zum Teil hat er damit recht, aber nicht seine Narbe ist das Problem, sondern es sind seine psychischen Defekte, die immer wieder jede Möglichkeit von Glück in einer Partnerschaft verhindern.

Peters Narbe ist mit der Zeit zu einem Symbol für all das geworden, was er an sich selbst ablehnt und haßt. Zum Beispiel kann er nicht wirklich akzeptieren, daß er schwul ist. »Noch so ein Kreuz, das ich zu tragen habe, als ob ich nicht schon durch mein Aussehen unter dem Makel des Andersseins zu leiden hätte«, lautet sein Kommentar. Obwohl die Eltern seine sexuelle Orientierung akzeptieren, glaubt Peter im Innersten, daß Homosexualität irgendwie minderwertiger ist als Heterosexualität. Um das Muster der endlosen Ablehnungen zu überwinden, muß er lernen, sich selbst anzunehmen, wie er ist.

Die Ablehnung ihrer Kreativität verhindert Glück in der Liebe – Patricias Geschichte

Patricia ist gerade vierzig geworden und lebt als Single. »Immer noch Single«, klagt sie, »ich schäme mich so sehr deswegen, daß ich nachts manchmal nicht schlafen kann.«

Patricia stellt ihre Probleme mit dem Alleinsein so offensiv in den Vordergrund, daß es kaum jemandem gelingt, einen Blick auf die tieferen Ursachen zu werfen. Sie verbringt Stunden damit, sich bei ihren Freundinnen über ihre letzte Affäre auszulassen und den Charakter des Mannes zu zerpflücken. Sobald sich eine engere Beziehung zu entwickeln beginnt, findet entweder sie etwas an dem Mann völlig inakzeptabel, oder dieser läßt sie aus irgendeinem Grund fallen.

Patricias eigentliches Problem hat jedoch nichts mit zurückgewiesener Liebe oder einer grundsätzlichen Unfähigkeit, einen Lebenspartner zu finden, zu tun. Es besteht vielmehr darin, daß sie einen wichtigen Teil ihrer selbst ablehnt – ihre Kreativität. Patricia war als junge Frau eine talentierte Keramikerin. Sie konnte wunderbare Formen und Muster erschaffen, die viel Phantasie und ein reiches Innenleben widerspiegelten. Doch eines Tages hörte sie damit auf, weil sie glaubte, ihre wichtigste Lebensaufgabe bestehe darin, einen Ehemann zu finden. »Wenn mir das gelungen ist, kann ich auch wieder kreativ werden. Aber zuerst brauche ich die Sicherheit der Liebe.«

Leider funktioniert das so nicht. Patricias Kreativität gehört zu ihrer Persönlichkeit und muß einen Ausdruck finden, wenn sie ein erfülltes Leben führen will. Indem sie ihre Kreativität unterdrückte oder ignorierte, richtete sie all ihre Erwartungen auf den jeweiligen Mann in ihrem Leben und verlangte von ihm, ihr die entsprechende Erfüllung zu geben. Diese Belastung kann kein Partner und keine Beziehung lange verkraften. Entweder lehnte der Mann sie nach einer Weile ab, weil sie zu fordernd war, oder sie lehnte ihn ab, weil er ihr nicht das Gefühl von Zufriedenheit und Freude vermitteln konnte, das sie nach der Herstellung eines schönen, einzigartigen Keramikobjekts hatte.

Vertrauen und Kontrolle

Die wichtigste Voraussetzung für einen emotional intelligenten Umgang mit Ablehnung ist es, die Realität anzunehmen. Dazu braucht man jedoch eine vertrauensvolle Haltung dem Leben gegenüber. Wenn wir kein Vertrauen ins Leben haben, werden wir nie in der Lage sein, die Wirklichkeit zu akzeptieren.

Alle Menschen müssen, während sie heranwachsen und reifer werden, bestimmte Grundsatzentscheidungen treffen. Eine der wichtigsten ist die Entscheidung zwischen Vertrauen und Mißtrauen. Wir können dem Leben mit all seinen unkalkulierbaren Höhen und Tiefen vertrauen oder aber bezweifeln, daß wir überhaupt auf diesen Planeten gehören. Wir können uns vom Leben leiten lassen oder uns vor ihm in eine abgeschlossene Welt zurückziehen und jeden engeren Kontakt mit anderen Menschen vermeiden.

Nur wenige von uns sind eindeutig dem einen oder dem anderen Lager zuzuordnen. Die meisten haben sowohl gute Erfahrungen von Liebe und Freude gemacht, die ihr Vertrauen ins Leben stärkten, als auch schlechte Erfahrungen von Leid und Verlust, die ihr Mißtrauen förderten. Wir pendeln also zwischen Vertrauen und Mißtrauen und tendieren manchmal mehr zu dem einen, manchmal mehr zu dem anderen. Wenn wir lernen wollen, Ablehnung zu akzeptieren und sie als das zu sehen, was sie ist – ein vorübergehender Rückschlag, eine Kurskorrektur, ein Glück im Unglück –, müssen wir uns in Richtung Vertrauen bewegen.

Die beiden Pole Grundvertrauen und Grundmißtrauen:

- Menschen, die dem Leben mit Grundvertrauen gegenüberstehen, können Ablehnung positiv sehen. Sie können in ihr das Potential neuer Möglichkeit entdecken, denn sie haben die Freiheit, das Leben geschehen zu lassen.
- Menschen, die dem Leben gegenüber eine grundsätzlich mißtrauische Einstellung haben, sind der Ansicht, daß das Leben es nicht gut mit ihnen meint und daß überall Gefahren lauern. Für sie ist Ablehnung schrecklich, da sie ihnen ihre schlechte Meinung von sich selbst nur bestätigt. Sie möchten die Kontrolle haben und ertragen es nicht, den Ausgang einer Situation nicht zu kennen. Also lehnen sie jemanden oder etwas lieber von vornherein ab, als das Risiko einzugehen, später selbst abgelehnt zu werden.

Das traurige Paradox ist, daß wir die Erfahrung der Ablehnung um so wahrscheinlicher wiederholen, je schrecklicher diese für uns war. Peters Wiederholungsmuster bestand darin, immer wieder Ablehnung zu suchen, indem er sich verliebte. Nichts eröffnet mehr Möglichkeiten von Ablehnung und Zurückweisung, als sich zu verlieben. Menschen, die Probleme mit Ablehnung haben, verlieben sich daher entweder zu leicht oder gar nicht. Statt erst einmal abzuwarten,

ob der potentielle Partner der richtige für sie ist, engagieren sie sich oft gleich zu Anfang mit voller Kraft und machen ihre Ansprüche mit großem Nachdruck geltend.
Peter bestand immer sehr offensiv darauf, daß seine Liebhaber seine Narbe und seine Empfindlichkeit ihretwegen zu akzeptieren hatten. Wenn sie einen anderen Mann auch nur ansahen, wurde er eifersüchtig. Anstatt zu erkennen, daß eher sein Verhalten das Problem war als sein Äußeres, schob er jede Ablehnung auf sein entstelltes Gesicht. Wie wir bereits gesehen haben, spielt auch Peters Ablehnung seiner Sexualität eine wichtige Rolle in der Dynamik von Ablehnung und Selbstablehnung. Peters wichtigste Aufgabe besteht darin, sich selbst zu akzeptieren. Nur dann kann sich sein Verhaltensmuster ändern.

Wenn etwas zu Ende geht – eine neue Sicht

Eine letzte Verwicklung im Zusammenhang mit Ablehnung und Abgelehntwerden betrifft unsere Haltung gegenüber der Notwendigkeit des Endens. Es gehört zum Leben, daß ständig etwas zu Ende geht, aber der damit verbundene Verlust veranlaßt uns, diese Tatsache zumindest teilweise zu verleugnen. Das letzte Ende ist der Tod, und alle Verluste auf der Lebensreise können als kleine Tode angesehen werden. Auch eine Ablehnung bedeutet immer ein Ende: das Ende einer Beziehung, eines Traums, einer Hoffnung.
Hinter Patricias Problem steckt die Angst vor dem Tod. Indem sie sich weigert, ihre Kreativität auszuleben, verweigert sie sich ihrer Einzigartigkeit und dem Erwachsensein. Die zugrundeliegende Furcht dabei ist: *Was wird passieren, wenn ich die beste und schönste Keramik gemacht habe, die ich machen kann?*

Sie glaubt, den natürlichen Ablauf von Erwachsenwerden, Älterwerden und Sterben hinauszögern zu können, indem sie in einer frühen Lebensphase, der Phase der Partnersuche, steckenbleibt. Daß sie in diesem Zusammenhang das Wort Sicherheit erwähnt, ist sehr bezeichnend. Sie möchte die Sicherheit der Kontrolle und kann sich deshalb nicht von einem Grundvertrauen ins Leben leiten lassen. Doch wenn sie diese Kontrolle aufgeben und ihr Talent akzeptieren würde, würde sie Erfüllung in ihrer kreativen Arbeit und mit größerer Wahrscheinlichkeit auch den richtigen Lebenspartner finden.

Emotionale Arbeit

- Wie stehen Sie zu Ablehnungen? Sehen Sie sie als Gelegenheit zur Veränderung oder als vernichtende Niederlage?
- Akzeptieren Sie sich selbst? Was lehnen Sie an sich ab, und warum?
- Können Sie ein Muster von Ablehnung und Versagen bei sich entdecken?
- Wo würden Sie sich im Spektrum von Vertrauen und Mißtrauen einordnen?
- Haben Sie Wut oder Mitgefühl gegenüber Peter oder Patricia empfunden? Liegt darin eine Botschaft für Sie selbst?
- Was fühlen Sie, wenn etwas zu Ende geht? Versuchen Sie, wichtige Endpunkte im Leben zu vermeiden, indem Sie immer wieder einen neuen Verhaltenskreislauf beginnen?

Ablehnung transformieren

Das Leben mit all seinen Höhen und Tiefen annehmen zu können bedeutet, nicht mehr unter dem Schmerz einer Ablehnung leiden zu müssen. Und keine Ausreden mehr nötig zu haben. Nachdem Peter sich ehrlich mit seiner Situation auseinandergesetzt hatte, konnte er das Fazit ziehen: »Ich habe erkannt, daß meine Narbe bei meinen Problemen eine ziemlich geringe Rolle spielt.« Als er lernte, sich selbst anzunehmen, strahlte er eine ganz neue Attraktivität aus und konnte das Muster der Ablehnungen durchbrechen. Das heißt natürlich nicht, daß er überhaupt nicht mehr abgelehnt wurde, aber die Ablehnungen waren für ihn längst nicht mehr so verheerend. Bei seiner emotionalen Arbeit setzte er sich viel mit Vorurteilen gegenüber Homosexualität auseinander und mit dem Mut, den es erfordert, seinen eigenen Weg zu gehen.

Patricia brauchte recht lange, um ihre emotionalen Muster zu erkennen. Zum Teil lag dies an der Furcht, sich einzugestehen, daß sie eine ganze Menge Zeit vertan hatte. Doch da ihr der Gedanke, auch ihr zukünftiges Leben zu verschwenden, schließlich noch schlimmer erschien, begann sie wieder mit ihrer kreativen Arbeit. Irgendwann wird sie vielleicht verstehen, daß keine Erfahrung im Leben umsonst ist. Ihre Vergangenheit hat sie zu ihrem gegenwärtigen Leben geführt, jeder Moment war und ist wertvoll.

Ablehnungen akzeptieren und ihre wirkliche Bedeutung erkennen zu können öffnet die Tür zur inneren Freiheit. Nur diese macht ein leidenschaftliches, mutiges Leben möglich.

Epilog – Freude kultivieren

Ich darf nicht hoffen, aus äußeren Formen
die Leidenschaft und das Leben zu gewinnen,
deren Quellen im Innern sind.

Coleridge

Glück als Hintergedanke

Freude und Glück sind nicht dasselbe, werden aber oft verwechselt. Freude ist eine Form der Gnade, die wir erleben, wenn wir intensiv mit etwas beschäftigt sind. Wir können sie auch unter den schrecklichsten, deprimierendsten äußeren Umständen empfinden. Glück bedarf dagegen günstiger äußerer Umstände. Freude ist eine von innen gelenkte, unabhängige Emotion, Glück eine von außen gelenkte, abhängige. Wir brauchen beide. Freude zeigt uns unser kreatives und transformatives Potential, während Glück uns veranlaßt, Beziehungen zu anderen Menschen und der Welt im allgemeinen einzugehen. All unsere Ziele, ob sie geschäftlicher, beruflicher oder privater Natur sind, ob sie sich auf die Erlangung von Macht, Schönheit, Gesundheit, Reichtum oder Weisheit richten, haben einen bestimmten Hintergedanken: Wir glauben, daß das Erreichen dieser Ziele uns glücklich machen wird. Dieser Glaube gibt uns die Kraft, sie zu verfolgen.

Im Gegensatz dazu entsteht Freude im Verlauf einer Tätigkeit. Sie ist mit dem Hier und Jetzt verbunden, während das Glück meist in der Zukunft liegt. Freude kommt und geht, wir können sie nicht kontrollieren, nicht planen und nicht festhalten. Wir können nur unser Herz und unseren Geist öffnen, damit sie möglich wird. Natürlich werden wir auch nie aufhören, uns nach Menschen und Dingen zu sehnen, die uns glücklich machen, denn das ist Teil des menschlichen Lebens. Doch die Kultivierung von Freude macht auch das Streben nach Glück fröhlicher und unbeschwerter. Wir sind nicht mehr so sehr auf unsere Ziele fixiert, weil der Weg dorthin uns Freude macht und selbst zum Ziel wird. Glück ist ein Alles-oder-nichts-Zustand, der leicht verdorben werden kann, falls nur ein Element nicht stimmt. Wenn wir uns aber mehr auf Freude als auf Glück einstimmen, werden wir Dinge, die nicht nach unseren Vorstellungen laufen, nicht als rein negativ ansehen, sondern ihr Potential für Wachstum und Veränderung erkennen.

Weder zur Freude noch zum Glück gibt es eine direkte Route, alle Wege führen über unsere Einstellungen, die Entwicklung und Nutzung unserer emotionalen Intelligenz. Daran zu arbeiten war das Thema der vorhergehenden Kapitel. Indem wir unangenehme und schmerzliche Emotionen akzeptieren und kreativ an ihrer Verwandlung arbeiten, während wir ihnen gleichzeitig erlauben, uns zu verwandeln, bereiten wir den Boden für viele spontane Erlebnisse von Freude. Wir können diese Erlebnisse nicht erzwingen oder kontrollieren, aber wir verbessern unsere Chancen auf sie, wenn wir wissen, wie Freude entsteht.

Sich im Fluß befinden

Für intensive Formen von Freude gibt es verschiedene Bezeichnungen. In der buddhistischen Tradition kennt man den Ausdruck der Seligkeit, womit ein Zustand vollkommener

Entspanntheit und mitfühlender Verbundenheit mit der gesamten Existenz gemeint ist. Meditation ist ein Weg, der zu diesem Zustand führt. Wenn wir nicht mehr Gefangene unserer Wünsche und Bedürfnisse sind, kann das Leben als Seligkeit erfahren werden. Andere religiöse Praktiken zielen auf Ekstase ab, was wörtlich »außerhalb seiner selbst stehen« bedeutet. Wenn wir in Ekstase sind, überschreiten wir die Grenzen von Zeit und Raum. Die Alltagswelt mit ihren Sorgen, ihren Enttäuschungen und Schwierigkeiten fällt von uns ab. Viele Menschen berichten, daß sie sich mit Gott oder der Natur oder dem ganzen Kosmos verbunden fühlen. In solchen Momenten spürt der einzelne, daß er ein untrennbarer Teil eines großen Ganzen ist.

Ein anderer Weg zur Ekstase ist der Liebesakt, ein weiterer der Konsum von Drogen. Das Problematische an Drogen als Auslöser eines intensiven Glückszustands ist, daß sie abhängig machen. Freude ist jedoch ihrer Essenz nach unabhängig und frei. Wenn wir einen ekstatischen Zustand nicht aus eigener Kraft erlangen, sondern künstlich erzeugen, geht damit oft das ängstliche Bedürfnis einher, die Erfahrung zu wiederholen. Wir beginnen, sie zu planen, doch was wir erleben, ist keine echte Freude und macht uns nicht frei.

Echte, spontane Freude dagegen ist mit einem Gefühl des Fließens verbunden. Man befindet sich im Fluß mit allem, man ist sich seiner selbst nicht mehr bewußt und nimmt die Zeit ganz anders wahr. Die Biochemie des Körpers scheint sich zu verändern, das Immunsystem wird gestärkt. Vor allem Leistungssportler und Künstler kennen dieses Gefühl, aber es kann bei allen Tätigkeiten auftreten, die als positiv empfunden werden und hohe Aufmerksamkeit erfordern. Sich im Fluß befinden setzt voraus, daß man bestimmte Fähigkeiten hat, daß man sich Ziele setzt und Grenzen akzeptiert. Chaos kann keinen Fluß erzeugen, es muß eine gewisse Ordnung herrschen.

Das Gefühl des Fließens stellt sich in einem Bereich zwischen Langeweile und Angst ein. Wenn uns eine Aufgabe zu leicht von der Hand geht und keine Herausforderung darstellt, besteht die Gefahr, daß wir uns langweilen. Sind wir dagegen einer Aufgabe nicht gewachsen, werden wir ängstlich. Das Fließen kommt dort zustande, wo die Anforderungen unseren Fähigkeiten entsprechen, aber die Möglichkeit besteht, uns zu steigern und über uns hinauszuwachsen. Das wichtigste Kennzeichen dieses Zustandes ist, daß er sich nicht um Belohnungen, Erfolge oder Ziele kümmert, sondern von der reinen Freude am Tun bestimmt wird. Die Erfahrung selbst ist das Ziel. Sport, die Künste, unsere Arbeit und das Familienleben sind potentielle Auslöser, aber auch das Üben der emotionalen Intelligenz.

Was hält uns ab?

Das wunderbare Gefühl, sich im Fluß zu befinden, verwandelt einfache Ereignisse in bedeutungsvolle Erfahrungen. Viele von uns verweigern sich jedoch diesem Gefühl und verleugnen seine Existenz. Wenn wir nur die Extreme von Ängstlichkeit und Langeweile kennen, haben wir den Zwischenbereich blockiert. Unsere Ansprüche und Wünsche loszulassen ist ein Weg, ihn wieder zu öffnen. Marion Milner berichtet in ihrem Buch »A Life of One's Own« davon, wie sie die Erfahrung des Fließens machte, als sie krank und gereizt im Bett lag. Sie starrte mit leerem Blick auf ein verblühtes Alpenveilchen und sagte auf einmal zu sich selbst: »Ich will nichts.« »Sofort«, schreibt sie, »drang das Rot der Blüten mit einer Intensität auf mich ein, daß ich glaubte, zum ersten Mal in meinem Leben eine Farbe wahrzunehmen.« Der Augenblick verging, und sie lag wieder ermattet in ihrem Bett, aber das Flie-

ßen hatte sich ereignet, als sie ihre Erwartungen aufgegeben und sich für die Möglichkeiten der Gegenwart geöffnet hatte. Viele Menschen berichten von ähnlich intensiven Erfahrungen, nachdem sie einfach die drei Worte »Ich will nichts« bewußt gesagt oder gedacht hatten.
Die wichtigsten Blockaden des Fließens sind:

- *Suche nach Vergnügen*
  Wenn wir einem bestimmten Vergnügen nachjagen, sind wir auf das Ergebnis einer Erfahrung ausgerichtet und nicht auf den Prozeß selbst. Wir erwarten, daß diese Erfahrung uns etwas Bestimmtes gibt, statt sie einfach geschehen zu lassen. Die Jagd nach Vergnügen weckt Neid und Gier, aber auch Furcht und Ängstlichkeit. Je mehr wir wollen, desto weniger nehmen wir wahr. Freude dagegen ist ein ungewolltes Nebenprodukt einer Tätigkeit und letzten Endes viel erfüllender.

- *Erwartung der Dauer*
  Fließen und Freude sind ihrem Wesen nach vergängliche Erfahrungen. Um sie zu erleben, müssen wir unser Kontrollbedürfnis aufgeben und dürfen nicht versuchen, sie krampfhaft festzuhalten. Es ist wie bei menschlichen Beziehungen: Je mehr Freiheit wir einem geliebten Menschen gewähren, desto öfter sucht er freiwillig unsere Nähe. In gleicher Weise werden wir das Gefühl der Freude um so öfter erleben, je mehr wir uns von der Vorstellung von Dauer freimachen.

- *Weigerung, die Wirklichkeit zu akzeptieren*
  Menschen, die viel Leid und Unglück erfahren haben, weigern sich manchmal, Freude zu empfinden, obwohl sie wieder dazu in der Lage wären. Auch Enttäuschungen können

ein Grund sein, sich für die Erfahrung von Freude zu sperren. Die Arbeit an unserer emotionalen Intelligenz ermöglicht es, diesen Kummer zu überwinden und uns wieder für das Leben zu öffnen.
Zur Wirklichkeit gehören auch bestimmte, unveränderliche Gegebenheiten, wie Geschlecht, Erbgut, Alter etc. Indem wir akzeptieren, woran wir nichts ändern können, bereiten wir den Weg für die Veränderungen, die in unserer Macht liegen.

- *Wunschvorstellungen*
  Manche von uns haben sehr genaue Wünsche und Pläne und verlangen vom Leben, sich nach ihren Vorstellungen von Freude und Glück zu richten. Wenn die Wirklichkeit sich nicht mit ihnen deckt, sind wir frustriert. Daher müssen wir eine kritische und kreative Einstellung zu unseren Phantasien entwickeln und verstehen lernen, welche emotionalen Sehnsüchte sie maskieren. Wenn wir erkennen, warum wir einer bestimmten Vorstellung nachhängen, können wir uns auf die emotionale Erfahrung, nach der wir uns sehnen, konzentrieren und sind nicht auf ein bestimmtes Ergebnis fixiert.

- *Gesellschaftliche Konditionierung*
  In allen Gesellschaften existieren bestimmte Erwartungen darüber, was ihren Mitgliedern Freude bereiten soll, wonach sie streben sollen. Das können spirituelle oder materielle Werte sein oder solche, die sich auf Bildung oder Freizeit beziehen. Wir sollten die Vorgaben der Gesellschaft, in der wir leben, einmal genauer untersuchen und uns fragen, ob wir mit ihnen übereinstimmen. Wenn wir das nicht tun, werden sie uns nie zufriedenstellen.

- *Mangelnde Aufmerksamkeit*
  Sich im Fluß befinden beruht vor allem auf Aufmerksamkeit – wir konzentrieren uns »selbstvergessen« auf etwas außerhalb unserer selbst. Eine träge, passive Haltung führt genausowenig zum Fließen wie eine ängstlich-verzweifelte Überkonzentration. Das Gefühl scheint sich vor allem dann einzustellen, wenn wir uns ganz auf die Bewältigung einer Aufgabe konzentrieren und dann eine kreative Pause einlegen, als würden wir auf eine Antwort warten. Aufmerksame Entspanntheit stellt sicher, daß wir die Antwort hören – egal, in welcher Form sie kommt.

Aufmerksamkeit und Phantasie

Wir können den Fluß und die Freude nicht erzwingen, aber wir können innere Situationen schaffen, in denen wir dies am wahrscheinlichsten erleben. Wie wir gesehen haben, gibt es blockierende Einstellungen, die wir überwinden oder an denen wir zumindest arbeiten müssen, um den Prozeß zu erleichtern. Darüber hinaus sollten wir uns etwas näher mit der Bedeutung von Aufmerksamkeit befassen. Wenn wir einer Sache unsere Aufmerksamkeit schenken, bedeutet das vor allem, daß wir sie mit Liebe und Sorgfalt behandeln. Unsere Aufmerksamkeit ist wie eine Blende: Sie kann eng oder ganz weit eingestellt sein, und wir müssen uns bewußtmachen, in welchem Modus sie sich gerade befindet.

Wenn die Aufmerksamkeit eng eingestellt ist, ist sie sehr selektiv. Wir haben entschieden, was wir wollen, zum Beispiel Nahrung, Wohnung, eine Arbeit oder einen Partner, und halten gezielt danach Ausschau. Alles, was nicht unseren Anforderungen entspricht, wird aussortiert. Aus biologischer Sicht ist das ein sinnvolles Verhalten, da diese Form von Aufmerk-

samkeit unser Überleben sichert. Sie ähnelt einem Hund, der stur einer bestimmten Spur folgt.
Ist unsere Aufmerksamkeit dagegen weit eingestellt, nehmen wir sehr viel wahr und behandeln alles, was uns begegnet, gleichwertig. Wir stellen nicht das eine über das andere, und es besteht keine Notwendigkeit, ein bestimmtes Bild, ein Geräusch oder einen Geruch herauszufiltern. Wir können uns auf alles einlassen. Die Beschäftigung mit Kunst ist ein sehr gutes Training für diese Art von Aufmerksamkeit, denn große Kunstwerke halten immer Überraschungen bereit. Man kann zum Beispiel lange Zeit ein altes Gemälde betrachten und plötzlich eine kleine Katze entdecken, die sich im Schatten eines üppigen Brokatvorhangs »versteckt« hatte.
Das Entdecken der Katze ist wie ein freudiger Schock, der unsere geordnete Vorstellung von der Welt durcheinanderbringt. Unser Ego hatte schon über das Thema des Bildes entschieden – und plötzlich kommt ein neuer Aspekt hinzu und verändert alles. Das Ego muß also akzeptieren, daß es zwar der Anführer, aber nicht der absolute Herrscher über alle anderen Stimmen in uns ist. Bei der weit eingestellten, wachen und doch gelassenen Aufmerksamkeit tritt es in den Hintergrund, so daß die anderen Gestalten in unserer Psyche zu Wort kommen. Diese Form von Aufmerksamkeit erlaubt der Phantasie, ihre Wirkung zu entfalten, das heißt, wir lassen die wunderbaren, erschreckenden und außerordentlichen Möglichkeiten des gegenwärtigen Augenblicks zu. Im besten Falle verbindet sich dieser Augenblick mit der Ewigkeit.
Die Arbeit an unserer emotionalen Intelligenz erfordert beide Formen von Aufmerksamkeit. Viele der Übungen in den vorhergehenden Kapiteln verlangen eine konzentrierte, fokussierte Aufmerksamkeit. Doch für eine vollständige emotionale Entwicklung ist es nötig, die zielgerichtete Konzentration aufgeben und unserer Phantasie das Feld überlassen zu kön-

nen. Emotionale Intelligenz ist kein Gegenstand der exakten Wissenschaften und läßt sich wahrscheinlich überhaupt nicht wissenschaftlich erfassen. Sie ist vor allem eine Lebenshaltung, die unsere Erfahrungen erweitert und vertieft, unsere schöpferische Phantasie fördert und zu wirklicher Freude führt.

[illegible]
[illegible]
[illegible]
[illegible]
[illegible]
[illegible]

Danksagung

Ich möchte all denen danken, die mir auf so vielfältige Weise bei diesem Buch geholfen haben. Vor allem Hilary Barnard, Cara Denman, Michèle Deverall, Jessica Duxbury, Jan Edwards-Treloar, Jackie Herald, Clare Mackie, Sue und Charles Marshall, Sarah Matheson, Santo und Allyson Volpe, Lucy Smith und Austen Wilks. Besonderen Dank an meine Freundin und Kollegin Caroline Leigh, die mich auf das Thema der emotionalen Intelligenz aufmerksam machte und mich immer wieder bei meiner Arbeit unterstützte.

Auch bei meinen anderen Kolleginnen und Kollegen an der Londoner City University möchte ich mich für ihre Ermutigung und Unterstützung bedanken: Jennifer Bailey, Maggie Bankart, Anne Brockbank, Julia Carter, Judy Early, Judith Fiennes, Chris Haines, Yvonne Hillier, Jas Kaur, Phil Leahy, Andrew Lewis, Maria Luca-Stolpin, Gabriella Pollard, Denise Stanley und Sylvia Tyler.

Meinen Kolleginnen und Kollegen aus dem Bereich der Psychotherapie gebührt Anerkennung für ihre zahlreichen anregenden Diskussionsbeiträge im Laufe der Jahre: Em Farrell, Heather Formaini, Jenny Goodman, Brett Kahr, Derek Linker, June Roberts, David Smith, Ernesto Spinelli und Emmy van Deurzen. Außerdem möchte ich Neasa Mac Erlane vom »Observer« danken, deren gelegentliche Anfragen für ihre »How to deal with …«-Kolumne mein Denken in eine neue Richtung lenkten.

Eine zufällige Begegnung im Gatwick Express bescherte mir den äußerst wertvollen Kontakt zu einer literarischen Agentur, und ich danke Jane Gregory und Lisanne Radice von Gregory und Radice für ihr Verständnis und Engagement. Durch sie lernte ich auch meine Lektorin Maria Rejt bei Heinemann kennen, für deren einfühlsame, aber entschiedene Lektoratsarbeit ich sehr dankbar bin. Des weiteren möchte ich Clare Calder für ihre Hilfe in der letzten Textbearbeitungsphase danken.
Großen Dank schulde ich meinen Patienten, Klienten und Studenten. Vieles von ihnen und auch einiges von mir ist in die Fallbeispiele eingeflossen, obwohl sich hinter keinem davon eine bestimmte, reale Person verbirgt. Die Beispiele entstammen allesamt meiner Phantasie, wurden jedoch von emotionalen Transformationen inspiriert, die zu beobachten ich das Privileg hatte.
Schließlich gebührt mein tiefster Dank der menschlichen Psyche, der wahren Autorin dieses Buches und vielleicht aller Bücher. Ich konnte nur einen Teil von dem niederschreiben, was sie mir diktierte.

Bibliographie

Die folgende Bibliographie enthält die wichtigsten Titel, die dieses Buch inspirierten, und stellt zugleich eine Empfehlung zu weiterer Lektüre dar.

Beebe, John: *Integrity in Dephth.* New York 1995

Buber, Martin: *Ich und Du.* Stuttgart 1981

Cameron, Julia: *Der Weg des Künstlers. Ein spiritueller Pfad zur Aktivierung unserer Kreativität.* München 1996

Cooper, Robert u. Ayman, Sawaf: *Emotionale Intelligenz für Manager.* München 1997

Cozens, Jenny: *OK2 Talk Feelings.* London 1991

Csikszentmihalyi, Mihaly: *Das Flow-Erlebnis. Jenseits von Angst und Langeweile: Im Tun aufgehen.* Stuttgart 1996

Dowrick, Stephanie: *Zu zweit allein. Über Nähe und Distanz.* München 1995

von Franz, Marie-Louise: *Das Weibliche im Märchen.* Leinfelden-Echterdingen 1997

dies.: *Die Erlösung des Weiblichen im Manne. Der goldene Esel des Apuleius in tiefenpsychologischer Sicht.* Düsseldorf 1997

Goleman, Daniel: *Emotionale Intelligenz.* München 1997

ders.: *Die heilende Kraft der Gefühle. Gespräche mit dem Dalai Lama über Achtsamkeit, Emotion und Gesundheit.* München 1998

Gottman, John: *Kinder brauchen emotionale Intelligenz. Ein Praxisbuch für Eltern.* München 1998

Hillman, James: *Emotion.* Evanston, Illinois 1960

ders.: *Die Suche nach Innen – die Begegnung mit sich selbst. Psychologie und Religion.* Einsiedeln 1994

Hollis, James: *Swamplands of the Soul: New Life in Dismal Places.* Toronto 1996

Holmes, Ros u. Jeremy: *The Good Morning Guide.* London 1993

Johnson, Robert: *Owing your own Shadow.* San Francisco 1991

Kast, Verena: *Trauern. Phasen und Chancen des psychischen Prozesses.* Stuttgart 1997

dies: *Freude, Inspiration, Hoffnung.* München 1997

Klein, Melanie: *Das Seelenleben des Kleinkindes und andere Beiträge zur Psychoanalyse.* Stuttgart 1998

LeDoux, Joseph: *The Emotional Brain.* London 1998

Leonard, Linda Schierse: *Töchter und Väter. Heilung einer verletzten Beziehung.* Frankfurt/M. 1997

Lewis, C. S.: *Über die Trauer.* Zürich u. Düsseldorf 1998

Luke, Helen: *Dark Wood to White Rose: Journey and Transformation in Dante's Divine Comedy.* New York 1989

May, Rollo: *Freedom and Destiny.* New York 1981

ders.: *Liebe und Wille.* Köln 1988

Milner, Marion: *A Life of One's Own.* London 1986

dies.: *Eternity's Sunrise: A Way of Keeping a Diary.* London 1987

Perera, Sylvia: *The Scapegoat Complex: Toward a Mythology of Shadow and Guilt.* Toronto 1986

Person, Ethel: *The Force of Fantasy.* London 1997

Pert, Candace: *Molecules of Emotion: Why You Feel the Way You Feel.* London 1998

Rosen, David: *Transforming Depression.* London 1993

Rowe, Dorothy: *Beyond Fear.* London 1994

Steiner, Claude: *Emotionale Kompetenz.* München 1998

Storr, Anthony: *Human Aggression.* London 1968

ders.: *Solitude.* London 1988

Tannen, Deborah: *Du kannst mich einfach nicht verstehen.* München 1998

Tarnas, Richard: *Idee und Leidenschaft. Die Wege des westlichen Denkens.* Hamburg 1997

Yalom, Irvin: *Existentielle Psychotherapie.* Köln 1989

Quellen der Kapitel-Mottos
(in inhaltlicher Reihenfolge)

William Blake, *Zwischen Feuer und Feuer. Poetische Werke.* München 1996

E. M. Forster, *Wiedersehen in Howards End.* München 1995

Rumi, *Aus dem Diwan.* Stuttgart 1991

Martin Luther King, zitiert und übersetzt nach: *The Oxford Dictionary of Modern Quotations*

Aristoteles, *Nikomachische Ethik.* Stuttgart 1983

James Hollis, *Swamplands of the Soul: New Life in Dismal Places.* Toronto 1996

James Hillman, zitiert und übersetzt nach *A Blue Fire: the Essential James Hillman,* edited by Thomas Moore

John Berryman, zitiert und übersetzt nach: *The Oxford Dictionary of Modern Quotations*

Chaucer, *Die Canterbury-Erzählungen.* München 1989

Eleanor Roosevelt, zitiert und übersetzt nach: *The Oxford Dictionary of Modern Quotations*

C. S. Lewis, *Über die Trauer.* Zürich und Düsseldorf 1998

Doris Lessing, *Afrikanische Tragödie.* Frankfurt/M. 1980

Hermann Hesse, *Demian.* Frankfurt/M. 1981

Charles Revson, zitiert und übersetzt nach: *The Oxford Dictionary of Modern Quotations*

Viktor Frankl, *Ärztliche Seelsorge: Grundlagen der Logotherapie und Existenzanalyse.* Frankfurt/M. 1987

William Shakespeare, *Ein Sommernachtstraum.* Stuttgart 1998

Sigmund Freud, *Das Unbehagen in der Kultur.* Frankfurt/M. 1972

Samuel Taylor Coleridge, *Gedichte.* Stuttgart 1989

Fritjof Capra
Wendezeit

Bausteine für ein neues Weltbild

Fritjof Capras Bestseller *Wendezeit* löste kontroverse Debatten aus. Inzwischen hat sich herausgestellt, dass Capras Sorgen um die Zukunft der Menschheit berechtigt waren. Die wirtschaftlichen, sozialen und ökologischen Krisen, vor denen er warnte, haben sich verschärft, das geforderte gesellschaftliche und politische Umdenken blieb aus. Die Physik hat die Abwendung vom naturwissenschaftlichen Weltbild hin zum Ganzheitlichen schon vollzogen – die Menschen haben das noch nicht geschafft. Und gerade deshalb ist *Wendezeit* heute so aktuell wie nie zuvor.

»Die Thesen Capras bieten nicht nur eine Erklärung der derzeitigen Menschheitskrise an, sondern zeigen einen Weg zu ihrer Überwindung auf.«
Bild der Wissenschaft

Knaur

Erich J. Lejeune
Aufbruch Deutschland

Die Streitschrift eines Unternehmers zur Lage der Nation
Verliert die deutsche Industrie
ihre internationale Wettbewerbsfähigkeit?

Der erfolgreiche Unternehmer gibt eine klare Antwort –
ohne Kreativität, Phantasie und Mobilität: ja.

Lejeune ermutigt vor allem die junge Generation,
den wirtschaftlichen Stillstand in Deutschland
offensiv anzugehen. Er kritisiert die deutsche
Inflexibilität und plädiert für eine Technologie,
in deren Zentrum der Mensch steht.

Das Buch gegen den Stillstand

Knaur

Günter Ogger
Nieten in Nadelstreifen

Deutschlands Manager im Zwielicht

Sie haben Macht über Menschen, Maschinen,
Moneten, und sie verdienen Millionen:
die deutschen Manager.
Doch sie entpuppen sich mehr und mehr als Versager –
als Nieten in Nadelstreifen.
Der Bericht über die Inkompetenz deutscher Manager!

»Hier schreibt kein Pamphletist mit Schaum vor dem Mund:
Sachlich belegt Ogger jede Anklage mit Beispielen,
durch akribische Presserecherche untermauert.«
Capital 9/1992

Knaur